本书获得"河南师范大学学术专著出版基金"的资助

新型农村公共服务体系整体性治理研究

赵成福 著

中国社会科学出版社

图书在版编目（CIP）数据

新型农村公共服务体系整体性治理研究 / 赵成福著 . —北京：中国社会科学出版社，2021.4
 ISBN 978 – 7 – 5203 – 8220 – 5

Ⅰ.①新… Ⅱ.①赵… Ⅲ.①农村—公共服务—研究—中国 Ⅳ.①D669.3

中国版本图书馆 CIP 数据核字（2021）第 062483 号

出 版 人	赵剑英
责任编辑	孔继萍
责任校对	李　剑
责任印制	郝美娜

出　　版	中国社会科学出版社
社　　址	北京鼓楼西大街甲 158 号
邮　　编	100720
网　　址	http://www.csspw.cn
发 行 部	010 – 84083685
门 市 部	010 – 84029450
经　　销	新华书店及其他书店

印刷装订	北京市十月印刷有限公司
版　　次	2021 年 4 月第 1 版
印　　次	2021 年 4 月第 1 次印刷

开　　本	710 × 1000　1/16
印　　张	15
插　　页	2
字　　数	229 千字
定　　价	88.00 元

凡购买中国社会科学出版社图书，如有质量问题请与本社营销中心联系调换
电话：010 – 84083683
版权所有　侵权必究

前　言

随着我国经济社会的快速发展，综合国力不断增强，公民的生活水平不断提升，公民对政府提供公共服务和公共产品的要求也逐渐多元化。为满足公民需求，政府竭尽全力履行职责和权力，为公民提供公共服务，为公民的基本生活权利提供保障，逐步加大对公共服务体系的建设力度，缩小城乡与区域间的差距，为公民的生活提供了基础保障。然而，由于受到"城乡二元"结构的影响，农村公共服务是我国城乡基本公共服务体系建设中的一块短板，即农村公共服务无论是数量抑或是质量与城市公共服务的差距都十分明显。农村公共服务是农民生存权利的保障，也是政府发挥服务行政职能的要求。农村是中华文明的根基，农村社会稳定是国家稳定的根本，农村是我国治理民主化的"试验区"，为农村提供优质的公共服务有利于新农村建设、乡村振兴和农村现代化的进程加速，有利于我国实现伟大民族复兴、国家强盛。

针对我国农村公共服务中出现的供需不平衡、发展不充分和供给碎片化，农村公共服务体系整体性治理为解决以上不足提供思路，其根本在于农村公共服务目的的明确、方法的优化和理论的支撑，即以农村基本公共服务均等化为目的，以农村公共服务体系整体性治理为手段，运用实证研究方法，对我国农村公共服务的九项专题现状进行分析、总结经验、发现问题、厘清原因，运用整体性治理理论、公共产品供给理论和多中心治理理论对我国农村公共服务体系进行学理分析和实践剖析。

基本公共服务整体性治理的六个子系统，是农村公共服务整体性治理的六个因素，即主体子系统（农村公共服务整体性治理的主体：政府主导，社会参与）、供需子系统（农村公共服务整体性治理的根本目的：农民基本公共需求和农村公共服务供给相契合）、价值子系统（农村公共服务整体性治理的动力：保障农民享受基本农村公共服务的权利）、理论子系统（农村公共服务整体性治理的基础："服务三角"模型、整体性治理理论、公共产品供给理论和多中心治理理论）、技术子系统（农村公共服务整体性治理的方法：信息化手段供给农村公共服务）和制度子系统（农村公共服务整体性治理的依据）之间的相互联系、相互作用是农村公共服务整体性治理成效的关键。

运用实证研究的方法，以河南省新乡市所辖的延津县、原阳县、封丘县、辉县市和卫辉市（县）的2537个农户关于农村公共服务调查问卷和264份访谈提纲及相关资料为样本，从农民关于农村公共服务的需求强烈程度得出农村公共服务体系整体性治理九项专题的优先发展顺序：农村环境保护公共服务、农村基础设施公共服务、农村医疗卫生公共服务、农村社会保障公共服务、农村教育公共服务、农村安全公共服务、农业技术推广公共服务、农村文化公共服务、农村就业公共服务。以客观数据为支撑逐项分析每个专题的现状和问题，从整体性治理角度探索问题产生的原因。

党的十九大指出"中国特色社会主义进入新时代"，农村公共服务体系整体性治理也需用"新时代"眼光进行审视。农村政治文明为农村公共服务整体性治理提供政治保证；农村公共服务标准化、供给主体多元化、多中心治理协作化、供需结构科学化和治理系统协调化为农村公共服务整体性治理引入新思路；以国家政策引导、行政服务中心建设、"第三方评估"和"大部制"构思下的党和政府机构改革等政治实践为农村公共服务整体性治理带来启示。农村公共服务整体性治理为农村公共服务体系建设提供智力支持，农村公共服务为乡村振兴提供发展动力。

目 录

绪论 本书的研究缘起及其他相关问题阐释 …………………… (1)
 第一节 研究缘起 ………………………………………………… (1)
 第二节 综述 ……………………………………………………… (3)
 第三节 重要概念界说及相关理论 ……………………………… (5)
 第四节 研究方法及研究样本 …………………………………… (12)
 第五节 基本观点及创新之处 …………………………………… (14)

第一章 基本公共服务均等化价值意蕴的多维解析 …………… (15)
 第一节 基本公共服务均等化是经济持续健康发展的
    出发点和落脚点 ………………………………………… (16)
 第二节 基本公共服务均等化是建设服务型政府的内在需求 …… (18)
 第三节 基本公共服务均等化是社会和谐的重要保障 ………… (21)
 第四节 基本公共服务均等化是文化建设水平提升的
    必要路径 ………………………………………………… (22)
 第五节 基本公共服务均等化是资源有效配置的必然选择 …… (24)
 结 语 ……………………………………………………………… (27)

第二章 基本公共服务体系整体性治理的模块化解析 ………… (28)
 第一节 主体子系统：基本公共服务整体性治理的
    主导者和参与者 ………………………………………… (28)
 第二节 供求子系统：基本公共服务整体性治理的

起因和基础 …………………………………………… （30）
第三节　价值子系统：基本公共服务整体性治理的
　　　　目标和旨归 …………………………………… （31）
第四节　理论子系统：基本公共服务整体性治理的
　　　　理念和策略 …………………………………… （35）
第五节　技术子系统：基本公共服务整体性治理的
　　　　方法和手段 …………………………………… （39）
第六节　制度子系统：基本公共服务整体性治理的
　　　　依循和保障 …………………………………… （41）

第三章　新型农村公共服务体系整体性治理的延展考察 …… （45）
第一节　农业转移人口基本公共服务保障问题梳理及表述 …… （45）
第二节　农业转移人口基本公共服务保障路径研究 ………… （58）

第四章　新型农村公共服务九项专题现状实证分析 ………… （73）
第一节　数据来源和基本情况 …………………………… （74）
第二节　农村公共服务现状 ……………………………… （76）
第三节　农村公共服务优先序 …………………………… （83）

第五章　整体性治理视域下的新型农村公共服务体系
　　　　发展路径 ………………………………………… （170）
第一节　整体性视域下对新型农村公共服务体系的理性
　　　　审视 …………………………………………… （170）
第二节　整体性农村公共服务体系的实现路径 ………… （173）

附件一　农村公共服务情况调查问卷 ………………………… （186）

附件二　农村公共服务情况访谈提纲 ………………………… （217）

参考文献 …………………………………………………………… （225）

绪　论

本书的研究缘起及其他相关问题阐释

第一节　研究缘起

进入21世纪，随着经济社会的高速发展，我国现代化建设已完成工业化的原始积累，进入了工业化中期发展阶段，国家财政收入主要来自工商业而不是农业，具备了工业反哺农业、城市支持农村的物质基础。随着现代化进程加快，城乡经济、社会差距日益扩大，因此，整个国家需要建立起城乡均衡发展机制。农村公共服务的供给不仅关系到农村发展，而且关系到整个国家的发展与整个社会的和谐。因此，统筹城乡发展，改变城乡二元结构，缩小城乡差距，推进城乡一体化进程，使城乡居民共享改革发展成果，同享均等化的基本公共服务，已经成为新时代我国政府治理改革中广受关注并亟待解决的重要问题之一。

随着中央和各级地方政府加大对"三农"的投入力度，农村公共服务整体水平有了长足发展。但是，囿于历史欠债、发展失衡等因素，农村公共服务体系建设尚存在滞后性，不能满足日益增长的农村公共服务需求。农村公共服务供给不能适应农民需求的变化，农村公共服务政策碎片化、缺乏规划和统一标准，农村公共服务组织分散化且运行效率低下，农村公共服务人员素质不高、待遇不佳、队伍不稳定等问题突出。

中共十八届三中全会提出了创新社会治理的全新命题，党的十九大指出要提高社会治理智能化水平，打造共建共治共享的社会治理格局。全力推进我国社会治理体系和治理能力的现代化是我们追求的目标，中央推行大部制改革、电子政务改革以及行政服务中心建设等都极大地提升了政府治理能力和服务水平。然而，鉴于我国"大政府，小社会"的发展现状，政府部门"条块分割"即纵向层级多、横向部门多，致使以功能为导向的组织运作模式导致了服务视野狭隘、政策目标和手段相互冲突、资源运作重复浪费、政府机构设置冗杂重叠、公共服务分布与各部门之间具有明显的分散性和不连贯性，无法从整体上提供公民所需求的服务，从而导致功能裂解型治理。[①] 整体性治理正是为了矫治功能性裂解而提出的新理论，是为了规避政府系统放任不同职能部门间的单打独斗，制度化落实政府各部门之间沟通协调，并通过权力和目标的适度集中与责任的合理下放，从协调和整合两个维度出发，为满足公众真实的需求提供可欲结果的一种新型治理范式。[②] 因此，在新的历史时期，各级政府应该以公众需求为治理导向，以信息技术为治理手段，以协调、整合和责任为治理机制，使政府公共产品和公共服务的供给及其社会治理，不断从分散走向集中、从部分走向整体、从破碎走向整合，为公众提供无缝隙、非分离的整体性服务，充分体现国家治理的包容性、整合性。[③] 提供公共服务是政府的职能之一，当前，我国经济社会发展到一个全新的历史阶段，缩小城乡之间、区域之间的差距，推进基本公共服务均等化发展，提升我国新型农村公共服务体系整体性治理水平，则是摆在我们面前一项具有重大理论价值和现实意义的课题。

本书以习近平新时代中国特色社会主义理论为指导，以农村基本公共服务均等化为意旨，以我国农村公共服务体系整体性治理为主线，主要运用实证研究方法、规范研究方法和统计分析方法，对新时期我国农村公共服务体系九项专题供给的现状、存在的问题等进行了系统、深入的透析和探究，并尝试性地提出一些具有一定创新性的见解和观点。

---

① 张成福、党秀云：《公共管理学》，中国人民大学出版社2001年版，第324页。

② 谢微、张锐昕：《整体性治理的理论基础及其实现策略》，《上海行政学院学报》2017年第6期。

③ 吴德星：《整体性治理理论与实践启示》，《学习时报》2017年11月27日第2版。

第二节 综述

一 国外相关研究综述

西方发达国家对城市和农村公共服务没有概念区分，鲜见农村公共服务体系研究的专门论著，北欧福利国家实现了基本公共服务的均等化，其有关国家公共服务的创新思维、制度设计和实践行动给本课题研究提供了新的方向。美国学者文森特·奥斯特罗姆的《公共服务的制度建构》将公共服务的生产和供应做了概念区分，认为公众保持对与服务绩效标准的控制，而在生产方面允许服务机构之间开展最大限度的竞争。英国学者佩里·希克斯的《整体政府》提出政府内部和不同部门之间功能整合、政府横向部门之间结构整合以及纵向层级结构整合的整体性治理范式。构建整体性治理取向下的"整体政府"是继新公共管理之后国际社会公共服务改革的一股潮流和趋势，同时也给本课题研究带来深刻启示。

二 国内相关研究综述

关于我国农村公共服务体系的宏观研究。夏锋的《农村基本公共服务的政府责任与财政体制》通过对东、中西部各省（市、区）县乡村干部的问卷调查，提出改革城乡统一的公共服务制度、增强农村公共服务能力、形成基本公共服务社会化供给机制和完善公共财政制度等建议；张立荣等的《农村公共服务新模式："以钱养事"+"无缝隙服务"》从组织变革和无缝隙政府的系统论角度，提出现阶段推进新型农村公共服务改革的技术路线是由"单兵推进"转向"整体联动"[1]；丁肇青的《论和谐社会发展中农业与农村公共服务体系建设》认为以公共需求为导向的农村公共服务决策机制、科学有效的公共财政投入体制和完善的监督机制是构建新型农村公共服务体系的主要目标[2]等。

---

[1] 张立荣、方堃、肖微：《农村公共服务新模式："以钱养事"+"无缝隙服务"》，《中国行政管理》2009年第7期。

[2] 丁肇青：《论和谐社会发展中农业与农村公共服务体系建设》，《农业经济》2012年第9期。

关于我国农村公共服务体系的运行机制研究。林万龙的《中国农村公共服务供求的结构性失衡：表现及成因》认为农村公共设施建设仍主要依赖省级以上财政，对于中西部地区，中央财政在农村公共服务中的作用不可或缺，但农村公共服务供给能力过度上移不利于供给效率提高[1]；柳劲松的《基于 Topsis 法的农村基本公共服务能力地区差异评价》运用统计技术对农村教育、卫生、医疗等基本公共服务数据进行分析，认为我国大多数省市农村基本公共服务能力差距显著、非均等趋势明显，财政非均等化是实现农村基本公共服务均等化的体制性障碍[2]；伏玉林、符钢战的《税费改革后农村公共服务提供机制的比较研究》提出现阶段农村公共服务体制和机制创新必须依靠政府的协调，主要是要积极促进农村社会中介组织对公共服务民营化的推动[3]。赵成福的《社会转型中的县域农村公共服务供给机制研究》指出中华人民共和国成立以来不同时期，我国农村公共服务不同的筹资机制对农村公共服务供给机制的影响[4]。

关于我国农村公共服务体系的具体项目研究。国内学者主要围绕"学有所教、劳有所得、病有所医、老有所养、住有所居"的"五个有"来研究农村公共服务体系的具体项目。例如，杨颖秀的《农村基础教育发展新战略的着力点》认为农村基础教育服务应以义务教育均衡发展为目标，以提高质量为重点，要澄清义务教育均衡发展与非义务教育均衡发展之间的关系等[5]；于力的《农村基本养老保险存在的问题与对策》认为政府要合理地设定各项制度，建立地（市）级以上统筹为主的"新农

---

[1] 林万龙：《中国农村公共服务供求的结构性失衡：表现及成因》，《管理世界》2007 年第 9 期。

[2] 柳劲松：《基于 Topsis 法的农村基本公共服务能力地区差异评价》，《安徽农业科学》2009 年第 10 期。

[3] 伏玉林、符钢战：《税费改革后农村公共服务提供机制的比较研究》，《社会科学》2007 年第 10 期。

[4] 赵成福：《社会转型中的县域农村公共服务供给机制研究》，中国社会科学出版社 2010 年版，第 5—7 页。

[5] 杨颖秀：《农村基础教育发展新战略的着力点》，《东北师范大学学报》（哲学社会科学版）2009 年第 4 期。

保",开发一套统一的农村社会保险管理软件,构建过硬的技术平台等①。李发戈的《统筹城乡与农村基本公共服务体系建设》以成都市统筹城乡综合配套改革试验区为例,对近年来成都市在农村公共服务体系建设中的一些做法和经验进行了梳理和总结。②此外,冯华艳的《农村公共服务供给研究》也探讨了其他农村公共服务具体项目实施的各种困难及其完善对策③。

综上所述,学界在我国农村公共服务体系研究方面已取得不少成果,为本课题的研究奠定了坚实基础,但也存在明显不足。第一,对农村公共服务体系的探讨多集中于宏观对策性方面,对农村公共服务运行机制和具体个案的实证研究十分有限;第二,虽然有的论著对农村公共服务的运行机制进行分析,但大部分局限在"多元化供给"的新公共管理范式的框框之内,从其他理论分析农村公共服务运行机制的探讨很少;第三,有学者试图从基本公共服务均等化的公共财政学角度进行探究,但仅从纯粹经济学范畴对公共物品做量化分析;第四,大多数论著缺乏理论支撑和量化佐证。尤其是我国学者对西方公共服务改革的最新成果——"整体性治理"把握不够,对这一理论的研究仅仅停留在概念和模式"引进"的状态,还没有系统、深入地分析其适用性与契合性,也没有转化为中国本土化的政府治理和公共服务工具。

第三节 重要概念界说及相关理论

一 重要概念界说

(一)新型农村

我国新型农村的内涵十分丰富,按照中共十六届五中全会公报的解读,社会主义新农村应该是"生产发展、生活宽裕、乡风文明、村容整

---

① 于力:《农村基本养老保险存在的问题与对策》,《中国劳动保障》2009年第3期。
② 李发戈:《统筹城乡与农村基本公共服务体系建设》,四川大学出版社2016年版,第272页。
③ 冯华艳:《农村公共服务供给研究》,中国政法大学出版社2015年版,第2页。

洁、管理民主"。① 新农村建设的内涵非常丰富，它是科学发展观、小康社会、和谐社会、习近平新时代中国特色社会主义理论的组成部分，体现了农村全面发展的要求，是巩固和加强农业基础地位、全面建成小康社会的重大举措，建设新农村要重点做好统筹城乡发展、建设现代农业、改革农村体制、发展农村公共事业、增加农民收入等工作。

（二）农村公共服务体系

农村公共服务是指主要由政府提供，以满足农村社会共同需要或公共需要为目的，全体农民普遍享有的服务。农民有享受农村公共服务的权利，提供农村公共服务则是各级政府的基本责任。农村公共服务是指专为居住在乡镇和村一级的公民提供的公共服务，它的目的是满足农民生活、农业生产和农村发展的需求，由政府、经济组织或个人提供的具有一定的非排他性和非竞争性的社会服务，是以农业信息、农业技术或劳务等服务形式表现出来的一种农村公共物品。农村公共服务的提供，确保了农业生产的进步、农村经济的发展与农民生活的稳定，对我国"三农"问题的解决以及新农村建设具有极其重要的理论价值和现实意义。

国家基本公共服务体系"十二五"规划从公共教育、就业服务、社会保障、医疗卫生、人口计生、住房保障、公共文化、基础设施、环境保护九个方面对基本公共服务体系进行了界定。② 本书中对农村公共服务体系也从九个方面进行了梳理，分别是：农村环境保护、农村基础设施建设、农村医疗卫生、农村社会保障、农村教育、农村公共安全、农村农业技术推广、农村公共文化、农村公共就业。

（三）整体性治理

整体性治理是基于对新公共管理模式下的功能碎片化和服务裂解型治理模式进行反思和修正的基础上逐渐形成的一种全新的治理模式，主张以满足公民需求为治理目标，以便捷的信息技术为治理方式，将协调、

---

① 彭京宜、傅治平、刘剑波：《建设社会主义新农村》，红旗出版社2006年版，第16—21页。

② 李发戈：《统筹城乡与农村基本公共服务体系建设》，四川大学出版社2016年版，第4页。

整合和责任作为治理手段，促进各种治理主体的协调一致，以实现整体性政府组织运作模式。本书主要指加快推进经济建设型政府向公共服务型政府转变，构建层级和部门整体性运作，使农村公共服务从分散走向集中，从部分走向整体，从破碎走向整合，① 有利于推动我国城乡及区域间公共服务均等化发展。

二 相关理论

（一）整体性治理理论

整体性治理（Holistic Governance）理论是在反思和弥补新公共管理导致的部门化、碎片化和裂解性的基础上逐渐形成的一种全新治理理论，其代表人物是英国学者佩里·希克斯（Perry Hicks）和帕却克·邓利维（Patrick Dunleavy）。整体性治理理论主张通过有效的协调和整合，实现各种治理主体之间政策目标和手段的一致性与政策执行的连贯性，减少执行资源的浪费，满足公民的需求，达到透明化、整合化的无缝隙治理行动，② 是以为公众提供高效、优质、便捷的公共服务作为整体性治理理论的目标，因此，善治是整体性治理的终极目标，这与公共治理的最终目标是一致的。

（二）公共产品供给理论

具有非竞争性和非排他性的物品称为公共物品。所谓物品的非竞争性，是指某一物品供某个人消费后，还可以由其他人来消费，并且其他人的消费不会降低该人对这一物品消费所获得的效用。也就是说，在给定的某一物品的产出水平，增加一个消费者来消费该物品，不会引起物品生产成本的任何增加。所谓物品的非排他性，是指对某一物品的消费不能排斥其他人对该物品的消费，限制任何一个消费者对该物品的消费是非常困难的，甚至是不可能的。具有完全的非竞争性和非排他性两个基本特征的物品称为纯公共物品，与之相对应的是纯私人物品。介于纯

---

① 韩兆柱、张丹丹：《整体性治理理论研究——历程、现状及发展趋势》，《燕山大学学报》（哲学社会科学版）2017 年第 1 期。

② 韩兆柱、张丹丹：《整体性治理理论研究——历程、现状及发展趋势》，《燕山大学学报》（哲学社会科学版）2017 年第 1 期。

私人物品和纯公共物品之间的物品称为准公共物品。准公共物品只具有局部的非竞争性和局部的非排他性，或者说准公共物品只具有非竞争性与非排他性这两个基本特征中的一个。在准公共物品中，通常把不具有非排他性，但具有非竞争性的物品称为俱乐部物品。另外一类具有非排他性，但不具有非竞争性的物品称为公共资源。

1. 公共物品的政府供给。私人物品的提供主体是市场，而公共物品的提供主体应该是政府，这种供给主体模式是由于公共物品消费的非排他性决定的。公共物品所具有的非排他性，指当这种物品生产出来以后，每个人都可以从中受益，而不用支付成本，结果是没有人愿意生产，这种公共物品的供给为零。因此，公共物品不能由私人生产和供给，公共物品的最优配置不能由市场决定，最终应该由政府提供。由政府提供公共物品并不意味着全部公共物品由政府生产，政府应该组织和安排纯公共物品和准公共物品，政府必须对此类公共物品进行合理配置。但政府配置并不等同于政府直接参与，更不等同于政府操办，许多由政府投资提供的纯公共物品和准公共物品项目，从效率角度分析，公共物品都可以通过公开招标的方式承包给第三方来建设经营，以达到提高公共物品供给效率的目的。一些经由政府投资建成的公共服务项目，也可以将管理合同、外包协议等方式改为企业经营，政府负责对其服务效果进行监督。公共服务供给应该是一个多元视角而并不是由政府唯一提供。按照公共物品和准公共物品的区分，前者由政府负责提供在学界已形成共识，但后者也必须由政府完全提供，学界对其持否定态度。

准公共物品的特性使得这些公共物品的提供采取政府与市场相结合的方式或者由市场来提供成为可能。即使是纯公共物品，从理论讲应该由政府提供，但并不是等同于必须由政府直接投资生产，公共物品本身具有可分解性，即某类公共物品中的一部分可以通过私人部门生产提供，而政府只是购买者身份。

2. 公共物品的市场供给。传统的公共物品理论认为公共物品不能通过市场调节，而只能由政府供给。但是，由于政府财政支出的困难和供给与管理效率的低下，把一部分公共物品推向市场，由市场来解决公共物品的生产问题，是一种有效的途径。西方一些理论学者从不同角度、不同程度阐述了公共物品的市场化供给。如林达尔均衡、产权理论、俱乐部假说与以足投票理论。

公共物品供给理论在本研究中的具体应用是，纯公共物品由政府供给，而准公共物品或准公共服务由政府与市场相结合的方式提供或者由市场提供。①在农村公共服务整体性治理中，纯公共物品和准公共物品的政府、政府市场相结合的供给模式都存在。

（三）公共选择理论

公共选择理论是介于经济学与政治学之间的新的交叉科学，它以新古典经济学的基本假设（尤其是理性人假设）、原理和方法作为分析工具，来研究政治市场上的主体（选民、利益集团、政党官员）行为和政治市场的运行。具体来说，所谓公共选择就是通过集体行动和政治过程来决定资源在公共产品间的分配。

公共选择理论试图把人的行为重新纳入一个统一的分析框架或理论模式，用经济学的方法和基本假设来统一分析人的行为的两个方面，从而拆除传统的西方经济学之间竖起的隔墙，创立使二者融为一体的新政治经济学体系。公共选择理论认为，人类社会由两个市场组成：一个是经济市场；另一个是政治市场。在经济市场上活动的主体是消费者和厂商，在政治市场上活动的是选民、利益集团和政党官员。经济市场上，人们通过货币选票来选择能给其带来效用的私人物品；但在政治市场上，人们通过民主选票来选择能给其带来最大利益的政治家和政策法案。在经济市场和政治市场上活动的是同一个人，没有理由认为同一个人会根据两种完全不同的行为动机进行活动。②传统经济学专注于经济市场，其成本效益分析目标是客观的，而公共选择理论专注于政治市场，其成本效益分析以及选择都具有主观性质，并且强调，任何外部观察者都不能确定社会的福利情况，只有个人才知道他们自己的效用，因此，必须给个人充分的选择自由。

公共选择是非市场的集体选择，实际上就是政府的选择。公共选择

---

① 赵成福：《社会转型中的县域农村公共服务供给机制研究——以河南省延津县为表述对象》，中国社会科学出版社2010年版，第22页。

② 岳军：《公共选择理论分析框架解析》，《山东财政学院学报》2004年第5期。

与市场选择相比有如下特征：市场选择以私人产品为对象，而公共选择则以公共产品为对象；市场选择习惯通过完全竞争的经济市场来选择，而公共选择则通过一定的政治程序的政治市场来选择；选择行为的主体在市场选择下是个人，在公共选择下则是集体。为此，公共选择必须有一定规则。一般来讲，公共选择规则都要通过投票规则来体现，即一致规则和多数规则。在制定投票规则时，必须保证整个投票过程是真正民主和自由的，同时也必须防止选民基于"搭便车"的心理而隐瞒自己的偏好。

公共选择理论把政治决策看作一个公共选择的过程，这一过程就如同市场交换过程一样，消费品是公共产品，消费者是选民，生产者或供给者是政府官员。公共选择就是把消费者（选民）的需求偏好转化为决定公共产品供给的公共决策。公共产品能否被有效率地供应，取决于公民对这一公共产品的供应在决策时的选择或对这一产品供应的偏好的显示。虽然在公共产品的供应过程中，消费者和生产者同样存在着讨价还价的现象，但是，如果没有公民参与选择或者缺乏对产品的偏好显示，公共产品是不会被提供的。公共选择理论所论及的偏好显示过程就是公民参与的过程，其方式多种多样，如参与投票、参与某个政治组织或加入某种利益集团等。

公共选择理论还认为，公共产品的生产和私人产品的生产一样，都是社会成员各自交易的获益的行为。人们通过公共产品的消费获得满足，人们缴纳的税款则是为公共产品的生产支付成本价格。政府在一定时期提供公共产品的数量不是任意的，而是由不同利益的社会成员进行相互交易的均衡点来决定的，并由此确立了公共产品市场与政治市场相均衡的理论基础。

公共选择学派首次将政府官员也作为经济人看待，认为他们也一样在追求自己的私利。尽管他们不参与市场交易，但他们与民众之间实质上是交易关系：民众以纳税的方式赋予他们尊严而体面地生活，他们则利用自己的资源为民众公共利益服务，他们是民众雇佣来为民众服务的。[①]这一理论很好地解释了政府运作方式及政府官员的选择。由于政府官员也不过是

---

① 马怀军：《公共选择：理论与方法》，《湖北社会科学》2002年第12期。

追求自利的经济人，加之民众又通过契约把一部分权力交给了政府，因而，始终存在着他们利用政府的命运即公共利益的名义来增进私人利益的可能，也即权力寻租的可能性，所以政府不能总被认为是代表社会和集体利益的。

公共选择理论在本书中的具体应用是如何在县、乡、村治的基础上建立一个完善的公共选择机制，建立一个县域农村公共服务的需求表达机制，让农民能就公共产品的供给自由地、完全地显示自己的偏好，并在此基础上切实地根据农民的意愿生产公共产品。

（四）多中心治理理论

20世纪80年代，公共行政学领域兴起一种新的研究范式——公共管理理论。它主要从经济学的途径来研究政府管理问题，许多公共管理学家都是政治经济学家，他们关注理性人、外部效应、公共选择、公共事务、政府失灵、自主型组织、多元化等主题。其中，公共物品和公共服务是这些政治经济学家们所使用的核心概念，他们把提供公共物品和公共服务作为公共行政的核心问题。在这一问题上，他们信仰"除了扩大和完善官僚制结构之外，还可以有其他提供公益物品和服务的组织形式。官僚制结构是必要的，但对于富有生产力、富有回应性的公共服务经济并不是充分的。特定的公益物品和服务可以超越特定政府管辖的限制，通过多个企业的协作行为来共同提供"[①]。

在具体的政策主张上，他们具有这样的倾向：在提供公共服务上宁要小规模机构而不要大规模机构；宁要劳务承包而不要没有终结的职业承包直接劳动；宁要提供公共服务的多元结构，而不要单一的无所不包的供给方式和结构；宁可向使用者收费，而不把普通税金作为资助不具有公共利益的公共事业基础；宁要私人企业或独立企业而不要官僚体制作为提供服务的工具。[②]

多中心理论作为公共管理理论的一个流派或主张，是自20世纪90年

[①] [美] 文森特·奥斯特罗姆：《美国公共行政的思想危机》，毛寿龙译，上海三联书店1999年版，第26页。

[②] [美] 戴维·米勒：《布莱克维尔政治学百科全书》，邓正来译，中国政法大学出版社2002年版，第660页。

代以来具有广泛影响的理论主张。该理论在处理国家与社会、政府与市场、公共部门与私人部门的关系上提出了新的思路，它强调各种公共的或私人的机构以及公民个人采取各种方式共同管理公共事务，共同分担解决公共问题的责任；强调在公共事务管理中要建立国家与社会、政府与民间、公共部门与私人部门的互相依赖、互相协商、互相合作的关系。该理论对本书具有指导意义，为公共物品供给结构的多元化及结构的互动关系、公共物品供给方式和规则的多元化提供了理论解释的依据。

"多中心"（polycentricity）是以奥斯特罗姆为代表的制度分析学派提出的概念，同时也表明了一种关于公共物品供给主体的新理念和制度安排。该理论强调建立结构多元的公共物品供给主体，强调政府、经济组织、社会组织等均可成为公共物品的供给者，不同主体使公共物品供给过程存在多元竞争机制。它尤其强调民间公共事务的自主治理，通过自主治理引入多治理中心而产生良性竞争。

奥斯特罗姆的公共物品多中心供给的前提是政府对社会下放权力和政府之间实行分权，他没有提及社会对政府权力上移问题，其重点在于强调地方公共物品的供给机制，强调社区的自主治理。

多中心治理理论在本研究中的具体应用是阐释和回答县域农村公共产品和服务供给主体的多元化问题，有政府供给（农村公共产品的主导性供给）、市场供给（农村公共产品的促进性供给）、社区供给（农村公共产品的补充性供给）、第三种力量供给（农村公共产品的导向性供给）。

第四节　研究方法及研究样本

一　研究方法

（一）实证分析法

实证研究的重要方面就在于进行大量细微深入的调查。"一个精心寻找的实例往往提供了比任何一种理论模型都丰富得多的内容。"[1] 丰富的

---

[1] ［美］Y. 巴泽尔：《产权的经济分析》，费方域、段毅才译，上海人民出版社1997年版，第2页。

现实素材不仅能够为经验性的研究提供翔实的事实依据，而且能激发理论飞跃和创造的思想火花。本书主要选择了豫北地区的原阳县、封丘县、延津县、卫辉市、辉县市作为个案，对个案进行实证调查和个案分析，在个案地区以县域农村公共服务体系九项专题为主题进行全面、系统的调查，涉及个案地区的历史文化、经济发展、体制变迁、税费改革等方面。调查采取查阅资料、座谈专访、抽样问卷和旁听会议等方式，以搜集研究所必需的相关资料。所搜集的文献资料还包括样本县县志、统计年鉴、财政预决算、县乡政府工作报告、各种会议记录等，将县域农村公共服务体系中的相关信息收集起来，作为研究的起点。

（二）规范分析法

本书以实现农民公共服务权利为前提，以破除城乡"二元结构"、统筹城乡发展和实现基本公共服务均等化为目标，进行规范、科学的理论分析，根据调研数据指出新型农村公共服务体系建设存在的不足、原因和对策，并尝试从整体性治理角度提出自己的方法，从理论上回答"整体性治理下的新型农村公共服务体系应当是什么"。

（三）统计分析法

主要通过 SPSS/STATA/LERIBL 等统计分析软件对问卷涉及的各因素进行量化分析，用这一方法测量农民对公共服务需求的现状、特点。统计分析是本书进行定量分析的基本工具和基本方式，它主张从现实情况出发，对所要研究的问题经过数量归纳，采用科学的简化方法设计出一种对分析现实生活有用的统计模型，通过调查统计，获得现实社会资料的种种观察数据，再经过适当的统计解释，得出适用于现实社会的结论。本书不仅运用已有的相关统计资料，还采用书面形式，设计调查问卷和访谈提纲，用于了解农民需求的内容、结构和强度等现实状况，通过对各种问卷调查进行统计分析，以求得出符合事实的结论。

二　研究样本

本书选取了豫北地区新乡市下辖5个县作为研究对象，分别是原阳县、延津县、封丘县、卫辉市和辉县市，其中原阳县为省级贫困县，封丘县为国家级贫困县。样本县分布涉及黄河滩区、平原地区、太行山区等，新乡市位于华北平原南部，所辖县域农村属于典型的农民居住比较集中的北方村落，农业灌溉系统齐全，县乡涉农服务部门健全，农业经济比较发达。

第五节　基本观点及创新之处

一　基本观点

本书的主要观点有：第一，"促进城乡统筹发展和基本公共服务均等化"是目前我国农村公共服务体系建设的核心内容，其他工作均需围绕这一目标来推进；第二，我国农村公共服务体系建设需要从整体性治理角度考虑，站得高些，看得远些，纠正和避免"碎片化"现象的再现；第三，我国农村公共服务体系建设在把握核心目标的同时，可从主体子系统、供需子系统、价值子系统、理论子系统、技术子系统和制度子系统等子系统建设方面去积极推进，坚持"一个中心，六个子系统"建设模式；第四，鉴于我国现实国情，"三农"建设任重道远，我国农村公共服务体系建设要深入实际，注重与农民生活紧密相关的服务体系建设，尤其是强化农村公共文化、农村公共教育、农村公共医疗卫生、农村社会保障、农村基础设施、农村公共就业、农村环境保护、农村农技推广、农村公共安全等九项服务专题建设，切实提高农村公共服务水平，提高农民生活质量。

二　创新之处

本书的创新之处有：其一，理论层面创新。本书是较早运用整体性治理理论探讨我国农村公共服务体系建设问题，有利于揭示现代化整体推进新型农村公共服务体系建设和完善的内在规律，拓展、深化城乡一体化取向下公共服务体系建设的学理性探讨空间。其二，实践层面创新。本书将以我国农村公共服务体系九项专题为表述对象，立足基层和一线，深入探究和剖析新时期我国农村公共服务体系现状、问题，并尝试性地提出一些具有创新性的对策和观点，提出构建和完善统筹城乡发展的新型农村公共服务体系可操作性方案。

第 一 章

基本公共服务均等化价值意蕴的多维解析[*]

当前，建立健全基本公共服务体系，加快推进基本公共服务均等化，对于提升行政运行效率、维护社会公平正义、共享改革发展成果、增进社会和谐共融具有重要的意义。围绕基本公共服务均等化及相关问题，国内外学者进行了较为广泛深入的研究。国外学者关于公平正义的理论演绎及福利经济学的不断发展，为公共服务均等化提供了必要的思想渊源和理论基础，而有关公共产品理论、财政分权与财政均等化、公共管理改革等相关理论与实证研究，则为西方各国公共服务均等化实践提供了有益的启示，公共服务均等化已经成为西方发达国家政府的基本政策、价值取向与制度安排。国内学者关于基本公共服务均等化的含义、内容、路径、模式、体制保障等方面所做的理论探究，为学界开展基本公共服务均等化研究指明了方向，为政府制定政策提供了有益的参考。[①] 然而，国内学者对基本公共服务均等化价值意蕴和价值取向的研究，则较为鲜见。本章从经济、政治、文化、社会、资源配置等多个维度审视基本公共服务均等化的价值意蕴，更为直观地呈现其多个维度的内在逻辑关系，凸显其以人为本、公平正义、共享发展成果等丰富的价值取向。

---

[*] 参见阶段性研究成果，赵成福《基本公共服务均等化价值意蕴的多维解析》，《河南师范大学学报》（哲学社会科学版）2014年第6期。

[①] 刘德吉：《国内外公共服务均等化问题研究综述》，《上海行政学院学报》2009年第6期。

第一节　基本公共服务均等化是经济持续健康发展的出发点和落脚点

我国国民经济持续健康发展，是实现基本公共服务均等化的出发点和落脚点。由于我国经济社会发展存在着城乡差距、东部和西部地区的区域差距，地区发展水平不均衡，经济社会发展水平千差万别。因此，应扩大内需，拉动经济持续增长，立足基本国情，统筹区域、城乡、社会群体均衡发展，使公众共享改革发展成果，实现基本公共服务在不同发展阶段依照相应的标准和内容分层次有序供给。

一　基本公共服务均等化立足于基本国情

基本公共服务均等化过程具有动态性和发展性，其在不同的社会发展时期具有不同的范围和标准。基本公共服务均等化以"基本"二字界定公共服务供给标准和供给内容，充分体现了其"保基础"和"兜底"的特性。我国的公共服务供给水平，必须立足于基本国情，充分考量经济发展水平和政府财政供给能力，而不能超越我国所处的历史发展阶段和面临的发展现状，脱离现实而片面地追求公共服务供给的高端化、国际化，必然将公共服务拖入难以为继的境地。当前，我国处于社会主义初级阶段，其根本特点是社会生产力水平还不高，政府公共服务供给能力还不足以支撑足量高质的公共服务需求，这就决定了我国公共服务体系构建必定是一个长期渐进并逐步完善的过程。与此同时，我国地区发展水平不平衡，区域间自然资源禀赋、人力资本积累、经济社会发展水平千差万别，这就决定了我国的基本公共服务均等化供给只能是机会均等和结果大致相同，而非公共服务数量的平均化。为避免基本公共服务由于超越国情、超越历史发展阶段而造成的供给异化，必须基于不同区域、不同群体的特点，实现公共服务供给依照相应发展阶段的标准和内容分层次进行。

二 基本公共服务均等化着力于扩大内需

当前，在我国经济增速放缓，拉动经济增长的投资、出口和消费三要素中，呈现投资疲软、出口下滑、消费低迷的态势，在国际市场风险加剧、外贸出口难度加大的背景下，扩大国内市场需求，发挥消费的基础作用，就成为我国经济持续增长的重要驱动力。近年来，我国的消费水平持续走低，消费需求增长乏力，其重要原因之一在于基本公共服务供给水平偏低。由于我国公共服务供给的低质化和非均衡性，导致本应由政府承担的教育、医疗、住房、就业保障等基本公共服务的成本，部分地转由居民负担，由此造成城乡居民消费预期不稳、消费信心不足，城乡居民收入中的很大一部分投向预防性储蓄，以期弥补政府供给的不足，减少了即期消费。在居民消费领域，居民只有在满足最低层次、最迫切的消费需求，即基本公共服务需求后，才会将消费欲望延伸至更高层次的公共服务消费需求。因此，积极推进基本公共服务的均等化，将减少居民的预期支出，有助于增强居民的经济安全感，对刺激居民消费、扩大国内需求、推动经济持续发展具有非常重要的影响。

三 基本公共服务均等化致力于均衡发展

随着现代化进程的加速，区域差距、城乡差距、群体差距日益扩大，这不仅有违公平正义理念的实现，同时也对经济社会健康持续发展产生不可估量的负面影响。从边缘区域的角度，基本公共服务均等化直接提升区域效用水平，从而成为促使区域格局由聚集到分散的重要力量，分散均衡使稳定性均衡成为可能。[①] 因此，统筹区域、城乡、社会群体均衡发展，缩小发展存量差距，使公众共享改革发展成果，同享均等化的基本公共服务，已经成为当前我国政府亟待解决的重要问题之一。均衡发展，就是要将城市与农村、东部与中西部、优裕群体与贫弱群体作为一个整体统筹规划，通过公共服务发展的一体化，逐渐实现经济社会全面、

---

① 李爱民、孙久文：《基于新经济地理学的区域发展总体格局演变研究》，《江淮论坛》2014年第1期。

协调、可持续发展。

基本公共服务均等化实际上以实现公众个体公平为目标，以财政能力均等为手段，迈向经济效率、分配正义和社会公平。从经济学理论上讲，根据边际效用递减规律，均等化的财政资源有利于提高其使用效率，意即向财政资源不足地区和社会群体投入财力，用以扩大公共服务供给，其效用要大于对财力发达地区和优裕群体的投入。将财政资源优先配置于落后地区或社会群体，提高其公共服务供给能力，虽然增加了发达地区和优裕群体的即期负担，但从长远看，却是降低了发达地区和优裕群体的远期发展风险和发展压力。总体而言，基本公共服务均等化有助于破除二元发展障碍，使公共资源在不同地区和不同社会群体间合理流动，以达到资源优化配置的目的，促进经济与社会协调发展。

第二节　基本公共服务均等化是建设服务型政府的内在需求

为社会提供公共产品和服务是服务型政府的基本职能之一，但只提供公共服务的政府却不一定就是服务型政府。在现实中，政府的自利性和供给偏好往往凌驾于公共利益之上，其供给结果往往是"供给过度"或者"供给缺位"。服务型政府提供公共产品及服务，必须从公民本位出发，以推进政府职能转变、完善社会管理为抓手，通过官民协作，提供符合公众意志和公众利益的公共产品及服务。基本公共服务均等化即是建设服务型政府的内在需求，其实施的主体是政府，基本导向是基于公共需求，其最终旨归就是使全体社会成员共同享受改革开放和社会发展的成果，充分体现出服务型政府的人本性、责任性、有限性和有效性。

一　基本公共服务均等化供给理念凸显出服务型政府的人本性

简单来讲服务型政府就是为公众服务，即在公民本位理念指导下，按照公民意志组建起来的以为人民服务为宗旨并承担责任的政府，它把为公众服务作为政府存在、运行和发展的基本宗旨和根本依据。为公众提供基本的公共服务，是建设服务型政府的题中应有之义，其关键是政府对公众需求的有效回应。公众需要什么样的服务，政府应在其供给能力承受范围内提供相应的服务；公众需要什么样的服务途径和方式，政府就应在供给过程中采取公众便于享受的服务途径和方式；当公众公共服务需求产生变化时，政府亦应与时俱进提供与发展变化相适应的公共服务。加快推进和实现基本公共服务供给的均等化，是服务型政府所应遵循的价值目标，它使得基本公共服务的供给是大众化的，通过均等化的供给，满足公众的基本公共需求，保障公众生存发展的基本权利，促进公民共享发展成果和社会公平正义的实现。

二 基本公共服务均等化"政府主导"定位体现出服务型政府的责任性

公共服务的非排他性和非竞争性决定了政府提供公共服务的主体地位。政府公共服务责任是指"政府能够积极地对社会民众的需求作出回应，并采取积极的措施，公正、有效地实现公众的需求和利益"[1]。作为现代政治共同体的主要形式，政府积极回应和满足公民对基本公共服务的合理需求，是其不可推卸的责任。脱离政府的主导地位去讨论基本公共服务体系的构建问题是不现实的。基本公共服务供给均等化不是一个自然调整的过程，它以公众的需求为导向，但囿于公众需求的集体非理性以及"搭便车"等不利因素，均等化的过程必须由政治力介入，即由政府主导，运用动态调整机制，最大程度地实现政府的责任性，以回应多元利益主体日益增加的基本公共服务需求。在推进城乡基本公共服务均等化进程中，政府应进一步构建和完善统筹城乡基本公共服务的绩效评估机制、财政投入机制、市场融资机制、城乡基层服务机制和组建专职部门作为保障机制。[2]

---

[1] 张成福：《责任政府论》，《中国人民大学学报》2000年第2期。
[2] 杨顺湘：《着力完善统筹城乡基本公共服务的保障机制》，《探索》2010年第5期。

三 基本公共服务均等化"官民协作"方式映射出服务型政府的有限性

服务型政府同时也是有限政府。基本公共服务均等化,强调以政府为主导,但并不主张政府以支配或领导的思维大包大揽,而是要求政府在主动作为的同时,充分尊重社会公众的自由选择权和需求偏好的表达权,统筹考虑市场和民间社会组织在公共服务供给中所能发挥的作用。随着公众需求的日益多样化,仅仅依靠政府单一主体提供公共服务已远不能满足社会的发展和需要。从当前基本公共服务供给现状看,公共产品供给主要由政府部门承担,但参照国际经验,发现许多社会服务与公共产品也可以依靠非营利机构或者私人部门来提供,在西方国家,公共服务的多中心治理已逐渐成为各国公共管理趋同的目标。[①] 这就要求政府在主导基本公共服务供给时,通过协商、互动的方式,合理调配社会组织和市场力量等各种资源,充分发挥其在公共服务供给中的特殊作用,以此提高基本公共服务供给的专业化和高效率,形成基本公共服务供给的合力,全方面、多渠道地满足社会多样化的需求。

四 基本公共服务均等化供给效果反映出服务型政府治理的有效性

政府治理的有效性,就是有效的治理、良好的治理,概括地说,就是通过社会治理实现公共利益的最大化。公共服务的有效性取决于公共需求的满足程度,因此,公共需求是政府公共服务供给的基础,政府应根据公众的实际需求来提供相应的公共服务。基本公共服务均等化得以促成政府与社会公众的良性合作,即基本公共服务的供给和需求是均等化过程的两个方面,其实现既要顾及政府的供给能力和服务能力,也要着眼于社会公众的需求偏好和满意度。在合作治理的过程中,实现政府与城乡社会的多层次互动,以最大程度满足社会公共需求。为了推进公共服务均等化,政府必须树立权利本位的执政意识,建立民主科学的公共决策机制,建立和完善公共财政体制,强化对公共财政的民主监督,

---

① 余佶、余佳:《城镇化进程中的城乡基本公共服务均等化——基于供需视角的分析框架及其路径选择》,《华东师范大学学报》(哲学社会科学版)2014年第1期。

从而提高政府生产力,提高公共服务的品质。①

第三节 基本公共服务均等化是社会和谐的重要保障

当前,我国各领域改革加快推进,社会利益日趋分化,社会矛盾逐渐增多,不平衡发展所导致的利益分配进一步激化了不同区域、不同阶层的利益矛盾和冲突,其焦点主要集中在基本公共服务供给的低质化和非均衡性,因为矛盾和冲突的根源在于改革发展成果没有充分共享。从社会转型看,能否满足广大人民日益增长的公共服务与公共产品的需求,不断解决日益突出的社会矛盾与社会问题,是建设和谐社会的关键。

一 基本公共服务均等化有助于社会个体的发展

从构建和谐社会的主体看,全体公民是社会的主体,没有公民个体的和谐,就没有社会的和谐。人与社会、人与自然的和谐关系,都与公民个体的发展密不可分,公民的发展程度主要取决于基本公共服务供给状况。因此,基本公共服务是社会个体发展的重要条件,也是社会主体发展的重要内容。《国家基本公共服务体系"十二五"规划》规定基本公共服务主要包括"公共教育、劳动就业服务、社会保障、基本社会服务、医疗卫生、人口计生、住房保障、公共文化等领域"。② 这是从内容上框定了基本公共服务的范围,但仅于此尚远远不够,因为内容框定只是宣示了社会个体应当享有的基本公共服务,但并不能保障社会个体都能事实上并机会均等地享受政府提供的基本公共服务。因此,基本公共服务的均等化,就成为保障社会成员无差别地享有同等质量公共服务的重要指导理念。

---

① 韩志明:《公共服务均等化的空间政治学分析》,《探索》2009 年第 2 期。
② 参见 2012 年中华人民共和国国务院公报《国务院关于印发国家基本公共服务体系"十二五"规划的通知》。

二　基本公共服务均等化有助于社会关系的稳定

构建和谐社会本质上就是社会现存矛盾得以解决，并使和谐不断生成的过程。当前我国基本公共服务供给存在明显的区域差异、城乡差异和群体差异，已显著影响社会关系的稳定。主要表现在，不同发展水平和不同阶层类型的公民享有基本公共服务的机会和质量不均等；不同地区的公民享有基本公共服务的结果不相同；在提供大体均等的基本公共服务成果的过程中，公民的自由选择权没有得到应有的保障。为维护社会关系的稳定，消弭由基本公共服务非均衡供给带来的不利影响，只能从均等化供给基本公共服务着手。

基本公共服务均等化供给，可以有效打破城乡二元发展的界限，统筹城乡一体化发展，实现城乡居民的和谐共融；有利于缩小地区差距，通过填补中西部基本公共服务供给的洼地，搭建起与东部地区机会均等的发展平台，统筹东中西一体化发展，实现不同区域居民的和谐共融；有利于缩小贫富差距，政府通过为公众提供公共教育等基本公共服务，不仅可以缩小贫富差距，还可以通过提高公众的自身素质，提高其增收扩需的能力。

第四节　基本公共服务均等化是文化建设水平提升的必要路径

文化建设能够通过整合各种资源优势，加强居民之间的沟通和交流，增强居民的精神凝聚力，形成共同的理想和信念。中共十八届三中全会通过的《中共中央关于全面深化改革若干重大问题的决定》指出："紧紧围绕建设社会主义核心价值体系、社会主义文化强国，深化文化体制改革，加快完善文化管理体制和文化生产经营机制，建立健全现代公共文化服务体系、现代文化市场体系，推动社会主义文化大发展大繁荣。"[1]

---

[1] 《中共中央关于全面深化改革若干重大问题的决定》，《人民日报》2013年11月16日第1版。

均等化是现代公共文化服务的基本要求,《决定》要求,"建立公共文化服务体系建设协调机制,统筹服务设施网络建设,促进基本公共文化服务标准化、均等化"。① 基本公共文化服务供给的均等化,对保障公众平等享有大致相当的基本公共文化权利、满足社会成员所必需的基本公共文化需求具有十分重要的意义。

一 基本公共服务均等化保障公民的基本文化权利

我国《宪法》规定:"国家合理安排积累和消费,兼顾国家、集体和个人的利益,在发展生产的基础上,逐步改善人民的物质生活和文化生活。"因此,向公民提供与发展阶段相适应的基本公共文化服务,是政府保障公民文化权利的基本体现,它是政府理应担负的重要职责,同时也是政府制定文化发展政策的价值基础。

从当前情况看,我国公共文化服务体系尚不完善,公共文化服务供给并不均等,主要体现为:城乡不均等,城镇居民享受较高的公共文化服务水平,而农村农民公共文化服务投入相对较低;区域不均等,东部地区在公共文化服务体系建设方面投入较大,而中西部地区经济发展缓慢,基本文化服务供给存在较多问题;群体不均等,城镇居民享受相对较高水平的公共文化服务,而外来务工人员和一些特殊群体人员却很难享受同等的公共文化服务。《国家基本公共服务体系"十二五"规划》强调,"建立健全公共文化服务体系,要紧紧围绕满足城乡居民精神文化需求的要求,坚持基本性、均等性、便利性的原则,努力扩大公共文化产品和服务的供给"②。基本公共文化服务均等化,即是对公共文化服务规划的具体落实,其基本手段是均衡化配置公共文化资源,逐步缩小差距,其最终价值追求就在于使公众都能获得生存与发展所必需的基本公共文化服务,切实保障公民的基本文化权利。

---

① 《中共中央关于全面深化改革若干重大问题的决定》,《人民日报》2013年11月16日第1版。

② 参见2012年中华人民共和国国务院公报《国务院关于印发国家基本公共服务体系"十二五"规划的通知》。

二 基本公共服务均等化满足公民的基本文化需求

基于公民的基本文化期待和需求，为之提供相适应的基本公共文化产品和服务，是当前及今后我国公共文化服务体系建设的基本任务。基本公共文化服务均等化主要体现为公共文化服务的基本供给、公共文化服务的均等供给，以及公共文化服务的发展供给。公共文化服务的基本供给，强调的是文化服务供给内容的基础性，意指其优先满足公民生产生活所必需的处于基础地位的文化需求，而公民高层次乃至奢侈性的文化需求则更多地依靠民间社会组织或市场来提供。公共文化服务的均等供给，意即公共文化服务供给并不特定指向某个地区或群体，而是大众化的、社会性的，社会所有成员均能共享和普遍受益。公共文化的发展供给，是基本公共服务均等化的应有之义，为此，公共文化服务供给的制度安排不仅要契合当前一段时期经济发展水平和公共文化服务供给能力，同时理应随着经济发展水平的提高和公共文化服务供给能力的增强而动态调整，以此保持公共文化服务供给的高水平运行。基本公共文化服务均等供给，旨在提高全体社会成员的生活质量，提升全体社会成员的幸福感和认同度，使全体社会成员在参加文化创造、享受文化成果的过程中，精神需求得到满足，利益诉求得到表达，文化创造力得到激发。

第五节 基本公共服务均等化是资源有效配置的必然选择

生态文明建设是社会主义建设中的重要内容，资源节约和环境友好是生态文明建设的基本特征和最终旨归，而优化资源配置、提高资源利用效率是生态文明建设的基本路径。当前我国在公共服务供给问题上存在两个方面的问题：一是政府的优先发展战略和选择性缺位，使得公共资源大量流向城市、东部地区和社会优裕群体，导致公共服务分配的不均衡；二是政府大包大揽，公共资源的配置效率不高，"大政府、小社会"的结构放大了政府行政效率低的劣势，没能充分发挥优化资源配置的作用，使得基本公共服务供非所需或过度供给。

帕累托认为，资源配置的效用不是数量之间的概念，而是次序概念。效用可以进行排列组合，不同的排列组合构成不同的福利状况，如果生产和交换条件的改变再也不能做到增加一些人的福利同时又没有减少另外一些人的福利，这样的资源配置则处于最优的状态，这即是帕累托最优。[①] 基本公共服务均等化，其过程就是实现基本公共资源的最优化配置。基本公共资源配置的均等化，不仅体现在公共服务的供给环节，同样对公共服务的生产和需求环节有重要的调节作用。

一 基本公共服务均等化在公共服务需求环节的调节

关于基本公共服务供给模式，当前存在"以政府供给为导向"和"以公众需求为导向"两类。目前，我国公共服务仍属"供给导向型"，其基本特征是公共服务在需求表达机制方面，需求不是由使用者从自己的现实需求表达出来的，而是由上级管理者从自己的政治、经济效用最大化角度表达出来。"供给导向型"供给模式的偏好性和选择性在需求领域导致的问题是：公众的实际需求得不到有效的表达，或者需求表达结果的失真；不同区域、不同社会群体需求表达能力和需求表达渠道差异较大，表现出需求表达低质或过度的倾向；公众的非理性需求、对公共产品需求的短视性，导致公共服务的最优供给难以实现。

基本公共服务均等化在供给模式上观照了政府主导和公众需求两个层面，即要通过建立有效的公众需求表达和显真机制，让公共产品、公共资源等相关信息被公众所知，形成选择需求表达的有效性基础，同时发挥政府主导公共产品供给的职能，建立起供给主体即政府对公众需求敏感反应机制，通过多元决策过程，为公众提供基本的生产型、生活型和发展型公共产品，而对于过度需求乃至奢侈性需求要通过市场供需关系和价格机制加以调整。

---

① 徐贵玲：《从"帕累托最优"看我国农村公共服务的供给与需求》，《内蒙古农业大学学报》（社会科学版）2009 年第 6 期。

二 基本公共服务均等化在公共服务生产环节的调节

我国传统的公共服务供给，在其种类、规模和位序决策方面主要采用自上而下的决策模式。基本公共服务均等化供给理念，依据公共产品需求导向的供给制度和公共产品需求的显真表达机制，体现出公共产品需求的结构性特征，即公众公共服务需求的种类、位序、规模按照"先生产后生活""先发展后维持"等原则依次呈现。在生产与管理领域，通过构建生产与管理的多主体、多层次，按照公众需求结构提供不同性质和层次的公共产品。以基本公共服务均等化为指向和旨归的新公共产品供给制度认为，政府应加强对不同区域、不同范围、不同发展阶段公共产品需求的研究，根据自身的公共产品职责范围确定公共产品生产的种类、位序和规模，从而使生产出来的公共产品基本符合公众的实际需求。

三 基本公共服务均等化在公共服务供给环节的调节

公共服务的供给方式是公共产品生产和公共产品需求的重要介质，是将公共产品的有限生产与公众实际需求有效对接的关键。如果没有科学有效的供给方式，极易导致公共资源的严重浪费。为了满足公众公共服务需求，必须纠正供给与需求相脱节的状况，建立起以需求为导向的公共服务供给机制，从而实现基本公共服务供给与需求的有机结合。

在基本公共服务均等化的理念下，公共服务供给充分考虑到区域、城乡、群体具体环境和居民现实需求等因素，遵循先基础后发展、先近期后远期的次序，优先供给那些公众最为迫切的关乎国计民生的公共服务需求。此外，公共服务供给主体并非单一的，它存在多个供给主体，其间的关系是相辅相成、相互补充的。作为公共服务供给的核心主体，政府并不排斥公共服务的其他供给主体，市场与民间社会组织都可以参与公共服务的供给。多元化的供给主体和供给方式，可以极大地提高公共服务的供给总量与效率，从而缩小公共服务地区间差距。以协同论的视角解读，以需求为导向的公共服务供给是"官民协同"的供给。

结 语

基本公共服务的短缺以及日益扩大的地区间、城乡间和社会群体间的基本公共服务差距,已成为我国经济发展与和谐社会建设的主要瓶颈因素。加快推进基本公共服务均等化,是当前及今后我国政府彰显以人为本,维护公平正义,推动不同地区、不同社会群体共享发展成果的重大战略安排。本章从经济、政治、文化、社会、资源配置五个维度审视基本公共服务均等化的价值意蕴,旨在明确基本公共服务供给中政府主导、市场及其他主体共同参与的基本原则,坚持均衡与公正的价值导向,营造服务优先的体系文化,构建多元协动的运行机制,[1] 以此加快推进和实现基本公共服务的均等化。

---

[1] 张贤明、薛洪生:《当代中国基本公共服务体系建构的基本思路》,《学习与探索》2012年第5期。

第二章

基本公共服务体系整体性治理的模块化解析

基本公共服务整体性治理是诸多关涉要素相互作用的发展过程，内含几个核心问题，即谁在影响和主导基本公共服务整体性治理？基本公共服务整体性治理的目标和旨归是什么？基本公共服务整体性治理的诱发和触动因素是什么？基本公共服务整体性治理的依据和策略是什么？基本公共服务整体性治理的方法和手段是什么？基本公共服务整体性治理的依循和保障是什么？围绕这几个核心问题，可以将基本公共服务整体性治理归纳为六个子系统，即主体子系统、供求子系统、价值子系统、理论子系统、技术子系统和制度子系统，基本公共服务整体性治理就是由六个子系统相互联系、相互作用的结果。

第一节 主体子系统：基本公共服务整体性治理的主导者和参与者

在基本公共服务整体性治理话语体系下，主体因素就是以人为基础而形成的政治组织和社会群体，由此也构成了基本公共服务整体性治理的国家和社会公众两种主要力量。这两个主体相互补充与合作，共同建构了基本公共服务供需体系。

一 政府：基本公共服务整体性治理的主导主体

政府在基本公共服务整体性治理过程中的主导地位主要体现为：

①政府是基本公共服务的供给主体。萨缪尔森认为，基于公共物品的非排他性和非竞争性，私人供给公共物品必然是无效率的，公共物品应当由政府来供给。政府以其在公权力和公共资源上的占有和支配，当然地获得了对基本公共服务供给的主导地位。近年来，国内外进行了大规模的公共服务改造，但改造的实质并不指向政府公共服务职能的弱化，更不表明政府公共服务供给主体地位的削弱，而是伴随责任观念的发展和强化，要求政府担负责任的方式发生了变化。②政府是基本公共服务整体性治理的主体。基本公共服务整体性治理不仅需要较大规模的人力和物力投入，还需要信息、决策、评价等综合性的技术支持，同时更需要权威性的力量居间调控，将碎片化的各个单元、各种要素整合成无缝隙的有机整体，这些工作，只有政府才有足够的能力担当。

二 公民：基本公共服务整体性治理的参与主体

社会公众是政府公共活动的参与主体。新公共管理理论认为，政府不应事必躬亲，而要善于授权，鼓励公众参与管理。新公共服务理论在多元供给基础上更为强调社会公众在公共服务供给中的主体地位，主张通过政府与公民的合作生产来实现公共服务供给目标。政府在公共决策过程中是否吸纳社会公众的参与，是否代表和反映了公共利益，决定着公共的合法性、合理性和实施的有效性。美国学者奥克森指出，"保证公民能够行使相当程度的表达权利，使得履行代理人职责的官员在处理共同事务中能够向公民负责"[①]。社会公众通过参与活动，表达自己的利益诉求，为政府合理合法施政提供基本的思路和方向。

社会公众参与基本公共服务整体性治理的工作包括：对基本公共服务供给现状发表意见和看法；对提升基本公共服务供给品质提出要求；对基本公共服务治理的执行过程进行监督；对基本公共服务整体性治理的效果进行评价等。

---

① ［美］罗纳德·J. 奥克森：《治理地方公共经济》，万鹏飞译，北京大学出版社 2005 年版，第 15 页。

第二节　供求子系统：基本公共服务整体性治理的起因和基础

基本公共服务作为非排他性和非竞争性的公共产品，受到供求关系的制约和调控，由此决定了基本公共服务整体性治理的过程也必然受到公共服务供求关系的影响。研究基本公共服务整体性治理，供求是起点，更是基础。

一　需求是基本公共服务整体性治理的原动力

需求是推动经济发展与人类进步的基本动力，在市场化的进程中，政府公共决策定位依据主要来自社会和公众的需求。在每个社会个体的需求之间存在不同程度的差异，不同的需求诱发不同的利益诉求。马克思曾说"在现实世界当中，每个人都会有许多需要……他们的需要就是他们的本性"[1]。改革开放以来，我国公共服务需求呈现多样化、差异化、扩大化的趋势，具体表现为公共需求的区域、群体和城乡的多样化，由于体制转轨不畅以及社会结构分化和利益冲突加剧，公共服务需求的公益性与公正性没有得到充分的彰显和保护，公共服务供给滞后于公共服务需求的非均衡态势比较突出。随着经济社会的发展和社会公众参与能力的增强，公众不仅需要量足的基本公共服务，而且需要质高的基本公共服务。固有的计划式的基本公共服务供给模式显然已不再适应这种趋势，必然要通过某种更为科学、更为公正、更为合理的形式以满足这种发展变化，而基本公共服务整体性治理正是这种发展趋势下的必然产物。

二　供给是基本公共服务整体性治理达成程度的阀门

与纯粹商品的市场化竞争机制不同，政府主导着基本公共服务的生产和供给，社会公众的需求意愿只能通过偏好表达的形式体现在政府公

---

[1] 《马克思恩格斯全集》第3卷，人民出版社1960年版，第326页。

共政策环节,才能达到基本公共服务实际供给的目标。基本公共服务的实际供给,需要依据公众对基本公共服务的需求偏好,但政府也需依据其公共服务理念发展程度、公共服务政策制定能力、公共资源汲取和配置情况等,量入而出地提供基本公共服务。所以,虽然加强基本公共服务整体性治理,可以有效提高公共资源的使用效率,提升基本公共服务供给的效用,但同时基本公共服务整体性治理的过程并不是纯粹地依循社会公众的实际需求,还要着重衡量"需要多少"与"能供多少"的问题。供给就是基本公共服务整体性治理的阀门,政府的既有能力就是当时阶段整体性治理所能达到的最高水平。

第三节 价值子系统：基本公共服务整体性治理的目标和旨归

基本公共服务整体性治理不仅要解决供给多与少的问题,还需要着重解决供给好与坏的问题,这是基本公共服务供给过渡到实际操作层面的关键环节和重要步骤,是基本公共服务供给由价值定位到价值依循并最终实现价值的质变推进。基本公共服务整体性治理的价值取向,是基本公共服务整体性治理的目标和旨归。

一 公正

公共服务的基本特征就是政府的服务性和服务供给的公共性,其最终目标是实现"最大多数人的最大幸福,同时这种最大多数人的最大幸福的实现,并不是通过剥夺少数人而取得的"[①]。政府在基本公共服务供给进程中基于公正价值取向而做出的职能定位、行为选择以及公共资源投入流向是促进社会公共利益最大化的关键因素。政府公共服务供给公正体现为,一是政府公共服务决策要以社会公共利益为最高准则,具有平衡各类关系的公允性;二是政府基本公共服务供给行为公正,不仅要

---

① [美]约翰·罗尔斯：《正义论》,何怀宏等译,中国社会科学出版社1988年版,第60页。

承认公民具有平等的权利，而且保证这种权利既不因地位、性格、种族、职业和收入等的差异而改变，又不为特权和金钱所侵害。① 公正是基本公共服务整体性治理的重要价值依循和目标，政府不仅要提供公共服务，更要提供无差别的公共服务，在此种情况下，公众更有可能得到同等的待遇，不管他们的身份标签有什么不同，基本公共服务的消费权利都是均等的。

二 公开

知情权是社会公众的基本权利之一，社会公众有效地参与基本公共服务整体性治理活动的前提是必须享有与政府对等的信息，这就是基本公共服务整体性治理的公开原则。公开性是公民主动、积极参与基本公共服务进程的直接体现，是现代新型公民与国家关系的基础性制度安排。② 公开原则要求政府在基本公共服务供给主体、提供方式、运行管理和结果反馈的全环节实现公开，必须能引导社会公众广泛参与，提供便捷通畅的参与渠道。坚持公开的原则，可以使社会公众了解基本公共服务整体性治理等相关规范性要求和程式化流程，明晰基本公共服务整体性治理各主体的权力和责任，以透明化的运作最大限度地减少公共服务供给过程中不合理甚至违规的行为。

三 效率

效率原则体现为两个方面：一是基于区域发展能力和发展水平差异的考量，即基本公共服务整体性治理理应在公平性的框架体系下，坚持效率和生产力等价值观，允许地方政府结合本地区经济社会发展水平，依据国家基本公共服务整体性治理，在财力允许和区域公平的范围内，适度提升基本公共服务的供给标准。二是基于政府公共治理的考量。现代公共治理理念要求政府的公共活动要具有效率性，能够充分利用公共资源，有效地制定和实施公共政策。基本公共服务整体性治理，一方面

---

① 张立荣：《当代中国行政制度发展的动力及目标》，《政治学研究》2002 年第 4 期。
② 黄恒学、张勇：《政府基本公共服务标准化服务》，人民出版社 2011 年版，第 27 页。

要求提高公共政策制定的科学性和合理性，最大限度地降低公共资源损耗，在合理的时间区间里，最大限度地供给高品质的公共服务；另一方面政府要及时洞悉和研判基本公共服务供需矛盾的发展变化，据此主动、及时地调整基本公共服务的结构和标准。

提到效率，就不能不谈公平，公平与效率是矛盾的两个方面。效率与公平的关系，有学者用"钟摆原理"来形象地概括，西方与中国的经济社会发展历史均表明，极端的效率与极端的公平导向都会导致经济社会的异常变化。① 因此，政府基本公共服务整体性治理的过程必须选择效率与公平的均衡点，坚持效率与公平的统一，如此方能制定出有效的标准体系。公平性是指基本公共服务消费要平等无差别。基本公共服务整体性治理以"基本"二字界定公共服务供给标准和供给内容，充分体现了其"保基础"和"广覆盖"的特性，表明了这一层次的公共服务标准是最低的基础性标准和规范，政府一定要优先满足。

四 合作

依据有效需求理论，公民对公共产品的需求决定公共产品的供给，各级政府、社区应以公民的有效需求为决策依据，决定公共产品供给的种类和数量，以达到公共产品供给与需求的均衡状态。② 在强调政府对公共物品提供和管理的主导性地位的同时，也要注重民间的参与和协作，以凸显政府、民间和公民的良性互动。③ 官民协同合作过程中，政府主导的各种资源得到有效整合，公民需求得到真实的表达和有效的满足。④ 基本公共服务整体性治理官民合作的目标，是让有着不同利益诉求的政府和社会公众共同解决基本公共服务整体性治理问题，以提高标准制定的

---

① 冷向明：《当代中国服务型政府的理论模型、标准体系及其建设纲要》，中国社会科学出版社2010年版，第83页。

② 赵成福：《寻绎与审视：行政供给导向下农村公共服务供给机制研究》，《新乡学院学报》（社会科学版）2009年第1期。

③ 赵成福：《社会转型中的县域农村公共服务供给机制研究》，中国社会科学出版社2010年版，第352页。

④ 赵成福：《寻绎与审视：行政供给导向下农村公共服务供给机制研究》，《新乡学院学报》（社会科学版）2009年第1期。

科学性、民主性、有效性和合理性。因此，基本公共服务整体性治理的过程要公开透明公共服务信息，保障公共服务供需双方信息接收的对称，同时赋予公共服务供需双方充分的话语权，建立起平等对话机制，为各方意思的真实表达创造条件。

五　法治

法治是现代市场经济和民主政治的核心内容，也是我国社会主义政治发展的基本目标。政府作为公权力的享有者和行使者，必须树立法律至上的理念，尊重法律规范的权威，服从法律规范的规制。简言之，政府法治化就是"一切政府机关都必须依法行政"。基本公共服务整体性治理本身就是法治价值在公共服务领域的具体体现。基本公共服务整体性治理的过程中，政府或法律授权的组织必须在法律规定的框架内生产、供给基本公共服务，依法接受公众的监督；基本公共服务的供给方政府和需求方社会公众在法律关系上是平等的，无论哪一方在公共服务供给活动出现违法违规行为，都要依照基本公共服务整体性治理相关法律法规追究责任。

六　民主

民主就是在一定的阶级范围内，按照平等和少数服从多数原则来共同管理国家事务的国家制度，其本意就是人民能够在国家中实现自己的统治。民主一方面旨在对公权力进行规范和制约，预防和制止公权力的不恰当使用，保障社会公众和各种社会团体能事实上参与公共决策活动，在参与中表达和反映自身的利益诉求，营建民主化的公共参与氛围；另一方面就民主对人与社会发展的人文关怀来看，民主对国家来说，并不完全都是压力和挑战，在一定条件下，它也会是国家发展的重要资源，国家完全可以通过民主资源的开发与运用，来维护社会的基本秩序，促进社会的发展，从而达成国家权力的合法性和国家治理的有效性。[①] 基本

[①] 林尚立：《基层民主：国家建构民主的中国实践》，《江苏行政学院学报》2010年第4期。

公共服务整体性治理同样也体现了这两个方面的旨趣，社会公众通过民主化的政治参与，要求通过公共服务的形式规制政府基本公共服务供给行为，使政府供给与自身需求相一致，以维护自身的根本利益；同时，政府在公共服务供给的过程中，民主地吸纳社会公众参与，形成深入了解民情、充分反映民意、广泛集中民智的决策机制，能够更好地实现其公共服务的基本职能。

第四节　理论子系统：基本公共服务整体性治理的理念和策略

国内外学界对公共服务的研究日益深入，形成了较为成熟和较为系统的分析模式、分析方法和实践成果，为公共服务改革提供了强大的理论支撑和实践依据。

一　"服务三角"模型理论

美国著名管理学家卡尔·阿尔布瑞契特（Karl Albrecht）和让·詹姆克（Ron Zemke）在延承西方系统管理研究的基础上，结合信息科技和全球化给世界各国企业带来的契机与威胁，重新审视传统经营模式，进而阐述了一个新的"价值命题"（服务管理），即把服务视为经过管理努力的成果。阿尔布瑞契特和詹姆克研究发现，公司的整体系统性管理紧密结合于一个牢固的"三角关系"之中。[①] 这个服务的"金三角"代表服务战略、公司系统和工作人员三大系统相互影响，以顾客为中心来进行服务的创新。

"服务三角"模型认为，服务性组织最重要的工作是赢得顾客满意，其中有三个关键因素：一是具有高度科学性和时代性的服务战略，能够规划组织的整体发展方向，确定组织明确的指导思想；二是既符合市场

[①] [美]卡尔·阿尔布瑞契特、让·詹姆克：《服务经济——让顾客价值回到企业舞台中心》，中国社会科学出版社2004年版，第34页。

发展需求又具有严谨性的服务系统；三是具备良好素质的工作人员。①

近年来，有部分学者将该模型引入公共服务研究领域，尝试以该模型为基础构建起公共服务体系的完整稳固结构。方堃、杨毅结合我国城乡及区域之间基本公共非均等化、碎片化和分散化趋势，探索以"服务三角"模型框架设计推动城乡及区域间公共服务均等化；② 陈世香、赵雪从农民工公共文化服务供给暴露的问题出发，借用"服务三角"模型构建起农民工公共文化服务供给机制，提出了以农民工需求为导向，发挥供给理念、供给系统、人力财力资源等三大系统整合优势。③

二 新公共服务理论

新公共服务理论是20世纪80年代要求和支持政府完善其管制行为的一套理论，它是以美国著名公共管理学家罗伯特·登哈特（Robert B. Denhardt）和珍妮特·登哈特（Janet Vinzant Denhardt）为代表的一批公共管理学者基于对新公共管理理论的反思，特别是针对作为新公共管理理论之精髓的企业家政府理论缺陷的批判而建立的一种新的公共管理理论。《新公共服务：服务，而不是掌舵》《新公共服务：民主优先》等是登哈特夫妇阐释新公共服务理论的代表作。该理论主要内容有：①服务而非掌舵，对于公共管理者来说，重要的是利用共同价值帮助公民表达和满足他们的共同利益；②公共利益是目标而非副产品，公共行政官员要建立集体的、共享的利益观念；③思考要有战略性，行动要具有民主性；④服务于公民，而不是服务于顾客，行政官员在回应公民的需求时，要更加关注政府与公民、公民与公民之间的信任与合作关系；⑤符合公共需要的政策和计划，需要公民的积极参与，通过集体努力和协作，从而实现预期理想目标；⑥政府不应当仅仅关注市场，也应该关注社会

---

① 王家合、戴星原：《政府购买医疗卫生服务体系的关键因素与优化策略——基于"服务三角"模型的分析》，《新视野》2018年第5期。

② 方堃、杨毅：《基于整体性治理的新型农村公共服务体系研究——以"服务三角"模型为分析框架》，《四川行政学院学报》2011年第4期。

③ 陈世香、赵雪：《农民工公共文化服务供给机制研究：基于"服务三角"模型的建构》，《行政论坛》2017年第2期。

价值、政治行为准则、职业标准和公民利益。

新公共服务理论关注政府在公共服务系统中的作用，同时也强调尊重公民的利益诉求和愿望；重视公共利益在公共服务中的重要地位，强调对公共利益的回应以及促进公共利益的最大化；强调服务意识和责任意识，将政府的角色重新定义为服务者、引导者和监督者。总之，新公共服务理论突出强调了政府的公共服务本质，更为关注公共利益和公共服务的实施效果。从这一点上，为基本公共服务整体性治理提供了一定的理论支撑。

三　协同理论

随着公共服务和公共管理的多元化，协同问题越来越受到公共管理研究者的关注。协同的概念来源于系统科学中的协同学理论，其创始人为 H. 哈肯（Hermann Haken）。按照 H. 哈肯的观点，协同是指系统的各部分之间相互协作，使整个系统形成微观体层次所不存在的物质结构和特征。[①] 随着系统科学研究的不断深化，管理学界也逐步接受了协同的观点。我国的管理学者进一步对协同进行了管理学意义上的诠释，例如，张立荣就认为，所谓协同"在系统科学中是指系统中诸多子系统或要素之间交互作用而形成有序的统一整体的过程"[②]。协同的特征主要体现为：①公共性，目的是解决公共问题，而不是某一单独面对的问题；②多元主体，即存在多个不同的主体；③互动性，多元主体为实现共同的目标，就具体事项开展协商合作；④政府主导，由于政府在公共事务中的优势地位，政府作为主要的责任主体存在；⑤发展性，即协同是不断发展变化的过程，在不同阶段体现差异化的内容。

协同理论对基本公共服务整体性治理的启示是：协同是基本公共服务整体性治理多元参与主体下的必然选择，政府虽然主导着基本公共服务的提供以及由此为基础的公共产品和服务生产、供给活动，但它并不是无

[①]　［西德］H. 哈肯：《协同学导论》，张纪岳等译，西北大学科研处1981年版，第254页。
[②]　张立荣：《协同治理与我国公共危机管理模式创新：基于协同理论的视角》，《华中师范大学学报》（人文社会科学版）2008年第2期。

限可能地担负全部供给工作,面对社会公众需求的日益复杂化和多元化,政府有责任回应公民的利益表达,这样就产生了协同的必要性,通过实现政府与社会公众、政府与非政府组织、上下级公共部门之间、同级公共部门之间等不同层面的协同,以此避免基本公共服务滑向碎片化。

四 全面质量管理理论

1961年,美国的费根堡姆(Armand V. Feigenbaum)最早提出了"全面质量管理"概念,将其定义为"为了能够在最经济的水平上,考虑到充分满足顾客要求的条件下进行市场研究、设计、制造和售后服务,把企业内各部门的研制质量、未知质量和提高质量的活动构成一体的一种有效体系"[1]。该理论的主要内容为:①质量管理的最高指导原则是组织要产生真正的效能,对品质的控制需始于产品的设计,而结束于顾客接纳该产品并且感觉满意;②全面质量管理的核心是组织成员的广泛参与,满足顾客的需要,不断改进组织管理和服务,高层管理者的认同和支持,团队精神、策略性规划,品质是价值与尊严的起点。[2] 近年来,全面质量管理理论逐渐被运用到政府公共服务中。在这个过程中,我国专家学者对全面质量管理理论也有较多的研究。

全面质量管理理论的三个核心内容,即以质量为中心、以全员参与为基础、让顾客满意,与基本公共服务整体性治理有着较高的契合度。全面质量管理理论强调以质量为中心,同样基本公共服务供给的重要使命也在于追求、改善和提高品质;全面质量管理理论以全员参与为基础,同样基本公共服务整体性治理也强调政府与公众的多元参与,协同推进基本公共服务的供给工作;全面质量管理理论旨在让顾客满意,基本公共服务整体性治理亦在积极回应公共服务消费者即公众的需求,并通过科学的方法不断提高公共服务的质量,以提升公众的满意度。

---

[1] 张锐昕、董丽:《政府全面质量管理的缺陷及其纠正》,《社会科学战线》2013年第11期。

[2] 党秀云:《公共部门的全面质量管理》,《中国行政管理》2003年第8期。

第五节 技术子系统：基本公共服务整体性治理的方法和手段

技术是政府治理的要素之一，技术变革是政府治理现代化的重要推动力量。[1] 提升政府基本公共服务供给品质，加快建立基本公共服务整体性治理体系，离不开技术方法和手段的支持。基本公共服务整体性治理只有通过信息技术、评价技术、决策技术、标准技术等切实可行的操作工具，才能将基本公共服务整体性治理建设从理论转向实践。

一 信息技术

信息是构成系统的主要要素之一，是一切组织系统的一种普遍联系的方式，信息流的畅通是系统运行的重要前提条件。[2] 基本公共服务整体性治理需要建立基本公共服务的供需信息平台，通过信息的收集、整理、储存和传递等活动，以此实现基本公共服务的网络化和高效化、多元化、立体化发展。基本公共服务整体性治理信息技术主要包括：①基本公共服务信息平台的建立。基本公共服务涉及多个部门或组织，每个部门或组织都可提供基本公共服务整体性治理所需的基础信息，这就需要建立各类信息传递交互的综合化平台，通过综合系统内外渠道、利用传统和新兴媒介、推动线上和线下互动等，实现各类信息的立体式交互收集和使用。②信息先进技术的运用。现代信息技术主要是采用计算机技术、通信技术、微电子技术等，通过诸项先进技术将公共服务相关部门都纳入智能化信息处理和通信平台之中，构成一个强大的信息互动平台。③信息流程的科学化。信息的流程主要有信息获取、信息传递、信息存储、信息加工等。

---

[1] 杨雪冬：《简论中国地方政府创新研究的十个问题》，《公共管理学报》2008年第1期。
[2] 马维野、池玲燕：《机制论》，《科学学研究》1995年第4期。

二 评价技术

评价技术，简单来讲就是评价主体运用科学的标准、方法和程序，对评价对象的效度进行评估和划分等级。评价技术的主要内容包括：①要有多元化的评价主体。即公共服务标准的评估主体不仅有服务生产部门，同时还需要公众的广泛参与，要保证政府与公众信息的对称性，确保公众掌握信息的全面性、准确性。此外，还需要引入第三方评价机制，以便其在没有利益交叉或利益冲突的情况下，以专业化的工作做出较为客观公正的评价。②评价过程要规范。即评价应有统一的规划和指导，克服评价的短视行为，形成常态化、持续性的评估。③评估的指标体系要科学。基于公共服务的公共性和服务性，评价在考量经济因素的同时，要更为注重社会效益，不仅要包括公共资源投入量和消费量等指标，更要综合测量社会公众的满意程度，不仅要有定性的指标，还要有定量的指标，应该是一个综合性的体系。

三 决策技术

公共决策是政府针对行政管理相对人及行政管理对象在处理国家事务和社会公共事务过程中所作出的决策过程，公共决策是公共管理过程的起点，又是公共管理履行各项功能的基础，它贯穿于整个公共管理过程的始终。[1] 决策技术主要包括：①决策需要全面、准确的信息和科学的分析，全面把握社情民意，综合考虑各方的权利与利益。[2] ②决策有时间之分，如长期决策、中期决策、当前决策；有层次之分，如宏观决策、中观决策和微观决策等。③决策具有公共权威性和公共选择性的特点，是围绕公共利益和规则进行的决定。④决策的方式主要有民主决策和非民主决策。⑤决策的主要程序为提出有关的政策议题、考量政策目标、

---

[1] 李伟权：《政府回应论》，中国社会科学出版社2005年版，第2页。
[2] 赵成福：《地方政府行政绩效提升的路径选择》，《河南师范大学学报》（哲学社会科学版）2013年第11期。

组织政策方案的设计、负责政策的最终决定。①⑥决策应遵循的原则为信息原则、预测原则、程序原则、可行性原则、民主集中原则等。

四　标准技术

标准是生产、技术、管理等综合发展的成果。标准技术是指人们为了获取标准而采用的手段、方法和技能的总和。标准技术的主要内容包括：①标准不直接规范人的主观意识和行为，而是以客观存在的物或事为对象，直接规范事物的客观属性或过程；②标准技术的目的是寻获关于事物的最佳实践，通常表现为对事物稳定和最佳状态的选择确定，即标准技术要从事物时空变化的所有范围、种类、样式或不确定状态中，选择一种最能代表该事物特性或最能表现该事物样式的状态。②③标准技术一般由专门标准技术部门操作，目前，我国标准技术工作由中国国家标准化管理委员会主管，协调和管理全国260个专业技术委员会起草各种标准的工作。③④标准技术一般应遵循规范性、统一性、协调性、适用性、效益性、科学性、合理性等原则。⑤标准化一般包括标准制定、标准实施和标准评价等步骤。

第六节　制度子系统：基本公共服务整体性治理的依循和保障

制度是一种"合意"，体现着行动者的公共理解和价值取向，并有要求行动者遵守的压力，能使行动者认同组织目标，进而采取合作行动。④《国家基本公共服务体系"十二五"规划》中提出"十二五"时期主要

---

① 王浦劬：《政治学基础》（第二版），北京大学出版社2010年版，第157—158、166、177页。
② 王青山、陶岚：《论标准化的管理性、技术性和系统性》，《中国标准化》2013年第3期。
③ 钱进：《标准化战略实施效果评价指标体系设计及评价方法研究》，硕士学位论文，南京理工大学，2008年。
④ 陈振明：《公共管理学》，中国人民大学出版社2005年版，第85页。

目标之一便是逐步建立健全基本公共服务整体性治理体系，亦即要逐步完善对基本公共服务整体性治理的系统性、整体性的制度安排。

一 政治参与制度

政治参与是普通公民通过合法方式参加政治生活，并影响政治体系的构成、运行方式、运行规则和政策过程的行为，它是政治权利得以实现的重要方式，反映着公民在社会政治生活中的地位、作用和选择范围，体现着政治关系的内容。[①] 政治参与制度的目的是让每个公民以国家主人的态度，自觉参与国家政治生活。基本公共服务的生产与消费影响公民的普遍利益，积极而广泛的公共参与是确保基本公共服务供给公平性与效率性的关键。为提升供给的效率和公平，必须要落实社会公众对公共服务的选择、表达、监督和评价等政治参与制度。就当前我国制度环境来看，我国《宪法》赋予了公民政治参与权、选举权、监督权，此外，人民代表大会组织法、集会游行示威法、居民委员会组织法、村民委员会组织法等相关法律法规，也对公民的政治参与权利给予了保障。

二 监管机制

基本公共服务供给是政府对公权力的一种运用，依据法律法规对其施以有效的监督，使得政府在运用基本公共服务供给权力的同时，担负起与之相对应的供给责任尤为重要。完备的监督机制主要表现为：①监督主体，不仅要有政府内部监督，还要积极吸纳外部监督，在政府公共服务部门依法依规自我监督的基础上，还应该建立由社会公众、各级人大、司法、审计、新闻媒介、社会组织等组成的监督体系，在明确各类主体监督权力和责任的基础上，依法对供给程序和效果，特别是公共资源使用情况和公共服务供给效果进行严格的监督。②监督形式，主要是制度监管、过程监管和评估监管等。制度监管主要是就基本公共服务提供的数量、质量、范围、种类等做出明确的规定，公共服务供给部门必

[①] 王浦劬：《政治学基础》（第二版），北京大学出版社 2010 年版，第 157—158、166、177 页。

须严格依规提供相应的服务；过程监管主要对基本公共服务整体性治理表达、研制、执行、评价和调整等全过程进行动态化跟踪监管，便于及时发现问题，利于及时纠正和问责；评估监管主要是按照标准体系，对基本公共服务供给的效能进行客观的评定。

三 问责机制

构建一整套问责机制，有助于基本公共服务整体性治理的有效运行和良序发展。对于公共服务供给出现重大问题，不符合约定目标的相关责任者，需及时启动问责机制，以严格防范基本公共服务供给过程中的不作为、乱作为甚至是违法违纪等情况。问责机制应该解决好"谁来问责、向谁问责、问什么责、如何问责"等四个层面的问题，即要明确问责的主体、问责的对象、问责的内容和问责的方式。①问责的主体。就基本公共服务整体性治理而言，问责主体主要是公共服务行政主管部门或有关行政主管部门，随着我国监督体系的日臻完善，社会公众问责在问责过程中发挥的作用日益凸显。②问责的对象。在公共服务领域，问责的对象主要是政府公共服务部门及其工作人员。③问责的内容。主要是政府公共服务部门及其工作人员不履行或不正确履行职责甚至是违纪违规的行为。④问责的方式。近年来，我国的问责方式逐渐由以"权力问责"为主发展为以"制度问责"为主的模式，即问责必须有法可依、有法必依，最大限度减少非正常干预。

四 标准制度

标准制度建设是标准化管理的重要方面，通过标准制度建构，实现基本公共服务整体性治理制度规范化、过程程序化、执行彻底化、结果有效化的目标。按照我国目前的立法体系，基本公共服务整体性治理制度主要包括以下五个层次：①由法定立法机关即全国人民代表大会及其常务委员会制定的标准法律，例如，1988年12月29日由全国人大七届常委会第五次会议审议通过的《中华人民共和国标准化法》；②由国务院发布的公共服务标准化行政法规，例如，1990年4月6日由国务院制定和发布的《中华人民共和国标准化法实施条例》；③由国务院标准行政主管部门和行业主管部门发布的部门规章；④由地方立法机关和地方政府制定或颁布的地方性标准化法规或规章；⑤由政府出台的规范性法律文件，其制定较正式立法程序相对简化，因此这方面的数量较多。

第三章

新型农村公共服务体系整体性治理的延展考察

我国新型农村公共服务体系内涵丰富，涉及"三农"问题的方方面面。改革开放以来，尤其是城镇化作为我国推进经济社会现代化的战略之后，我国农村社会的人口户籍也随着体制的不同发生着分化与流动，在城镇化进程中，产生了大量的农业转移人口，即农业人口市民化。在这一转移过程中出现了许多问题，如城市公共设施容纳度、产业支撑、转移人口素质、教育、就医等，对农村而言，人口老龄化、人才精英流失、教育和医疗优质资源短缺等。总之，农业转移人口市民化这一问题如果解决不好，对城市和农村公共服务体系都将产生极大的影响，因此，需要我国各级政府统筹谋划，分步实施，有序推进，中央政府应该在政策、金融、财政等方面起主导作用，各级政府应加强协调与沟通，由管理型政府向服务型政府转变。本章将以农业转移人口为考察对象，对我国新型农村公共服务体系整体性治理做一延展性探究。

第一节 农业转移人口基本公共服务保障问题梳理及表述[①]

有序推进农业转移人口市民化与基本公共服务保障这两个主题，均

[①] 参见阶段性研究成果，李霄锋的《农业转移人口基本公共服务保障问题研究》，《广西社会科学》2018年第12期。

是当前我国城镇化过程中的应有之义和必解之题。从世界主要发达国家和地区的发展经验表明，在农业人口转移进程中，推动不同群体基本公共服务均衡供给，顺利完成经济社会结构的转型，是普遍性的发展规律。当前我国农业转移人口的城镇化、市民化之路依然存在一些障碍，其主要因素在于城镇基本公共服务尚不能有效覆盖农业转移人口，农业转移人口基本公共服务保障还存在壁垒形态切换、群体利益冲突、权利不完整、供给导向偏颇、表达障碍、区域差异、筹资难题、决策困境等问题。

一　"城乡二元"与"城镇二元"：农业转移人口基本公共服务壁垒的形态切换

从1958年推出户籍登记制度开始，城乡之间的隔离和分化就一直存在，城乡分治不仅限制城乡人口在地域上的流动，而且将户籍同住房、教育、用工、社会保障等制度挂钩，直接影响农业人口进入城镇工作和生活，城乡分割逐步导致了公共服务的城乡二元形态。

近年来，基本公共服务的城乡二元形态逐步得到改善，其根本原因在于经济发展的积累、公平正义的价值导向、城镇反哺乡村的施政理念以及激发"三农"活力的现实需要等。如果仅从农业转移人口角度考察，农业转移人口季节性、候鸟式往来于城乡之间，并没有改变"城还是城、乡还是乡"的面貌。农业转移人口是以改变谋生方式、变换生产生活空间而换取了自我生活水平的提升，主要借助于工业化、城市化力量一定程度上缩小了个体与城市生活水平的差距，但并不代表农村社会缩小了与城市的差距，即使农业转移人口具有返乡消费或转由留守家属消费等行为，但农业转移人口所获取的资金、技术并没有实际运用到农业及其相关产业，没有转化为农村可持续发展的内生动力，即使在农村消费的那部分资金，最终也因为农业及其相关产业的薄弱，无法在农业系统内循环使用，最终也会流向城市和第二、第三产业。

在综合施策的作用下，城乡二元结构逐步松动但并不是消亡，而是沿着农业转移人口迁移路径，其边界逐步由城乡接合点推向城镇内部，在城镇内部催生出新的二元结构。城镇二元的直观表现就是农业转移人口的半脱离，半嵌入状态。半脱离，即农业转移人口在居住、就业等方面脱离农村,但并未放弃农村宅基地、承包地、集体收益等权利;半嵌入,即农业转移人口虽然居住、就业于城镇,但同城不同权,无法与其他城镇居民享有同等的基本公共服务权益。

出现城镇二元的原因是什么?毛哲山认为,我国前期的城镇化建设过多关注城镇人口比重、城镇基础设施、经济发展等层面的建设,而较少关注人在城镇中的工作发展、社会认同与融入、价值观念等状况,并由此引发了日益增加的心理对抗和社会冲突[①]。苏敏将之归结为基于户籍制度的社会福利制度的不公平,认为农业转移人口在劳动就业、社会保障、城市住房、子女教育各方面均无法享受与城市居民同等的待遇,无法实现身份转化[②]。国务院发展研究中心课题组认为,农民工与城市居民被清晰地划分为两大群体,他们在生活水平、消费方式、居住空间、交往范围和文化习惯等方面存在着明显差别,特别是两种人口管理和公共服务体制从制度上人为固化了新的城市二元结构[③]。

同城不同权,是城镇二元的主要特征,也是城镇二元的根本症结。城镇二元相较于城乡二元更为复杂,城镇二元将泾渭分明的城乡二元特征更为直观地在同一城镇空间内体现了出来,这种眼前的差距更加鲜明,势必给城镇社会事业发展、社会保障和社区建设带来危害。

二 "冷暴力"与"集体自私":农业转移人口与城镇居民的基本公共服务利益冲突

对基本公共服务资源再分配,依发展需求来讲,应持续不断地提高城镇居民基本公共服务的供给标准和水平。在一个较短的时间周期内,随着农业转移人口市民化的提速,应当获得基本公共服务的居民数不断增长,政府据此应当扩大生产或购买与增加居民数相当的基本公共服务,

---

[①] 毛哲山:《"人的城镇化"理论的建构与创新研究》,《河南师范大学学报》(哲学社会科学版)2016年第1期。

[②] 苏敏:《城市新"二元结构"的危害与治理——基于深圳市龙岗区的实证分析》,《特区经济》2015年第1期。

[③] 国务院发展研究中心课题组:《民生为本——中国基本公共服务改善路径》,中国发展出版社2012年版,第46页。

在此情况下，基本公共服务供给体量理应呈现不断扩大的态势，新增居民能够获取所需的基本公共服务，而原有居民并不因为新增居民的迁入而导致已有基本公共服务权益的损失，这是一个较为理想的状态。实际上，城镇基本公共服务供给体量、城镇居民数、原有居民基本公共服务获得量和新增居民基本公共服务获得量并不是理想的正比例关系。

囿于短时间内城镇，尤其是大型、超大型城市集聚了大量的农业转移人口，远超所能吸纳的新增人口数量，导致农业转移人口基本公共服务供需矛盾的产生，主要表现为三个方面：一是基本公共服务总量有增，但增量不足以弥补缺口。改革开放以来的积累和经济社会的持续稳定发展，基本公共服务增量能够支撑和满足一定数量的农业转移人口市民化的需求，但仅是局部而非全部，相对于农业转移人口市民化的总量还存在不小的缺口。二是原有居民标准稳定而实际获得量受到损失。在经济和社会发展持续向好的情况下，原有居民基本公共服务保障标准不应也不宜降低，但由于大量农业转移人口的涌入，对教育、医疗、就业等公共服务资源的稀释是既成事实，这就造成原有居民保障标准未降但实际获得量下降。三是农业转移人口对基本公共服务需求逐步得到回应和满足。对基本公共服务获得由难到易，获得内容由少到多，是农业转移人口市民化的必然趋势，同时从公民平等权来讲，农业转移人口有获得城镇基本公共服务保障的权利，但其权利的保障程度和范围，是一个渐进的过程。

由于基本公共服务供给总量没有随农业转移人口市民化同步增长，这就导致在基本公共服务保障实际操作中出现两个可能：一是保护原有居民的基本公共服务保障水平，一般通过政策壁垒固化原有居民群体，从而使享受城镇基本公共服务的人口数量保持适度、稳定的增长，这实际上损害了农业转移人口的权益；二是将农业转移人口转化为城镇居民，这必然稀释原有居民基本公共服务保障水平，事实上触及城镇原有居民的权益。所以，在基本公共服务供给总量一定的情况下，就导致一方获得而必然一方失去的矛盾和窘境。随着农业转移人口持续、大量地迁移至城镇，户籍人口与外来人口基于基本公共服务而造成的对立与矛盾势必日益加剧。

城镇户籍人口与农业转移人口的矛盾冲突表现为原有居民的集体自私行为及其与农业转移人口之间的冷暴力。集体自私行为是个体自私行为在群体间的放大，是由于原有居民基于共同的基本公共服务利益已经或将要遭受的损失，而表现出的对农业转移人口的排斥。例如，文军认为，新市民群体融入城市社会，不仅存在制度排斥，还存在老市民的心理排斥，有时候其影响和后果甚至比制度排斥更严重，这种老市民对新市民的心理排斥可以看作是城市居民的一种集体自私行为，其影响可能更为持久[①]。余传杰认为，不少市民看待农业转移人口缺乏长远的目光和包容的胸怀，尤其是出于大量农业转移人口市民化后会大大降低其福利指数等担忧[②]。王知桂等认为，现阶段农业转移人口转变为城镇居民的过程仍然存在不少障碍，其中市民对其缺少足够的包容、关心、帮助和支持是原因之一[③]。这种集体自私行为表现为冷暴力而非群体对抗，主要因为：第一，收益的非竞争性与消费的非排他性是公共物品的两个特性，农业转移人口与原有居民从法理上享受同等的基本公共服务权利，群体对抗于法无据；第二，集体自私行为是松散的个体行为的集合，不具备向心力、凝聚力和组织性，很难转变为一致性行动；第三，政府及其公共服务部门是基本公共服务供给责任的最终承担者，原有居民对基本公共服务的权益诉求，一般会通过合理途径向供给责任最终承担者表达；第四，造成原有居民基本公共服务利益受损的是抽象的群体，很难具象到某一个体，所以，即使对基本公共服务利益受损不满，原有居民也无法定位到某一个明确的个体进行对抗。

三 "过渡"与"权宜"：农业转移人口基本公共服务权利的不完整

横亘在农业转移人口市民化和公平平等地获得城镇基本公共服务的

[①] 文军：《"被市民化"及其问题——对城郊农民市民化的再反思》，《华东师范大学学报》（哲学社会科学版）2012年第4期。

[②] 余传杰：《农民转移人口市民化——机制完善及制度创新》，《中州学刊》2014年第3期。

[③] 王知桂、杨强、李莉：《农业转移人口市民化的制度困局及破解》，经济科学出版社2015年版，第1页。

一个重要制度障碍是我国的户籍管理制度。户口管理制度是特定历史发展阶段的产物，在市场要素流动性需求日益增强的情况下，亟须破除以户籍管理制度为主体的城乡二元管理体制。当前，我国大力推进户籍制度改革，建立居住证制度是户籍制度改革的重要内容之一。国务院2014年7月30日公布的《关于进一步推进户籍制度改革的意见》提出，建立居住证制度等新办法，明确指出要扩大基本公共服务覆盖面、加强基本公共服务财力保障等要求。

居住证制度较之传统户籍管理有较大的进步性，但只是作为一种过渡阶段的权宜之策。其中有政府的合理考量：第一，户籍制度改革涉及附着于其上的诸多公共服务项目的调整，且其实行时间长、涉及部门多、政策惯性强，难以一步改革到位；第二，短时间内全面放开户籍管理，容易失去对农业转移人口流向的把控，导致大城市病的爆发，而中小城镇基本公共服务吸引力不足，很难将农业转移人口合理分流到中小城镇；第三，传统户籍制度事实上划分了城镇居民与农村农民两大群体，二者融合需要一定时间，户籍制度短时间急剧调整，势必对城镇居民既得基本公共服务利益造成巨大冲击，容易引发、激化矛盾，造成群体、阶层的对立。

《关于进一步推进户籍制度改革的意见》也明确表明了在现阶段无意完全取消或全域内放开落户政策：第一，旨在促进有能力在城镇稳定就业和生活的常住人口有序实现市民化，其基本前提，是具备一定的人力资本，在城镇获得相对稳定的就业机会，从而获得生活的资金来源，而且这个过程是有序、可控的。第二，"落实放宽户口迁移政策"，"进一步调整户口迁移政策"，这就决定了并不是根本上否定现行户口迁移政策，而是分区域实施差别化的落户政策。

既然居住证是户籍改革的过渡举措，其与城镇户籍必然存在一定的差别，主要体现为附着于其上的可获得性权益尤其是基本公共服务方面。作为国家《关于进一步推进户籍制度改革的意见》落地实施的地方版本，河南省人民政府《关于深化户籍制度改革的实施意见》（以下简称《意见》）规定：居住证持有人享有与当地户籍人口同等的就业、基本公共教育、基本医疗卫生服务、计划生育服务、公共文化服务、证照办理服务等权利。显然这与户籍人口所享有的公共服务无论从范围、内容和程度上都有一定的差距。《意见》对持有居住证者享有与当地户籍人口同等的就业扶持、住房保障、养老服务、社会福利、社会救助等权利作出了规划，需要明确的是，《意见》同时还明确了前置条件，即"以连续居住年限和参加社会保险年限等为条件"，这个过程也并非一蹴而就，而是逐步渐进的。

四　"二率错位"与"政绩导向"：农业转移人口基本公共服务供给导向的偏颇

"二率"即户籍城镇化率和常住人口城镇化率，无论是具体到省域，还是置于国家层面，二者都存在不小的偏差。根据《2017年国民经济和社会发展统计公报》统计，2017年全国户籍人口城镇化率为42.35%，常住人口城镇化率为58.52%，二率相差16.17个百分点[①]。《2017年河南省国民经济和社会发展统计公报》显示，2017年年底，河南省常住人口城镇化率为50.16%，而同期户籍人口城镇化率并未公布。以2013年作为参考，据《河南社会发展蓝皮书（2014）》公布的数字，该年度河南省常住人口城镇化率达到44%左右，而户籍人口城镇化率仅为26.6%左右，二者相差17.4个百分点。

农业转移人口市民化，是与工业化、新型城镇化、农业现代化等相一致的，但我国农业转移人口市民化的速度要远大于英、美、日等发达国家的速度。我国城镇人口从1978年的1.72亿增至2011年的6.91亿，城镇化率从17.92%到51.27%，短短30多年，我国就走过了英国200年、美国100年和日本50年的城镇化发展阶段[②]。我国是以30年左右的时间来完成英国200年、美国100年和日本50年才完成的基于城镇化率提速所需要的社会财富和公共资源的积累。显然，亦如同我国从提出建设小康社会，到全面建设小康社会，再到全面建成小康社会的发展逻辑，

[①] 参见《2017年国民经济和社会发展统计公报》，http：//www.stats.gov.cn/tjsj/zxf/b/201802/t20180228_1585631.html，2018年8月9日。

[②] 参见《推进城镇化不等于城镇建设》，http：//f nance.people.com.cn/n/2013/0108/c1004-20126857.html，2018年8月9日。

当前我国主要完成了数字意义上的城镇化率，该城镇化率相较发达国家水平和居民需求，还是一个低水平、低质量的城镇化率，我国还需要相当长一段时间优化这个城镇化率，使之成为一个高质量、高水平的城镇化率。

"二率"相差悬殊，尤其是偏重谈常住人口城镇化率而选择性忽视户籍城镇化率，反映出城镇化的"政绩导向"观念，以及由此导致的农业转移人口基本公共服务供给导向的偏颇。城镇化有两个不同的价值取向，即数字的城镇化和人居的城镇化。数字的城镇化主要以可视化的数字指标为导向，凡是能够用数字表述的工作就重点做，而一些不能够直观体现为数字的、隐形的工作放置其次，数字的城镇化本质上是政绩导向，该价值取向下的城镇化，发展初期大多会出现野蛮城镇化现象，罔顾地区发展现实和综合承载能力，大兴造城运动，强迫农民进城、上楼。结果城镇规模不断扩大，城镇化率不断攀升，而基础设施十分薄弱，公共服务获得感低位徘徊。与之对应的是人居的城镇化，其实质是人本主义在城镇化中的体现，是城市人口的增长、居民公共服务的供给与城市综合承载能力、公共资源承载能力相适应的。

数字的城镇化与人居的城镇化并不决然分离，并不是数字的城镇化中就没有人居的城镇化，人居的城镇化就不能表现为数字的城镇化，二者是现阶段区域城市发展往复循环的阶段，甚至二者可以在同一个区域城市同时存在、交织发展。这主要源于城市管理者的既唯上又唯民的双重施政理念。唯上主要是考虑政绩的因素，因为政绩的考量主要是自上而下的体系，唯民主要是官声、民望因素的考虑，这是一个自下而上的体系。这两个评价体系相互作用，就形成了一条独特的两个步骤的发展路径，即第一个步骤，是在较短的时间内产生规模化效应，完成数字化政绩；第二个步骤，在完成规模化效应后，应对规模化产生的负面影响，采取必要的举措，使得政举人本化。

五 "弱表达"与"被塑造"：农业转移人口基本公共服务诉求的表达障碍

从整体上看，相较于其他社会群体，农业转移人口还处于基本公共服务"弱表达"的地位。一是因为农业转移人口权益表达能力的不足。其一，农业转移人口整体文化素质还不够高，据《2016年农民工监测调查报告》显示：农民工中，未上过学的占1%，小学文化程度占13.2%，初中文化程度占59.4%，高中文化程度占17%，大专及以上占6.4%[1]。其二，农业转移人口的权益表达实践愈来愈少。农业转移人口由于疏离原户籍地而表现出对原户籍地政治参与的消极和冷漠，又因为对现居地虽有强烈的政治参与需求而实际不可得，由此导致农业转移人口的政治参与实践愈来愈少，政治参与能力无法通过参与实践得以提升。二是因为农业转移人口权益表达意愿的缺失。多数农业转移人口实现了"身体"进城，但在思想观念、政治意识、思维方式等方面并不同步，多数存在严重的"搭便车"心理，认为基本公共服务问题的解决是国家和政府的事，只要不直接触及其利益，鲜有主动采取行动，去维护自身权益。三是农业转移人口的权益表达渠道闭锁。长期以来，农业转移人口作为外来人口不能参与基层民主选举和参加社区管理，在城市政治生活中没有影响力和发言权，也不能拥有农民协会、农民工工会等社会组织，利益诉求难以在城市公共政策的制定中得到充分反映[2]。政治权利边缘化使他们不能通过合法的政治渠道诉诸其多样的利益，一些人逐渐被边缘化，背离当地主流社会[3]。

权益的"弱表达"导致农业转移人口基本公共服务形态的"被塑造"。推进基本公共服务均等化是国家的重要战略目标，农业转移人口有着不断增长的基本公共服务需求，理应公平可及地享有均等化的基本公共服务。但从实际情况看，农业转移人口所能够获取的基本公共服务并不理想，相较于城镇居民，农业转移人口基本公共服务的需求与供给存在偏差和失衡。一般情况下，对于某一地区、某一群体、某一历史阶段而言，都会存在不同程度的供需失衡问题。出现失衡问题并不是最为严

---

[1] 参见《2016年农民工监测调查报告》，http://www.gov.cn/xinwen/2017-04/28/content_5189509.htm#1，2017年8月9日。

[2] 王知桂、杨强、李莉：《农业转移人口市民化的制度困局及破解》，经济科学出版社2015年版，第50页。

[3] 杨云善：《建立农业转移人口市民化促进机制研究》，《河南社会科学》2014年第2期。

峻的问题，而是失衡信息无法通过有效的途径反馈到决策层面，公共服务部门仅是依据有限信息和个人偏好进行决策，由此致使基本公共服务供需失衡状态愈加严重。因此，在农业转移人口市民化的过程中，引导、支持农业转移人口从公共决策的边缘走向民主参与的中心具有重要的意义。只有农业转移人口积极参与社区决策、自治管理、表达诉求和保障权利，才能更好地促进群体、阶层的协商与融合，从而达到城镇善治的目的。

六 "市域"与"县域"：农业转移人口基本公共服务供给的区域差异

"市域"与"县域"，代表的不仅仅是地理位置和行政区划的不同，同时意味着资源禀赋、经济发展、治理水平等方面的差异。"市域"与"县域"在农业转移人口基本公共服务问题上也存在着显著的差异，主要体现为：一是资源禀赋差异。在我国现行城镇发展模式和管理体系下，市域与县域对资源禀赋的占有存在较大差距。市域可以利用其行政层级的优势地位，将更多的公共资源提取、调配、汇聚于较大地市，尤其是一些省会城市。而且，较大的城市可以利用公共权力转化为更加优惠的扶持政策，支撑城市的发展。由此，市域在资金配置、行政许可、财税政策、金融信贷、进出口和吸引外来资本等方面比县域获得了更多便利，城市利用这些便利建设基础设施，完善公共服务，使得市域与县域在资源禀赋的占有差距愈来愈大。二是内吸程度差异。内吸程度差异是资源禀赋差异的直观表现，农业转移人口究竟向哪个地方转移，在这个问题上存在政策导向与实际吸纳上的偏差甚至背离。从国家政策导向看，大力发展中小城镇，引导农业转移人口向中小城镇转移是一个明确的目标指向。但在现实运行中，农业人口的转移却出现了经济性与政策性的偏差和背离。从实际情况看，农业转移人口流入地以地级以上城市为主，主要因为地级市、区域中心城市等资源禀赋较好，基础设施比较完善，公共服务较为优裕，对农业转移人口具有较强的吸引力。根据国家统计局发布的《2015年农民工监测调查报告》显示：该年度外出农民工中，流入地级以上城市的农民工占外出农民工总量的66.3%，其中，22.6%

流入省会城市；35.1%流入地级市。另据统计，我国有64.7%的农业转移人口集中在户籍调控政策最为严格的地市级以上城市[①]。三是治理方向差异。资源禀赋、内吸程度的差异，使得不同地方政府在公共服务治理问题上也表现出差异性。对于大型、超大型城市，大量人口不断涌入，造成其在就业、基础设施、公共服务、生态环境及和谐发展等方面持续承受较大的压力，为了平衡经济社会发展、人口、公共服务供给之间关系，一般采取提高人口准入门槛，收窄人口流入路径，力图将过剩的人力资源防堵或挤出。对于中小城镇而言，面临的则是人力资源引入的问题，一般采取降低人口准入、落户的门槛，提供优惠的公共服务政策，将更多的农业转移人口截留或吸引到本地。

七 "进城成本"与"剪刀差"：农业转移人口基本公共服务资金筹措的难题

"追求幸福的欲望只有极微小的一部分可以靠观念上的权利来满足，绝大部分却要靠物质的手段来实现"[②]。农业转移人口迁至城镇，短期目的在于通过务工获取一定的经济收益，提高生活水平；长期目的在于经过积累，转化为城镇居民，分享更为丰富的经济社会发展成果，获取城镇较高水平的基本公共服务。

由乡到城，需要一定的转化成本。之所以存在转化成本，根源于城乡之间基本公共服务权益的不对等，基本公共权益的不对等又缘于工农业产品的"剪刀差"：其一，非农人口对农产品的需求较低，且农产品商品化程度较低，长期处于政府低价计划收购下，导致农业生产扩大化的意愿长期受到压制，农业经济长期在低位徘徊，农业经济的低产出、低效益难以转化积累为农村发展公共服务所需的公共资金，因此农村公共服务资源表现出内源性不足；其二，由于工业基础的薄弱，为了实现赶超战略，国家将资金、技术等优先投入工业化建设，所能够剩余的公共

[①] 姜凯凯、朱喜钢、高湿尘：《小城镇农业转移人口的市民化意愿：实证研究与政策应对》，《现代城市研究》2015年第2期。

[②] 《马克思恩格斯全集》第3卷，人民出版社1960年版，第245页。

资源也主要表现出城镇偏向性，即公共资源的初次分配优先供给城镇居民公共服务的需求，其次投放到农村公共资源的再次分配过程中，公共资源的体量远远不能满足农村的实际需求，因此，农村公共服务资源又表现出外源性不足。

将原本只覆盖城镇居民的基本公共服务扩展到农业转移人口，需要追加成本。这个成本由什么构成？魏澄荣、陈宇海将之归结为社会保障成本、教育培训成本、安居成本、基础设施增加成本[1]。谌新民、周文良认为，农业转移人口市民化成本仅限于需要增加的具有完全公共产品属性的基本公共服务，一些准公共服务及个人开支不应纳入成本[2]。这个成本标准根据国务院发展研究中心测算，每增加1个城市人口，至少需要9万元的基础设施新增投资[3]。另据2013年《城市蓝皮书》测算，农民工市民化的人均公共成本约为13万元，人均个人支出成本每年1.8万元[4]。

具体到省域，以河南省为例，根据《河南省推进"三个一批人"城镇化实施方案》《河南省科学推进新型城镇化三年行动计划》等文件规划，每年要实现100万以上的农业转移人口市民化，由上述标准测算，河南省为此至少新增投入1300亿元的公共成本。另据《河南城市发展报告（2016）》测算，"十三五"期间河南省每年将有超过180万的农业转移人口，至少需要1600亿元以上的基础设施投资。尽管二者测算口径存在一定差距，但每年为此需新增的成本都是一个巨大的数字。而2016年，河南省全年地方财政总收入为4707.96亿元，一般公共预算支出为7456.64亿元，新增成本投入对地方政府是不小的负担。

---

[1] 魏澄荣、陈宇海：《福建省农民工市民化成本及其分担机制》，《中共福建省委党校学报》2013年第11期。

[2] 谌新民、周文良：《农业转移人口市民化成本分担机制及政策涵义》，《华南师范大学学报》（社会科学版）2013年第10期。

[3] 张占仓、王建国：《河南城市发展报告》，社会科学文献出版社2016年版，第57页。

[4] 陈丽丽：《福建农业现代化与农业转移人口市民化同步发展路径研究》，《福建论坛》（人文社会科学版）2014年第9期。

八 "土地立命"与"瞻前顾后":农业转移人口的权益纠结与决策困境

土地作为农业生产者最基本的劳作对象与物质基础,既是农民赖以生存的重要保障,也是农民重要的精神支柱。对于从小农经济社会成长起来的第一代农民工以及深受小农经济思想影响的第二代农民工,土地既是立身,更是立命,是农民可及且实际拥有的财产,是否拥有土地和拥有土地的多寡,在农民看来,才是决定其经济收益和身份归属的象征。

在农业转移人口流向城镇过程中,对于城镇居民来讲,则更容易以自身早已习惯的市民化思维去演绎和猜度农业转移人口对城镇及其公共服务的看法,这也导致了局外人误判了市民化生活对农业转移人口的吸引力,认为农业转移人口在面临选择时更容易选择城镇户籍,这其实是局外人的臆想,这种选择恰恰是局外人自身的选择,而不是农业转移人口的选择。

城乡二元结构愈是清晰、城乡壁垒愈是坚固的时候,也愈是农村人口对城镇生活、对城镇户籍心怀期待和向往的时候,在传统城乡二元结构背景下,城镇户籍相对于农村户籍具有绝对优势,城镇户籍被赋予了经济、政治、文化等诸多对农村人口可望而不可即的权益,能拥有城镇户籍就意味着"吃皇粮",当时农村户籍所能够享有的权益远不如现在丰厚,即使是现在农村户籍所附着的权益对于城镇人口来讲,并不值得去艳羡,但对于长期习惯于小农经济生活方式的农村农民来讲,些许的进步就已能满足其微薄的利益诉求。

在城乡二元结构渐趋松动、城乡壁垒逐步被冲破的过程中,农民户籍被赋予了愈来愈多的权益,其潜在的或可预期的增殖空间亦让处于其间的农民感到土地所能带来愈来愈多的利益。随着农业税取消等对农业农民的诸多减负举措,种粮补贴等土地效益愈来愈明显,农民在基础教育、农村医保、养老保险等基本公共服务方面也取得了显著的进步,在农村户籍附着权益与城镇户籍附着权益差距逐步缩小的比较中,农民对城镇户籍及其附着权益的判断也悄然发生了改变。傅晨、任辉认为,我国农村土地除具备生产功能外,还担负了基本生活保障、就业保障、养老保障、其他保障等保障功能和土地所有权买卖、土地使用权流转、土地抵押等财产性功能①。是否值得放弃农村户籍而去获取一个城镇户籍，这是当前多数农业转移人口在面临抉择时必然思考的一个问题。

对于多数农业转移人口来讲，对于留城还是返乡，选择成本并不低，城镇公共教育、就业机会、医疗卫生、公共文化等便利性的确能让其产生留城的冲动，但城镇尤其是大城市人满为患、交通拥堵、污染严重、缺乏邻里关怀等诸多负面的感官和心理体验，尤其是对留城生活的不可预期性更使之产生一定的畏惧心理，"留城不成又不能返乡"，这才是农业转移人口最大的心结和顾虑。因此，对于多数农业转移人口来讲，在城市未获得其预期的收益和权益之前，很难让其主动放弃农村土地及其权益。

第二节 农业转移人口基本公共服务保障路径研究[②]

农业转移人口为我国城镇化建设做出了较大贡献，囿于就业、教育、医疗、住房等基本公共服务保障的不足，为数不少的农业转移人口尚无法真正融入城镇社会，甚至成为新的城乡边缘群体，这显然与新型城镇化、全面建成小康社会等相悖。保障农业转移人口基本生存和发展权益，为农业转移人口提供优质的基本公共服务，应从供给理念依循、制度创新、供给序列定位、区域差异化治理、权益保值补缺、成本分担、利益表达机制建设、多元共治等方面加以推进。

一 "均等化"与"标准化"：农业转移人口基本公共服务供给理念依循

在基本公共服务供需关系中，无论对于供给者（政府公共服务部门，市场），还是共享者（城镇居民），农业转移人口均处于意识、能力、维权等弱势地位，在当前农业转移人口权益表达不足的情况下，需要通过

---

① 傅晨、任辉：《农业转移人口市民化背景下农村土地制度创新的机理：一个分析框架》，《经济学家》2017年第3期。

② 参见阶段性研究成果，李霄锋、赵成福的《农业转移人口基本公共服务保障路径研究》，《南都学坛》2019年第3期。

强化顶层设计加以维护和保障其基本公共服务合法权益。

从当前政策导向看,"均等化"和"标准化"是供给基本公共服务依循的基本理念,二者凸显了公平、公开、法治、可及等价值取向。公平:"要解决进城农民在城镇获得安身立命根基的问题,最主要的是让他们在平等参与现代化进程的同时,公平享受现代化的成果,如均等的基本公共服务。"[①] 公平体现为获得基本公共服务权利的一致性和普惠性,即基本公共服务的获得者是全体公民,不论贵贱、贫富、智愚,均有权获得基本公共服务,并且该权利是同等无差别的。农业转移人口无论留城还是返乡,最重要的是实现基本公共服务权利的公平性,以此维护和保障其享有与城镇居民同等的生存和发展权利。公开:公开彰显社会公众的知情权,农业转移人口有效参与基本公共服务决策、执行、监督、评价等活动的前提,是其能够获取与供给方对等的基本公共服务信息。政府公共服务部门公开基本公共服务信息,对于农业转移人口更容易地获取、更有效地监督,以及更真实地评价基本公共服务具有重要意义。法治:"均等化"尤其是"标准化",其本身就是法治精神在公共服务领域的具体体现。基本公共服务供给过程中,政府公共服务部门及其授权的组织必须在法律框架内生产、供给基本公共服务,依法接受农业转移人口的监督;基本公共服务供需双方在法律关系上具有平等地位,无论哪一方在供给活动中出现违法违规行为,都要依照相关法律法规进行追责。可及:基本公共服务权利不是概念意义上的,而是能够实际获得并行使,现阶段农业转移人口依然具有较强的不稳定性,其中多数农业转移人口季节性、候鸟式地在城乡之间呈现"钟摆"运动,这就造成了农业转移人口追求短期利益,这也是部分农业转移人口在就业地宁要现金不要保障的缘由之一。可及尤其是以较少的成本可及,相对于长期的承诺,更能为农业转移人口认同和接受。

---

① 徐勇:《"根"与"飘":城乡中国的失衡与均衡》,《武汉大学学报》(人文科学版) 2016 年第 4 期。

二 "破"与"立":农业转移人口基本公共服务制度创新

随着农业转移人口规模的日渐扩大和新型城镇化的提速,农业转移人口对基本公共服务的需求步入高速增长期,而基本公共服务的制度创新仍明显滞后于农业转移人口预期。现阶段,我国针对农业转移人口的法律法规仍不够健全,制度规范的制定滞后于实践的发展,制度规范的统一性和针对性不强,在操作和执行上缺乏力度,这对农业转移人口市民化进度和公平可及地获得基本公共服务造成了较大的障碍。故此,一些不合时宜的基本公共服务制度规范亟须破除。

立是破的延续,创新农业转移人口基本公共服务相关制度规范,其意在于:一是适应经济社会发展形势,满足农业转移人口对基本公共服务的需求,合理的制度规范是农业转移人口获取基本公共服务的兜底安全网,是不断提升农业转移人口基本公共服务质量的可靠保障,可以为农业转移人口和谐融城提供良好的法治环境;二是科学合理的基本公共服务制度安排,可以促进基本公共服务的资金投入合理、产出效率高效、资源配置得当、供需耦合平衡;三是制度创新带动治理发展,提升政府公共服务部门的治理水平,促使其与农业转移人口群体形成良性互动。

如何立?创新农业转移人口基本公共服务相关制度规范,需要综合考量与施策,割裂式、碎片化对某项具体制度安排进行调整,难以从根本上保障农业转移人口基本公共服务权益。制度不是某种自然资源,需要人为地进行创造,创新基本公共服务制度规范的动力源自政府公共服务部门,以及基本公共服务的重要参与者和实际获益者即农业转移人口,政府公共服务部门基于良政善治而创新,农业转移人口基于生存与发展权益保障而迫切要求创新。政府总是倾向于选择性忽视弱势群体的利益尤其是权益弱表达甚至不表达的群体的利益,因此,激发与保持政府公共服务部门制度创新动力,不仅依靠其良政善治和长期执政的理性选择,还要以农业转移人口倒逼触动,根本在于完善政治参与制度,提升农业转移人口政治参与能力,拓宽农业转移人口政治参与渠道,健全利益表达机制、需求显真机制并使之有效发挥作用,使农业转移人口利益表达顺畅,真实需求信息为公共服务部门所悉。

立什么？基本公共服务关涉内容多，涉及面广，从参与主体看，涉及供给者、生产者、需求者抑或消费者等；从供给范围看，涵盖基本公共教育、基本劳动就业创业、基本社会保险、基本医疗卫生、基本社会服务、基本住房保障、基本公共文化体育等；从生产方式看，主要存在政府生产和市场化生产，市场化生产又包括招标制、凭单制、合同外包、特许经营等多种形式；在府际关系方面，涉及中央与地方政府以及地方政府之间的关系。因此，基本公共服务制度创新牵一发而动全身，更需综合考量、协同推进，全面破除束缚基本公共服务均等化、标准化的体制机制障碍，构筑起基本公共服务的制度体系。从学界研究看，农业转移人口基本公共服务相关制度规范包括公共财政体制、公共资源配置机制、绩效评价体系、标准制度、监管和问责机制、户籍管理制度、土地制度、利益表达机制、供给监管机制、投融资制度、社会保障制度、社会协同决策机制、标准动态调整机制等。

三 从"供给导向"到"需求导向"：农业转移人口基本公共服务供给序列定位

新公共管理和新公共服务都强调"顾客导向"和"需求导向"的观念，需求导向观念不仅仅是顾客满意驱动的需要，也是政府今后的责任。[①] 从当前我国经济社会发展程度、政府治理水平、公共资源汲取能力以及政府施政实践、学界研究趋势等综合研判，基本公共服务供给模式日益由"政府导向型"转向"需求导向型"，正从"单向的'父爱主义'的给予走向基于协商的多样化民意的满足"[②]。既然是以需求为导向，其关注点将日趋聚焦于农业转移人口的实际需求。从文献资料和实地调研情况看，农业转移人口对于基本公共服务需求的迫切程度并不是同等的，在农业转移人口大规模短期内涌向城镇，对城镇基本公共服务造成巨大压力的情况下，应充分考量农业转移人口需求偏好，将有限的公共资源

---

① 蔡礼强：《政府向社会组织购买公共服务的需求表达——基于三方主体的分析框架》，《政治学研究》2018年第1期。

② 陈毅：《澄清与再审视：公共服务均等化对政府提出的挑战及其回应》，《行政论坛》2014年第6期。

在多样化、差异化甚至相互冲突的偏好之间进行排序，然后参照序列依次供给。为此，农业转移人口基本公共服务应首先在关键领域和重点环节破局，然后逐步扩展乃至覆盖基本公共服务全部领域。当前，从保障农业转移人口基本生存权和发展权的角度，按照农业转移人口市民化的演进路线，其基本公共服务供给序列可以粗略分为三个层次。

　　第一位序，基于"入城"需求的基本公共服务项目。户籍管理、劳动就业、住房保障等是农业转移人口"入城"的关键，是多数农业转移人口面临的共性问题和保障农业转移人口基本生存权的必解之题。基本公共服务与户籍制度有着密切的关系，现行的户口管理制度严重制约农业转移人口的市民化进程，这一点已是学界共识，没有户口管理制度的破局，农业转移人口与城镇居民便长期处于基本公共服务的"一城两面"。基于此，我国不断加大户籍管理改革，持续发展和完善居住证制度，出台了一系列有利于农业转移人口自由流动的政策和措施，使户口管理制度逐步与公共服务权益脱钩，让其回归至信息载体的功能。劳动就业并获取稳定经济收益，既是农业转移人口离土进城的动因，也是目前农业转移人口能否逾越户籍障碍的重要一环，同时也是影响农业转移人口融城进度和生活水平的重要因素，因此，必须强化农业转移人口的劳动就业服务，进一步将农业转移人口劳动就业纳入属地管理，推动城镇公共职介机构为农业转移人口提供更多元、更优质的职业介绍、就业指导、合同管理、失业登记等服务，同时结合农业转移人口实际需求，构建科学合理的职培体系，提升农业转移人口就业能力和就业层次，使农业转移人口稳定、体面地劳动就业。住房保障，无论租赁抑或自购，获取"立锥之地"是农业转移人口市民化的必选项，这就需要高度重视农业转移人口的住房问题，不断深化住房制度改革，逐步将住房保障体系受益范围扩大到农业转移人口，让农业转移人口"居有其所"。

　　第二位序，基于"融城"需求的基本公共服务项目。公共教育、社会保险、医疗卫生等是农业转移人口由"入城"到"融城"的重要内容，关涉农业转移人口的家庭稳定和未来期盼。将以上基本公共服务项目置于第二位序，基于两点考虑：一是户籍、劳动就业、住房保障等第一位序基本公共服务项目是推进第二位序基本公共服务项目的前提，户籍、劳动就业、住房保障等破解程度，直接关系和影响第二位序基本公共服务项目的落实；二是第二位序基本公共服务项目即便在城镇无法获得满足的情况下，农业转移人口也可通过农村公共教育、基本保险、基本医疗卫生等兜底保障。

第三位序，基于"乐城"需求的基本公共服务项目。逐步将保障项目扩展到公共文化体育等基本公共服务项目。基本公共文化体育等项目可称为"乐城"的内容，即在实现"入城""融城"之后，农业转移人口的需求亦将转向精神层面，追求乐享城市生活的目标。显然，在当前"入城"和"融城"尚未得以解决的情况，基本公共文化服务等并非头等必需的项目。

四 "区域带动"与"省域统筹"：农业转移人口基本公共服务差异化治理

由于治理水平、公共资源汲取能力、人口流动复杂程度等方面的差异，即便是同一省域内的不同区域，其面临的农业转移人口基本公共服务保障问题也存在不同程度的差异，以一策而治全域，既不科学，也不现实。较为适宜的对策应是顾及不同区域的实际情况进行差异化治理，同时基于整体性、公平性、共享发展的考量，在区域差异化治理基础上，进行省域统筹。

基本公共服务区域差异性可以粗略按照基本公共服务优裕地区和落后地区加以区分。按照一般性规律，基本公共服务优裕地区往往与经济社会发展较好、公共资源汲取能力较强、政府治理水平较高等相一致，而基本公共服务落后地区则相反。

区域差异化治理的基本思路为：第一，从"先富"到"共享"。改革开放初期，为促进区域先行先试，执行了"让一部分人、一部分地区先富起来"发展战略，此后为均衡区域发展，又提出了"先富带后福，共走富裕路"的思路。发展至现阶段，"人民共享发展成果，实现共同富裕"已成为当前国家发展观的核心理念。优裕地区通过技术、资本等输出支持落后地区的发展，以此增加落后地区人口外迁的选择难度，减少落后地区人口外迁的欲望，引导落后地区人口主动留在当地。对于落后地区的投入，可以培育新兴消费市场，并产生利润、收益回流到城镇，同时减少了为了堵与拦所付出的高昂成本。第二，从"区划"到"区位"。行政区划是国家基于管理需要而进行的区域划分，其在一定历史阶段内具有稳定性，但也容易导致管理的相对封闭和僵化，某一行政区势必将本行政区的事务放置于优先发展地位，本区域内经济发展的成果难以外溢到毗邻区域，对资本、资源、人才等自由流动形成了阻碍。基本公共服务优裕地区应以更为开放的态度和更宽阔的格局，突破治理困局，从区位而不是区划出发，成立相应的管理协调组织，综合区位内不同区域的资源互补性，促进跨地区、跨城镇、跨部门的合作。

基本公共服务政策的区域差异与区域间的公共资源封锁，单方面依靠各地市、县级政府力量难以有效化解，需要更具权威的省级政府予以统筹。针对当前省域内存在的公共服务不均等、碎片化、非均衡现象和问题，发展到经济、政治、文化等条件具备的情况下，省级政府理应调整政策重点，以扭转失衡的发展状态。省级政府应从整体利益出发，在基础设施建设、公共服务体系构建、产业布局等方面统一规划，科学建设；以实现基本公共服务区域均等化为导向，将基础设施和基本公共服务持续向中小城镇延伸，引导一些产业向中小城镇转移；鼓励、支持中小城镇与大城市对接，充分调动地方政府的积极性，促进政府间在基本公共服务问题上形成横向的交流与合作，提高公共服务优裕地区对周边落后地区的辐射外溢，逐步建立起区域规模化的基本公共服务体系，使各地区基本公共服务供给由独立分散向集聚共赢的方向发展。

五 "权随人走"与"带权市民化"：农业转移人口基本公共服务权益保值补缺

对于初期农业转移人口群体，其进城目的较为单一，多是追求短期的经济效益，无论从政策环境、现实经济条件还是思想观念，农村才是其根本。及至近阶段，政策环境逐步宽松，城乡二元壁垒逐步破除，政府由最初的"限制"改为"鼓励"，即使在此背景下，城镇生活预期的不确定性、农村土地附着权益的日益增殖等因素，不仅没有减轻农业转移人口城乡选择的矛盾心理，反而在一定程度上加重了其选择的难度，目前多数农业转移人口依然处于一种季节性、候鸟式的"钟摆"迁移。

加快推进农业转移人口市民化的前提是消除其对于自身权益的顾虑，即在转移过程中自身权益不致受到损害。一直以来，农村农民权益具有鲜明的权户相随特征，即农民所享有的权益基本与其农村户籍相一致，失去了农村户籍，就意味着附着于其上的诸项权益的丧失，这显然是与当前加快新型城镇化建设和激活农村经济相悖的。从目前政策环境和各地实践看，"权随人走""带权市民化"是引导农业转移人口市民化的基本思路之一，随着农村改革的深入，由"户权分离"到"权随人走"，户籍附着权益的顾虑不应再是阻碍农业转移人口市民化的主要因素。

中共中央办公厅、国务院办公厅印发的《关于完善农村土地所有权承包权经营权分置办法的意见》规定，在原有农村土地所有权和承包经营权分设的基础上，进一步将承包经营权分离，分设承包权和经营权，实行所有权、承包权、经营权三权分置并行，进一步明晰了农村土地产权关系，明确了"稳定现有土地关系并保持长久不变""不论经营权如何流转，集体土地承包权都属于农民家庭""充分维护承包农户使用、流转、抵押、退出承包地等各项权能""有权通过转让、互换、出租（转包）、入股或其他方式流转承包地并获得收益""不得违法调整农户承包地，不得以退出土地承包权作为农民进城落户的条件"等原则事项。可以说，将所有权、承包权、经营权三权分置并明确其权能关系，使"户权分离""权随人走"迈开了重要一步。但也要审慎地看到，三权分置还处于初试探索阶段，可供依循的配套法律法规尚需加快制定、完善，相对成熟的实操案例尚需加大研究、总结并推广。

权户分离、权随人走、带权入城，可以部分解决农业转移人口市民化过程中基本公共服务筹资难问题。大量农业转移人口涌入，无论是大城市还是中小城镇，都涉及一个基本公共服务承载力的问题，城镇化既要保障农业转移人口的利益，也要保护城镇既有居民的公共服务权益，这个关系处理不好，不仅可能使城镇化发展成为一个低质量、低水平的城镇化，而且容易引发甚至激化群体矛盾，造成社会的不稳定。同时保障两个群体的基本公共服务权益，只有对既有基本公共服务扩容，努力扩大基本公共服务的供给能力和供给效率。扩容基本公共服务供给，钱从哪里来？这是决策者应该着重考虑的问题。在经济增速放缓、公共财政投入乏力的情况下，农业转移人口权随人走、带权入城成为破解公共服务筹资难题的重要途径。这里需要关注的是，农业转移人口对所有权、承包权、经营权不止于占有，而应当享有更多的支配权和获益权，在要素转移和流动中，政府应更多地让利而非争利于农业转移人口，要让农业转移人口获取相对较多的发展资本，从而增强农业转移人口市民化的资本积累，以部分弥补其市民化所产生的基本公共服务供给成本差额。

六 "挤出"与"分流"：农业转移人口基本公共服务成本分担

助推理论认为，现实中的人是社会人，受到自身和环境因素的影响，社会人的决策并非总是"理性"的；社会人的非理性决策会受到影响和控制；运用非强制性助推手段，既能在一定程度上影响人们的决策，又能维护其选择的自由。[1] 就区域公共物品而言，不同区域内的公共物品具有竞争关系，使得区域性公共物品具有类似于私人物品的性质，那些税收和支出效益成本最大化的地方，最容易吸引居民。[2] 农业转移人口基本公共服务保障问题在超大城市、大城市和地级城市尤为突出，因为超大城市、大城市和地级城市经济发展基础较好，社会保障水平较高，就业机会较多，人居环境较为理想，对农业转移人口有较大的吸引力，但吸引力并不等同于城市的承载力和吸纳力，正是在农业转移人口涌入城市时，主要基于吸引力因素而非城市的承载力和吸纳力，才导致了基本公共服务保障问题的生发。

应该注意的是，城市不仅具有虹吸效应，同时也存在挤出效应。将原本只覆盖城镇居民的基本公共服务扩展到农业转移人口，需要追加成本，未来一个时期，政府着力解决"促进1亿农业转移人口落户城镇"，如此大规模的农业转移人口短期内集中转移至少数大型城市，无论对于哪个城市，新增基本公共服务成本投入对当地政府都是不小的压力。当

---

[1] 句华：《助推理论与政府购买公共服务政策创新》，《西南大学学报》（社会科学版）2017年第2期。

[2] 陈娟：《政府公共服务供给的困境与解决之道》，《理论探索》2017年第1期。

农业转移人口基本公共服务需求超出城市的承载力和吸纳力，城市治理者势必采取措施，将超出当地承载力和吸纳力的农业转移人口挤向其他地区。

在我国，通行"城镇化"的提法，而不是"城市化"，一定程度表明我国农业人口的转移不止于趋向城市，同时还包括大量的中小城镇。从政策设计和实践演进看，我国走的是一条分散型城市化模式，① 在我们这样超大人口规模的国家进行城市化建设，中小城镇的存在，对于建立城乡缓冲带、缓解城市压力具有重要的作用。由于中小城镇相对于城市更接近于乡村形态，农业转移人口在中小城镇更容易获得身份的认同，从资源禀赋、社会竞争等方面，能够较为容易地获得就业机会。虽然当前农业人口的转移解除了地域性限制，但向中小城镇迈出一步远比向超大型或者大中城市容易得多。中小城镇是城市文明的末梢，却是乡村文明过渡为城市文明的初始，由整体性或群体性观察，由中小城镇作为起点，循序渐进完成向大城市的积累，是较为积极稳妥的选择。

从推进新型城镇化发展角度看，实现基本公共服务的宏观合理布局，抹平区域间基本公共服务供给鸿沟，促进区域间基本公共服务发展均衡，是降低和释解农业转移人口的区域累积压力的有效途径。第一，政府应加大对中小城镇的公共投资力度，加快产业转移，促进农业转移人口在中小城镇就业，有步骤地提高一般性转移支付比例，增加中小城镇的财政收入水平，拉近区域间基本公共服务差距，推动区域间基本公共服务均等化。② 第二，政府应处理好公共服务增量配置问题，农业转移人口向哪里转移，就需要在哪里加强公共服务供给，对于吸纳农业转移人口较多的中小城镇，公共服务增量配置应向这些地区适当倾斜，增强中小城镇承载和集聚人口的能力，从而分流大中城市农业转移人口，让转移至中小城镇的农业转移人口享有均等化的优质公共服务资源。③ 第三，中小

---

① 王知桂、杨强、李莉：《农业转移人口市民化的制度困局及破解》，经济科学出版社2015年版，第25页。

② 卢小君、张新宇：《我国中小城市基本公共服务水平的区域差异研究》，《大连理工大学学报》2017年第1期。

③ 吴业苗：《"人的城镇化"困境与公共服务供给侧改革》，《社会科学》2017年第1期。

城镇应利用当地存量公共服务资源，不断提升公共服务水平，充分发挥中小城镇对周边乡村的虹吸效应，促使周边乡村农业人口就近转移。

七 "表达"与"回应"：农业转移人口基本公共服务利益表达机制建设

推进国家治理现代化，强调基于法治框架下通过由单中心权威治理向多中心民主治理的转型确认，使各利益主体共同参与社会治理与服务的全过程，进而有效保障公民的基本权利。[①] 就农业转移人口市民化而言，需要建立畅通的利益诉求表达机制，支持并引导农业转移人口从公共决策边缘走向民主参与，使农业转移人口有效表达基本公共服务需求并获得回应，从而达到城镇善治的目的。建立健全农业转移人口基本公共服务利益表达机制，主要在于以下几个方面。

首先，表达"有意识"。相对于农村农民和城镇居民，农业转移人口是处于"灰色地带"的过渡群体，其农民身份逐渐淡化，鲜以农民身份参与农村的政治生活，同时城镇居民的身份尚未被显性认同。从内部因素看，需要不断激起农业转移人口身份的认知认同，"激起"源于"同城不同权"而导致的对基本公共服务无法有效获得的失衡感，失衡感在农业转移人口的累积，促使他们从"搭便车"到"主动表达"的转向。从外部因素看，还需要优化农业转移人口政治参与环境，这是源自良政善治的价值取向，是基于城镇治理者正确认识农业转移人口对城镇发展做出贡献的前提下，做出的城镇发展成果应惠及农业转移人口的理性选择，从而认同农业转移人口作为城镇主人的身份地位，依法保障农业转移人口对基本公共服务的知情权利，不断提高农业转移人口的政治参与意识，引导农业转移人口主动有效地表达基本公共服务意愿。

其次，表达"有能力"。具备一定水平的利益表达能力，是农业转移人口有效表达利益诉求的前提条件。据调研数据显示，农业转移人口群体初中、高中教育层次居于主体地位，在当前高等教育大众化的背景下，

---

① 郑建君：《推动公民参与基层治理：公共服务提升与社会秩序维护——基于苏州市相城区的调研分析》，《甘肃社会科学》2017年第2期。

该教育层次较之于其他社会群体并不具有优势地位。此外，农业转移人口就业多集中于建筑、住宿、餐饮、制造、批发和零售等传统行业，低收入农业转移人口占比较高。受教育水平、经济收入偏低，是农业转移人口利益表达能力尚弱的重要因素。从现实情况看，单方短期内提升农业转移人口经济收入并不现实，故此，可行途径在于加强对农业转移人口的文化教育，以此培养其公民意识和公共意识，提高其政治参与能力。

再次，表达"有渠道"。完善政务公开和听证等制度，在做出关涉农业转移人口基本公共服务重要决策和制定相关法规、政策时，充分了解农业转移人口对基本公共服务供需问题的意见和建议；扩宽政治参与渠道，充分发挥人大、政协等法定协商渠道的作用，适当增加农业转移人口代表数，培养农业转移人口的代言人；创新农业转移人口社区管理体制，丰富社区自治形式，完善社区服务制度，优化社区服务手段；逐渐组建符合农业转移人口群体利益的社会组织，提高农业转移人口政治参与的组织化程度，提升农业转移人口与相关利益主体进行利益博弈能力。

最后，表达"合法有效"。农业转移人口利益表达还应注重参与的有序性和有效性，不加限制的无序化参与和不计实效的形式化参与，并不能达成期望的结果，反而会削弱系统的稳定性。[1] 因此，农业转移人口需要认识到基本公共服务问题的累积性、复杂性和长期性，有序政治参与，依法依规表达真实的基本公共服务利益诉求。

对于农业转移人口基本公共服务权益表达与诉求，政府公共服务部门应做出回应，"回应体现了政府对公众参与的态度，直接影响公众参与决策的广度和深度，政府的回应度越高、回应能力越强，说明政府的善治程度越高，而政府最主要的方式是公共决策回应"[2]。一是政府公共服务部门应当与农业转移人口分享基本公共服务决策权力，加大基本公共服务信息公开程度，主动设置基本公共服务议题，吸引农业转移人口积极参与，使农业转移人口的利益问题转化为决策问题，在决策参与中有

---

[1] 郑建君：《政治参与、政治沟通对公共服务满意度影响机制的性别差异》，《清华大学学报》（哲学社会科学版）2017年第5期。

[2] 李伟权：《政府回应论》，中国社会科学出版社2005年版，第1—5页。

序表达利益诉求；二是基本公共服务决策应体现农业转移人口的真实需求，将公共产品方式、内容等与农业转移人口的真实需求对接；三是基本公共服务决策应强化与农业转移人口的动态互动，让供需双方信息的输出与嵌入规范化、常态化，"必要时应当定期地、主动地向公民征询意见、解释政策和回答问题"①。

八 从"全能"到"合作"：农业转移人口基本公共服务多元共治

"全能主义"治理模式虽能在一定时期内产生惊人的治理效力，但同时也导致了经济发展活力的窒息、国家对社会的严密管制等后果，造成社会自组织秩序的彻底摧毁和对国家强制力的全面依赖。② 全能主义在公共服务领域突出地表现为习惯以管制思维弱化民意表达、以政府包揽取代社会多元参与。公共服务的全能主义既无法充分有效地调动整合社会资源，不利于公共资源的优化配置，同时其单向"父爱主义"易于罔顾公众公共服务权益表达，导致公共服务供需失衡。尤其是在基本公共服务供给"政府失灵"和"政府缺位"的情况下，其弊症更为凸显。在当前我国大力推进国家治理体系和治理能力现代化的背景下，"政府治理模式转型的成功有赖于政府、企业、社会组织、公民等治理主体发挥各自的功能，要厘定各治理主体的生态位，形成功能互补、协同增能的有机组合，进而形成系统的进化动力，具体而言，在转向多元共治的过程中，政府应'还权'于市场和社会。"③ 由"全能"向"合作"转向，逐步实现基本公共服务供给的多元共治渐成共识，政府的归政府，市场的归市场，农业转移人口的归农业转移人口。

所谓"有限"，并不代表政府公共服务部门在基本公共服务领域作用的弱化甚至退位。"由于短视、无知及惰性，人们常常没有能力、没有时间，也不愿费心研究公共福利项目中各项选择的差别与特点，更难以做

---

① 俞可平：《权利政治与公益政治》，社会科学文献出版社2000年版，第118—119页。
② 郎友兴：《软实力"现代化"与"协商机制"全能主义治理模式已无法维系》，《人民论坛》2014年第10期。
③ 张立荣、田恒一、姜庆志：《新型城镇化战略实施中的政府治理模式革新研究——基于共生理论的一项探索》，《中国行政管理》2016年第2期。

出审慎的抉择"①，为了克服农业转移人口选择难题，需要更加明确和发挥政府在基本公共服务供给领域的顶层设计、宏观调控、供给兜底等作用，即政府公共服务部门应加强对农业转移人口基本公共服务需求现状、趋势研判，加大基本公共服务政策的协商与指导，制定可行有效的基本公共服务政策；加大基本公共服务生产的授权与监管，完善基本公共服务财政预算，充分整合资源并科学合理配置；对适宜市场且市场愿意承接的基本公共服务项目，要让渡于市场生产供给，对不宜市场或市场不愿承接的基本公共服务项目，政府公共服务部门要直接或间接地承担基本公共服务供给责任，通过生产、购买、补贴等方式兜底保障。

农业转移人口作为需求主体，其在基本公共服务供给过程中的作用不可或缺。现阶段农业转移人口的进城路线，还是一种被终结、被市民化的过程,② 公共服务的"搭便车"问题尤为突出，基本公共服务供需失衡问题的化解，内因在于农业转移人口要正确认识自身在城市化进程中的主体地位，主动参与并融入城镇政治生活，为政府公共服务部门决策提供真实有效的需求信息；充分利用劳动就业、公共教育等基本公共服务项目，提升就业技能和劳动能力，提高自身经济收益，实现公共服务外在供给与内在提升的统一；盘活宅基地使用权、土地承包权和集体收益权等权益，通过租赁、承包、转让等市场手段，实现既有权益的最大化，以部分解决市民化的私人资本。

在基本公共服务多元合作模式下，"政府不再是唯一具有合法性的公共服务主体，第三部门参与公共服务生产与供应的机制也逐渐发展起来，私人闲散资金、社会资本和慈善援助等也成为弥补地方政府在公共服务中公共财政支出不足的新渠道"③。政府公共服务部门应着力发挥市场机制和第三部门在消除公共品结构偏差、提高公共品供给效率中的作用，

---

① 句华：《助推理论与政府购买公共服务政策创新》，《西南大学学报》（社会科学版）2017年第2期。

② 文军：《"被市民化"及其问题——对城郊农民市民化的再反思》，《华东师范大学学报》（哲学社会科学版）2012年第4期。

③ 靳永翥：《德国地方政府公共服务体制改革与机制创新探微》，《中国行政管理》2008年第1期。

降低市场及社会第三部门参与公共品供给尤其是进入教育、医疗等领域的门槛，引导社会资本参与基本公共服务供给[①]。社会力量应关注基本公共服务和农村市场，创新私人资本参与基础设施的建设及社会公共服务领域的多种投融资合作模式，例如 BOT、TOT、PFI、PPP 等模式。其中，PPP 模式可以广泛应用于教育、医疗、卫生、环境保护、交通及其他公共服务领域，既减轻了政府的财政负担，降低项目经营风险，也提高了公众参与社会管理程度，利用市场经济竞争提高资金利用效率，实现政府与私人的双赢，是基本公共服务供给合作较多采用的一种模式。

---

① 李郁芳、王宇：《城镇化背景下公共品供给结构偏向与城乡收入分配》，《广东社会科学》2014 年第 6 期。

第四章

新型农村公共服务九项专题现状实证分析

　　1978年冬，安徽省凤阳县小岗村18户农民冒着牢狱之灾的危险在土地承包到户的协议上按下了鲜红的手印，实施"分田到户""大包干"，这一大胆的尝试拉响了中国农村改革的序曲，在农村40余年改革中奏响了壮丽的乐章。党的十九大提出了乡村振兴战略并用党章的形式将其制度化。我国实现现代化进程中，"要坚持农业农村优先发展，按照产业兴旺、生态宜居、乡风文明、治理有效、生活富裕的总要求，建立健全城乡融合发展机制体制和政策体系，加快推进农业农村现代化"。农业农村现代化是经济的现代化，更是国家农村治理的现代化，而以服务为核心、以群众路线为手段的服务型政府理念给农村治理提出了新时代课题，即如何在治理现代化、民主化进程中整合农村公共服务资源、提高农村公共服务体系运行效率。本章根据课题调研数据，针对组成农村公共服务体系中的农村基础设施公共服务、农村环境保护公共服务、农村社会保障公共服务、农村医疗卫生公共服务、农业技术推广公共服务、农村公共安全服务、农村公共就业服务、农村公共文化服务、农村教育公共服务九个微观专题进行实证性分析，对宏观现状和调研现状进行对比，探寻农村公共服务优先序和各个项目现实情况，帮助厘定问题产生的原因及破解之道。

第一节 数据来源和基本情况

一 数据来源

本书所使用的数据是河南师范大学"我国新型农村公共服务体系整体性治理研究"课题组于2018年6—7月和2019年5—7月，历时5个月对河南省新乡市所辖延津县、原阳县、封丘县、辉县市和卫辉市5个县（市）下辖的8个乡镇52个村的2537个农户采取问卷调查、现场访谈和查阅资料的方式进行调研。其中，问卷发放涉及延津县6个乡镇、41个村、2055个农户，占总样本数的81%；卫辉市2个乡镇、11村、482个农户，占总样本数的19%。其余封丘、辉县、原阳等3个县采取现场访谈、查阅资料等方式进行调研。

延津县和卫辉市隶属于河南省新乡市（位于河南省省会郑州市北邻），分别位于新乡市东部和北部。选择延津县和卫辉市作为主要调研对象是基于以下两个方面的原因：①根据政府官网资料显示："延津县是全国粮食生产先进县、全国优质小麦产业化示范县、全国绿色食品原料标准化生产基地、全国食品工业强县、国家农产品质量安全县创建试点单位、全国社会管理综合治理工作先进集体、河南省职业教育强县、河南省文明城市"[1]；卫辉市（县）则是"中国小麦商品粮基地和棉花基地、中原地区最大的禽蛋生产基地和林果蔬菜基地。高效农业和畜牧养殖业健康发展，被评为国家粮食生产先进县（市）、省畜牧强县（市）、省十大无公害畜产品示范基地和中国农业技术推广体系改革与建设示范县（市）、中国农村沼气服务站试验示范县（市）、中国生猪调出大县（市）"[2]。可以看出两个县都是农业大县，农业资源颇丰，涉及农业、农村和农村公共服务问题具有普适性和代表性。②延津县境内地理环境为南依黄河并以平原地貌为主，卫辉市境内西北部为山区其余地区多平原地貌。两县市的地理环境种类丰富，包括如平原地区、山区、河流流域

---

[1] 参见《延津县概况》，http://www.yanjin.gov.cn/yjgk/，2019年8月7日。
[2] 参见《卫辉概况》，http://www.weihui.gov.cn/portal/zjwh/whgk/，2019年8月7日。

等各种地理类型的乡村。因自然环境差异导致不同结构的村落，最终产生农村公共服务差异性。原阳县、封丘县、辉县市与以上两个县在农村公共服务情况方面相类似。鉴于以上两个方面的原因，延津县、原阳县、封丘县、辉县市和卫辉市（县）能够全面反映不同类型乡村的农村公共服务现状，对本项目所研究的核心问题具有普适性和代表性。

  课题组围绕新型农村公共服务体系整体性治理这一核心问题的九项专题，设计并制作了11类调查问卷：农村公共服务需求情况调查问卷、农村基础设施情况调查问卷、农村环境保护情况调查问卷、农村社会保障情况调查问卷、农村医疗卫生情况调查问卷、农业技术推广情况调查问卷、农村公共安全情况调查问卷、农村公共就业情况调查问卷、农村公共文化情况调查问卷、农村教育情况调查问卷（教师版）和农村教育情况调查问卷（学生版）。其中，农村公共服务需求情况调查问卷是关于农村公共服务的九项专题进行优先序排序并对农村公共服务多中心治理主体进行选择，最后对农村公共服务进行总体展望；其余10类问卷分别针对教育、医疗、环保等九个农村公共服务方面的内容进行详细考察。本次调研由于部分调查问卷填写不完整，故将这些变量缺失的样本剔除，最终共回收有效问卷2462份，其中，农村公共服务需求情况调查问卷158份，农村基础设施情况调查问卷208份，农村环境保护情况调查问卷238份，农村社会保障情况调查问卷253份，农村医疗卫生情况调查问卷251份，农业技术推广情况调查问卷212份，农村公共安全情况调查问卷228份，农村公共就业情况调查问卷206份，农村公共文化情况调查问卷249份，农村教育情况调查问卷（教师版）194份，农村教育情况调查问卷（学生版）265份。

二　基础信息数据分析

  本次调研收集了大量客观的一手数据，由专业人员运用SPSS数据分析软件对所汇总的数据进行整理分析，对访谈内容的记录进行有效甄别和实证性分析。关于调研对象的基本信息分析如下：约63%的调研对象为男性，年龄在20—60周岁的对象约占80%，文化程度在初中及以上的约占83%，主要从事农业生产、务工、农村个体经营、乡镇机关事业单位工作人员、村两委工作人员和部分学生，家庭年均总收入在1万—3万元的约占 43.5%，家庭人口数在 3 人及以上的约占 84.8%。由此可得出，调研对象具有基本文化程度，对农村公共服务情况有直接体会，能够独立客观表述个人观点，调研问卷及访谈内容具有客观性和普遍代表性。

第二节　农村公共服务现状

一　国家公共服务现状分析

在全面建成小康社会的关键时期，随着我国成为全球第二大经济体，在经济方面取得的成就令人瞩目，更在政治、文化、社会事业等诸多方面成绩斐然。2017 年，国民总收入达到 824828.4 亿元，同比增长 7%；国内生产总值达到 827121.7 亿元，同比增长 6.9%；全国居民人均可支配收入达 25974 元，同比增长 7.3%。其中，城镇居民人均可支配收入 36396 元，同比增长 6.5%；农村居民人均可支配收入 13432 元，同比增长 7.3%；一般公共预算收入 172593 亿元，同比增长 7.4%；一般公共预算支出 203085 亿元，同比增长 7.6%。[①] 衡量国民经济和社会发展总量与速度的主要指标均保持稳中向好的发展趋势。在国家经济实现腾飞、社会民主进程加速的大背景下，政府更加体现出对社会和公民的人文主义关怀，用于支付国家公共服务预算的额度也逐年递增，呈现出较高的增长速度（参见表 4—1）。

表 4—1　　近五年中央和地方一般公共预算合计支出情况　　单位：亿元

年　度	一般公共预算支出	中　央	地　方
2017	203085.69	29857.35	173228.34
2016	187755.21	27403.85	160351.36
2015	175877.77	25542.15	150335.62
2014	151785.56	22570.07	129215.49
2013	140212.10	20471.76	119740.34

资料来源：根据《中国统计年鉴—2018》《中国统计年鉴—2017》《中国统计年鉴—2016》《中国统计年鉴—2015》《中国统计年鉴—2014》整理。

---

① 根据《中国统计年鉴—2018》整理。

公共财政预算的支出情况反映出社会对公共事务的需求度以及政府对公共需求的满足状况,"公共财政是国家以社会管理者身份,筹集资金保证国家政府机关、社会公共需要的集中分配"①。在经济学理论中,政府的角色就是在"市场失灵"的真空地带发挥"看不见的手"的调控作用。即某种产品因利润较低的原因被市场所忽视而出现短缺甚至消失的情况,那么政府就应当发挥积极作用填补这部分空白,将不足之量补齐。在传统公共行政理论、新公共管理理论和新公共服务理论中政府的另一个角色定位也经历了一个不断演化的过程,从最初的划桨者角色(设计并执行政策,关注政治上界定的单一目标)到掌舵者角色(充当催化剂、释放市场力量)最终到服务者角色(协商和协调公民和社区团体的利益,营建共同的价值观)。在政治学理论中"与治理相对的政府更常被理解为在国家层次运行,保持公共秩序、促进集体行动的正式的制度过程"②。这些不同理论学科关于政府的表述都可以在新公共管理理论中找到最终的定义:"政府管理就是提供公共服务,政府的存在是为了满足社会的需求,政府应该尽可能地为社会提供满意的公共物品。"③ 另外,罗尔斯关于公共物品和公共服务的关系也有过描述,"因而很明显,某些主要物品的不可分性、公共性以及所产生的外部效应和吸引力,使得有必要由国家来组织和推行集体协议"④。从这些论述不难得出,国家应着力提供公共服务并使之均等化。

我国 2017 年中央和地方一般性公共预算主要支出的项目中,支出额度前十位分别为:教育支出 30153.18 亿元,社会保障和就业支出 24611.68 亿元,城乡社区支出 20585.00 亿元,农林水支出 19088.99 亿元,一般公共服务支出 16510.36 亿元,医疗卫生与计划生育支出 14450.63 亿元,交通运输

---

① 胡乐亭:《社会主义市场经济体制下的财政分配体系总体框架》,《财政研究》1994 年第 10 期。
② [美]海伍德:《政治学》(第三版),张立鹏译,中国人民大学出版社 2012 年版,第 26 页。
③ 邢天添:《新公共管理视野下的绩效预算改革》,《郑州大学学报》(哲学社会科学版) 2007 年第 3 期。
④ [美]罗尔斯:《正义论》,何怀宏、何包钢、廖申白译,中国社会科学出版社 2009 年版,第 211 页。

支出10673.98亿元，国防支出10432.37亿元，科学技术支出7266.98亿元；除国防支出不涉及民生的公共服务外合计支出155797亿元，占2017年中央和地方一般性公共预算主要支出的76.71%。

我国公共服务从业人数和机构数量增长速度也大幅度提升，截至2017年，中等教育专任教师人数为6065625人，初等教育5955726人，学前教育2432138人；中等教育学校77018所，初学教育学校176718所，学前教育学校254950所。各级各类学校专任教师人数从1978年到2000年的22年间，普通高等学校专任教师人数增长25.7万，增长125%，从2000年到2017年的17年间普通高等学校专任教师人数增长117万，增长253%。较前一阶段增长幅度及增速均有显著提高，其他类学校专任教师人数也呈现出类似增长情况（参见表4—2）。

表4—2 改革开放以来各级各类学校专任教师人数情况 单位：万人

年份	普通高等学校	普通高中	中等职业教育	初中	普通小学	特殊教育	学前教育
1978	20.6	74.1	9.9	244.1	522.6	0.4	27.8
2000	46.3	75.7	79.7	328.7	586	3.2	85.6
2017	163.3	177.4	83.9	354.9	594.5	5.6	243.2

资料来源：根据《中国统计年鉴—2018》整理。

党中央和政府的各项报告和文件中关于公共服务的提及频率同样较高。2017年10月，党的十九大报告中有四处提及公共服务问题，具体描述分别是：基本公共服务均等化基本实现、完善公共服务体系、加快推进基本公共服务均等化和建立全国统一的社会保险公共服务平台。笔者对近三年的政府工作报告进行梳理：2019年政府工作报告中指出"促进区域协调发展，提高新型城镇化质量。围绕解决发展不平衡不充分问题，改革完善相关机制和政策，促进基本公共服务均等化，推动区域优势互补、城乡融合发展"。2018年政府工作报告指出"扎实推进区域协调发展战略。完善区域发展政策，推进基本公共服务均等化，逐步缩小城乡区域发展差距，把各地比较优势和潜力充分发挥出来"。2017年政府工作报告提到:"精准加力补短板。要针对严重制约经济社会发展和民生改善的突出问题,结合实施'十三五'规划确定的重大项目,加大补短板力度,加快提升公共服务、基础设施、创新发展、资源环境等支撑能力。"《十三五规划纲要》中关于公共服务的论述也多达10处(参见表4—3)。

表4—3　　　　《十三五规划纲要》关于公共服务论述情况

一级标题	二级标题	公共服务具体论述内容
全面建成小康社会决胜阶段的形势和指导思想	"十二五"时期我国发展取得重大成就	公共服务体系基本建立
	"十三五"时期我国发展环境的基本特征	基本公共服务供给不足
"十三五"时期经济社会发展的主要目标和基本理念	全面建成小康社会新的目标要求	基本公共服务均等化水平稳步提高
坚持协调发展,着力形成平衡发展结构	推动区域协调发展	基本公共服务均等化
	推动城乡协调发展	合理配置和基本公共服务均等化
	推进以人为核心的新型城镇化	努力实现基本公共服务常住人口全覆盖
	促进城乡公共资源均衡配置	推动城镇公共服务向农村延伸
坚持共享发展,着力增进人民福祉	增加公共服务供给	①提高公共服务共建能力和共享水平 ②加强义务教育、就业服务、社会保障、基本医疗和公共卫生、公共文化、环境保护等基本公共服务,努力实现全覆盖 ③创新公共服务提供方式,能由政府购买服务提供的,政府不再直接承办;能由政府和社会资本合作提供的,广泛吸引社会资本参与
	实施脱贫攻坚工程	推进贫困地区基本公共服务均等化
	促进人口均衡发展	提高生殖健康、妇幼保健、托幼等公共服务水平

资料来源:根据《十三五规划纲要》整理。

党中央和国务院对公共服务问题高度重视，同时也对现阶段公共服务体系建设的现状有基本判断。各类报告中出现最多的词汇为基本公共服务基本实现、努力完善公共服务均等化等表述。从国家对公共服务预算支出金额、现阶段公共服务实际情况和国家宏观政策倾向可以看出，政府对于构建服务型政府、统筹城乡一体化的公共服务体系、建立普惠性公共服务标准的决心和态度。

我国基本公共服务建设虽然取得一定阶段性成绩，但正如党的十九大报告中关于我国社会主要矛盾所发生的转变，从1981年中共十一届六中全会确立的"人民日益增长的物质文化需要同落后的社会生产之间的矛盾"转化为"中国特色社会主义进入新时代，我国社会主要矛盾已经转化为人民日益增长的美好生活需要和不平衡不充分的发展之间的矛盾"。我国公共服务的发展也是不平衡不充分的，而这个不平衡不充分的发展也体现在"城乡二元"公共服务体系建设方面，更进一步体现在受"城乡二元"结构制约的城镇和农村公共体系发展不平衡不充分方面，体现在东、中、西部农村公共服务体系发展的不平衡性。

二 公共服务城乡二元结构的矛盾

从历史分析视角来看，城乡二元结构被普遍诟病，然而这种制度结构曾发挥过积极作用。在中华人民共和国成立初期国家面对严峻国际形势的威胁，优先发展以军工业为代表的重工业，需要大量的资源。因此，国家从制度层面所创制的"城乡二元"制度，使农村为工业和城市的发展源源不断地提供了近60年的营养。但随着进入21世纪，国际形势出现新危机，全球性经济危机频发、社会矛盾加剧；同时国内的社会结构也悄然发生改变，农村社会结构的变化也使人感到震惊，正如贺雪峰教授所论述的：中国农村也发生了三个层面的巨变，"国家与农民关系发生了重大变化""农村长期稳定的社会结构的变动"和"农民价值观与世界观的变化"。[①] 这些不稳定因素和悄然的变化使政府重新审视自己的角色定位和职能，国家现代化和实现全面小康社会应该包括农村的现代化和小

---

① 贺雪峰：《最后一公里村庄：新乡土中国的区域观察》，中信出版社2017年版，第Ⅶ页。

康，是使占全国人口总量41.48%的近5.77亿农村人口过上幸福的生活，共享改革开放所取得的巨大红利，使被城市和乡村割裂的公共服务可以延伸并全覆盖所有农村地区。这个问题正如亚里士多德在考察什么是最好的政治共同体时，研究的起点始于"城邦的成员必然地要么共有一切，要么没有任何共有之物"，① 伴随着我国民主化改革进程，国家正将公共服务的权利向所有公民均等化。在向农民征收赋税长达2000多年后的2006年，国家取消农业税并逐年加大对农村公共服务建设的投资力度，便是履行国家义务发挥政府职能的一种体现。

每年发布的政府一号文件被视为是当年工作的方向标，2019年国务院发布题为《中共中央国务院关于坚持农业农村优先发展做好"三农"工作的若干意见》的一号文件是自21世纪以来第16个指导"三农"工作的中央一号文件。其中"公共服务"一词共出现12次，笔者继续梳理近3年中央一号文件，发现2018年中央发布题为《中共中央国务院关于实施乡村振兴战略的意见》的一号文件中论述公共服务8次，2017年中央发布题为《关于深入推进农业供给侧结构性改革加快培育农业农村发展新动能的若干意见》的一号文件论述公共服务4次。由此可见，每年发布的一号文件都关注"三农"问题，而"三农"问题中农村公共服务所占的分量也十分突出。

在这种政治环境下，我国农村公共服务发展也呈现出较好的发展态势。据2017年12月国家统计局发布的第三次全国农业普查主要数据公报（第一号）显示"2016年年末，96.8%的乡镇有图书馆、文化站，11.9%的乡镇有剧场、影剧院，16.6%的乡镇有体育场馆，70.6%的乡镇有公园及休闲健身广场，59.2%的村有体育健身场所，96.5%的乡镇有幼儿园、托儿所，98.0%的乡镇有小学，32.3%的村有幼儿园、托儿所，99.9%的乡镇有医疗卫生机构，98.4%的乡镇有执业（助理）医师，66.8%的乡镇有社会福利收养性单位，81.9%的村有卫生室"②。农村基

---

① ［古希腊］亚里士多德：《政治学》，颜一、秦典华译，中国人民大学出版社2003年版，第29页。

② 参见《第三次全国农业普查主要数据公报（第一号）》，http://www.stats.gov.cn/tjsj/tjgb/nypcgb/qgnypcgb/201712/t20171214_1562740.html，2018年8月7日。

本公共服务中的文化、教育、卫生和社会保障等项目的数据均远超合格线。这些指标同改革开放初期相应指标的纵向对比中显示出飞跃式增长，但如果将这些指标同城市基本公共服务的指标进行横向比较就体现出城市和农村公共服务发展不平衡不充分的矛盾。

表4—4　　　平均每千人卫生技术人员医生、护士（2017）　　　单位：人

项目	合计	城市	农村
卫生技术人员	6.47	10.87	4.28
执业（助理）医师	2.44	3.97	1.68
注册护士	2.74	5.01	1.62

资料来源：根据《中国统计年鉴—2018》整理。

如表4—4数据显示，2017年属于公共服务范畴的公共卫生服务，忽略医技人员的业务水平差距，单从数量角度衡量城市和农村接受卫生公共服务提供者就出现不平衡问题。按城市和农村分类的每千人卫生技术人员反映了城市公民和农村公民平均所能获得的卫生技术人员的数量，平均为每千农村人口提供卫生服务的技术人员、执业（助理）医师、注册护士的数量甚至连城市相应数量的一半都达不到。诸如此类城乡之间的横向差距在国家统计局的统计数据中屡见不鲜。

综上所述，通过对国家各项统计数据和国家宏观政策文件的分析可以得出以下结论：在实现社会主义现代化、全面实现小康社会的总目标下，国家经济发展日新月异，成绩举世瞩目。同时国内外形势正在发生深刻的变化，我国发展仍处于重要战略机遇期，前景十分光明，挑战也十分严峻。因此，转变国家治理方式、树立新的治理理念，从传统的简单行政命令式的管理理念向以人民为中心的需求导向型服务政府理念的转型势在必行。为公民提供高质量整体性的公共服务也是响应社会需求的必然结果。虽然我国已经初步建立了基本公共服务体系，但从分析中不难看出这个公共服务体系的标准还很低、与公民的要求相差很远，发展不平衡和不充分，尤其在公共服务向农村延伸方面，构建城乡统一的公共服务体系还有很长的路要走。"农业是国民经济的基础，农民占中国

人口的绝大多数。农业的持续发展、农村的全面进步，受益者不仅仅是农民，农业农村出了问题，影响的也不仅仅是农民，农业农村发展本身就是一个公共性问题"①，农村的公共事业发展也是国家各项事业高速发展的基础之一。

在明确农村公共服务建设存在短板的基础上，找到农村公共服务的问题所在便是亟须解决的问题，农村公共服务包括农村文化公共服务、农村教育公共服务、农村卫生公共服务、农村社会保障公共服务、农村基础设施公共服务、农村环境保护公共服务、农村就业公共服务、农村农业技术推广公共服务和农村安全公共服务九个微观层面。从实证的角度出发通过充分分析调研数据，以农民的立场对九个微观专题进行优先序排序，并对每个层面的现状和问题进行剖析是破解农村公共服务发展瓶颈的有效手段。

第三节　农村公共服务优先序

《论语》云"工欲善其事，必先利其器"，农民对公共服务的概念和理论或许不大清晰，但农民对自己需要的感受是最直接、最客观的。在调研过程中课题组不做任何关于正义观念理论性的前提假设，而是按照农民群众对九个农村公共服务的微观项目进行优先排序。这样做的目的在于"没有理由认为我们能完全避免对任何一种直觉的诉诸，或假定我们应当努力避免。我们的实际目标是要得到一种可以合理依靠的一致判断，以提供一种共同的正义观"②，对直观经验的理性分析可以产生科学的结果。通过对调查问卷有效数据的分析，得到农民对农村公共需求九个专题排序的结果，目的就是要达到这样一种应然的正义和优先序。农村公共服务排序的结果（参见表4—5）可以帮助我们找到农村公共服务整体性治理当下最迫切的问题。

---

① 陈锡文：《读懂中国农业农村农民》，外文出版社2018年版，第145页。
② ［美］罗尔斯：《正义论》，何怀宏、何包钢、廖申白译，中国社会科学出版社2009年版，第35页。

表 4—5　　　　　　　　　　农村公共服务排序

项　目	得　分	需求顺序
农村环境保护公共服务	510	1
农村基础设施公共服务	543	2
农村医疗卫生公共服务	603	3
农村社会保障公共服务	643	4
农村教育公共服务	769	5
农村安全公共服务	839	6
农业技术推广公共服务	918	7
农村文化公共服务	986	8
农村就业公共服务	1056	9

资料来源：根据 158 份有效《农村公共服务需求情况调查问卷》数据整理。

在处理问卷数据时采用算法如下：第一步：将单份问卷的九个选项按照优先排序的结果等值为相应分值，将 158 份有效问卷的九个选项分项求和。第二步：按照需求度最低的选项求和得分最高、需求度最高的选项求和得分最低的原则，对九个选项分项求和。第三步：对九个选项总分值进行升序排列和筛选处理，得出按照需要程度最大到需要程度最小的排列结果：农村环境保护公共服务、农村基础设施公共服务、农村医疗卫生公共服务、农村社会保障公共服务、农村教育公共服务、农村安全公共服务、农业技术推广公共服务、农村文化公共服务、农村就业公共服务。公共服务产品的需求优先次序是农民作为需求主体对客观需求的反映，也是政府在对农村公共服务整体性治理时应参照的一个坐标系。

本次农村公共服务排序的结果也符合马斯洛需求层次理论。马斯洛需求层次理论认为，人的需要可以分为：生理需要、安全需要、社交的需要、尊重的需要、自我实现的需要五种需要，且这五个层次的需求呈由低到高的层级排列，只有较低等级的需求满足后个体才会追求更高等级的需求。本次调研结果的农村环境、农村基础设施、农村医疗和农村社会保障是人类生存的基本要素，因此农民对这些方面的公共服务需求度较高，农村教育、农村公共安全、农业技术推广、农村公共文化和农村公共就业属于人类较高层次的发展，因此在需求优先排序上也较为靠后。

在厘清农村公共服务体系中各个公共服务专项的优先序后,每项公共服务的国家宏观供给现状、调研数据反映的供给现状、两者的异同和存在的制约因素需进一步透彻分析,以便有的放矢进行农村公共服务整体性治理。

一 农村环境保护公共服务现状实证分析

(一)公共服务视域下的农村环境保护内涵

在我国现代化进程中,农村现代化近些年也出现高速发展新常态。但因为发展速度过快,很多基础性工作未能及时跟进,从而产生了许多意想不到的新问题。农村环境污染问题便是其中之一。突出表现在生活垃圾污染、工业污染、水污染和农业生产过量使用化肥等农资导致土壤污染和土地贫瘠等现象。唐丽霞和左停通过对全国141个村的调查得出结论:"从主要污染源看,生活垃圾排在第一位,农村地区由于没有统一的规划和垃圾处理中心,农户随意丢弃生活垃圾,从而造成农村社区生活垃圾污染比较严重;排在第二位的是工矿业的污染,现在,有很多城市将污染比较严重的企业纷纷转移到农村地区,同时,一些乡镇企业的发展也都成为农村污染的主要来源;化肥、农药等农业污染排在第三。"[①]一方面,在过去很长的时间内农村地区一直是城市污染物的消散地,现代城市的聚集程度与日俱增,快节奏生活带来的如外卖、快餐等一次性消费受到人们的热捧,从而产生更多的生活垃圾。许多城市注重环境卫生通过各种方式创建各个级别的文明城市和卫生城市,而城市垃圾的无害化处理能力有限。基于以上两个原因城市生活垃圾越来越多地出现在村头和田间。另一方面,人类的环保意识逐渐增强,对污染行为的查处力度越发严厉。但与城市相比较,农村地域广阔分散、农村污染治理执法难度大。因此,许多污染性企业选择将工厂办在农村。此举不但对农村的空气、水等不可再生资源造成污染和破坏,噪声污染、放射性污染

---

① 唐丽霞、左停:《中国农村污染状况调查与分析——来自全国141个村的数据》,《中国农村观察》2008年第1期。

更是残害着农民的基本生存环境。正如操建华研究员认为农村生活垃圾具有以下特点：产生总量大且仍将增长；组成成分复杂化，有毒有害物质增加；人均产生量和构成与地区经济发达程度密切相关；南、北方农村生活垃圾人均产生量和构成存在地域差异；空间分布广而散，随意堆放现象依然存在。① 农村环境污染问题已经成为严重威胁农村稳定和健康发展的主要问题之一。

农村环境保护公共服务需求的增长与农村环境保护公共服务供给的不足是最主要的矛盾。关于农村环境保护公共服务的定义学界还没有统一，解建立教授将农村公共服务的公共物品定义为："公共物品既然是满足社会公众公共需求的服务或物品的总称，那么农村环境公共物品即是与农村环境有关的社会公众的公共需求。农村环境包括自然环境和人工环境，自然环境包括水、大气、土壤等；人工环境包括农田、水利基础设施等。"② 如此看来，由于公共服务理论中公共产品的非排他性特征，与农村环境有关的所有公共服务都应属于农村环境保护公共服务讨论的范畴。

（二）调研数据分析

表4—6　　　　　　　　您认为农村的生态破坏程度如何

选　项	选择频率	百分比（%）
非常严重，亟须治理	52	21.9
比较严重，需及时治理	80	33.8
不严重，但需定期维护	90	38.0
不严重，无须维护与治理	15	6.3
有效合计	237③	100

资料来源：根据238份有效《农村环境保护情况调查问卷》数据整理。

从问题导向分析，认为农村生态破坏非常严重或比较严重的农民占

---

① 操建华：《乡村振兴视角下农村生活垃圾处理》，《重庆社会科学》2019年第6期。
② 解建立、任广浩：《从供给侧改革破解农村环境公共物品供给缺失》，《武汉金融》2017年第10期。
③ 注：《农村环境保护情况调查问卷》有效问卷数为238份，其中，本题有效数为237份，在238份有效问卷中（本题有237人作答）。本书中调研数据分析方法与此相同。

有效样本的55.7%，即超过一半的农民认为农村存在严重的环境问题；从治理角度分析，不区分程度认为农村环境问题需治理或维护的占有效样本的93.7%（参见表4—6），由此可得出结论，农村环境污染较为严重且需治理，而农村环境保护问题的破解之道在于提供优质高效的农村环境保护公共服务。

表4—7 您认为环保问题是不是非常重要的问题，会影响个人的生活

选　项	选择频率	百分比（%）
是	195	83.7
否	38	16.3
有效合计	233	100.0

资料来源：根据238份有效《农村环境保护情况调查问卷》数据整理。

表4—7中的数据可以直观得出：逐渐觉醒的农民公民意识、环保意识和关注自身发展的理性思考同本调研关于农村环境保护公共服务排序的结果相吻合。通过表4—6和表4—7的数据所反映的需求和供给的差距对比可以看出，农村环境保护公共服务体系建设迫在眉睫。时任安徽省省长顶着各方的压力在滁县地区全面推广家庭联产承包责任制的王郁昭在总结中国发展的奥秘时指出，"中国经济长达30年保持了9%以上的增长的世界发展奇迹，其中的奥秘之一：农村改革提供了中国结构改革和发展的基本动力，提供了民主政治稳定发展的基础"[①]。如果不能为农村、农民提供高效率、高质量的农村基本环境保护公共服务，影响的不仅仅是农村环境，更进一步讲影响的是整个农村这个作为中华文明的社会根基，从而对国家的经济、政治和社会的发展带来不可想象的不稳定因素。

[①] 杜润生等：《筑牢大国根基》，中国文史出版社2018年版，第113页。

表4—8　　　　　　　您家里的生活垃圾是如何处理

选项	选择频率	百分比（%）
扔到地里	16	6.7
扔到垃圾桶里	194	81.5
卖、焚烧、回填等分别回收利用	18	7.6
扔到路边或门前空地	10	4.2
有效合计	238	100.0

资料来源：根据238份有效《农村环境保护情况调查问卷》数据整理。

表4—9　　　　　　　家庭污水如何处理

选项	选择频率	百分比（%）
泼到院子里	48	20.42
浇到地里	54	22.98
通过排水沟排到屋外	121	51.49
将污水集中收集，喂养家畜	12	5.11
有效合计	235	100.0

资料来源：根据238份有效《农村环境保护情况调查问卷》数据整理。

表4—10　　　　　　您所在的村镇涉污企业是否有环保设施

选项	选择频率	百分比（%）
有	112	48.48
无	43	18.61
不清楚	76	32.90
有效合计	231	100.00

资料来源：根据238份有效《农村环境保护情况调查问卷》数据整理。

从涉及农村环境保护公共服务的几个基础性指标来看，当下的农村环境保护公共服务的现状，不得不使人产生忧虑。最基本的生活垃圾处理中只有7.6%的农民选择使用回收或无害化处理的方式（参见表4—8），生活污水的处理方式中只有5.1%的农民选择回收再利用，约95%的农民选择将未经处理的生活污水排放到其他地方（参见表4—9），而这些未经处理的生活垃圾和生活污水可能携带大量的有害物质和细菌,其对农村的环境造成次生污染并威胁农民的健康。涉污企业的环保情况同样不容乐观,只有不到一半的农民选择确认涉污企业有环保设施,有将近两成的农民确定涉污企业没有环保设施,有超三成的农民对涉污企业环保设施的安装情况不太了解(参见表4—10)。正如前文的分析,农民对环境保护问题十分关注,但作为农村主要污染源的涉污企业的环保措施情况竟然不太了解。这不得不令人深思,究竟是涉污企业未做到环保设施情况信息公示还是有意掩盖问题。从以上几个基础性的指标分析可以得出农村环境保护公共服务的缺失和不足的结论。

表4—11　　　　　　家中收割的秸秆(稻秆)如何处理

选项	选择频率	百分比(%)
在田里直接焚烧	16	6.8
随意弃置稻秆	20	8.4
直接把秸秆(稻秆)放在田地里做肥料	196	83.1
使用秸秆做饭	4	1.7
有效合计	236	100.0

资料来源:根据238份有效《农村环境保护情况调查问卷》数据整理。

表4—12　　　　　　您认为造成农村水土污染的原因有哪些

选项	1	0	位序
生活及工厂废水未经处理直接排放	108	130	2
生活及工厂固体废弃物随意堆放	74	164	4
农药及化肥大量使用	133	105	1
家禽家畜的粪便	79	159	3
其他	12	226	5

资料来源:根据238份有效《农村环境保护情况调查问卷》数据整理。
说明:此题为多选题,1代表选择,0代表未选择。

表4—13　　您认为造成农村环境空气污染的原因有哪些

选 项	1	0	位 序
焚烧秸秆与木柴产生的烟尘	143	95	1
家禽家畜产生的恶臭	122	116	3
堆放垃圾产生的恶臭	127	111	2
有害气体和废气	58	180	4
其他	32	206	5

资料来源：根据238份有效《农村环境保护情况调查问卷》数据整理。

说明：此题为多选题，1代表选择，0代表未选择。

表4—14　　您认为造成农村环境噪声污染的原因有哪些

选 项	1	0	位 序
交通工具的引擎声与喇叭声	134	104	1
建筑施工发出的声音	61	177	3
家用音响发出的声音	32	206	4
婚庆或丧葬时的巨大声音	65	173	2
其他	18	220	5

资料来源：根据238份有效《农村环境保护情况调查问卷》数据整理。

说明：此题为多选题，1代表选择，0代表未选择。

从表4—11可以得出，农民在处理秸秆等农业生产的副产物时，83.1%的农民选择将秸秆放在田地里做肥料，这样的做法使得秸秆得到充分生物分解，提高土壤肥力，有利于继续的农业生产，是一种生态环保的做法。6.8%的农民选择把秸秆直接焚烧，这种传统的做法会释放大量的烟尘，造成环境污染。这两种不同的做法会导致截然相反的环境结果。前者符合生态环保的要求而后者仍然是低效传统的做法，前者的比例远高于后者。究其原因，一方面是因为农民的环保意识增强；另一方面的原因是因为政府近些年加强对秸秆禁烧的监管力度。每年收获季节基层乡镇政府的主要工作就是秸秆禁烧，乡镇领导都会分包区域负责巡逻，而一般乡镇干部则基本天天在村里负责禁烧工作。

从表4—12至表4—14可以看出，针对农村水土、空气和噪声等环境污染现象,农民认为最主要的污染物分别为:农药及化肥大量使用、焚烧秸秆与木柴产生的烟尘和交通工具的引擎声与喇叭声。从环境保护公共服务供给的角度分析,以上这些主要致污物都与环境保护公共服务密切相关,或因农民环境保护意识不足或因农村环境保护公共产品供给不足造成。

表 4—15 您认为谁应承担起保护农村环境的主要责任

选项	1	0	位序
乡镇政府	149	89	1
村委会	114	124	2
村民	96	142	3
工厂企业	64	174	4

资料来源:根据 238 份有效《农村环境保护情况调查问卷》数据整理。

说明:此题为多选题,1 代表选择,0 代表未选择。

从表 4—15 分析,选择为农村环境保护工作承担主要责任的顺序依次分别为乡镇政府、村委会、村民和工厂企业。由此可见,在农民心目中农村环保事业的主要责任应由政府承担。因为,环境保护需要宏观治理,难度大、需要的投入最多,政府的职能也是为农民创造一个美丽、生态的生存环境,所以大多数农民都把农村环保工作寄希望于政府。

(三)农村环境保护公共服务宏观情况

中共中央、国务院于 2018 年 6 月 16 日印发《关于全面加强生态环境保护 坚决打好污染防治攻坚战的意见》,开宗明义指出良好生态环境是实现中华民族永续发展的内在要求,是增进民生福祉的优先领域,在宏观层面强调生态和环境保护工作的重要性。环境保护的重要性还体现在国家对环境污染治理的经费投入上,2017 年环境污染治理投资总额达 9539 亿元、2016 年达 9219.8 亿元、2015 年达 8806.3 亿元、2014 年达 9575.5 亿元、2013 年达 9037.2 亿元,环境污染治理投资总额分别占国内生产总值比重为 1.15%、1.24%、1.28%、1.49% 和 1.52%。同时也体现在生态环境工作较高的出镜率和工作量上,仅 2018 年生态环境部"结合生态环境监测、大气污染防治等工作进展,召开例行新闻发布会12场,11位业务司局负责人、新闻发言人回应了社会高度关注的热点问题145个。发布新闻通稿795篇,答记者问71篇,受理媒体采访申请181件,召开新闻发布会、通气会、解读会、座谈会53场,积极回应公众关切"①。

在这种大背景下,总体环境保护工作可谓硕果累累,"2018年是改革开放40周年,是生态文明建设和生态环境保护事业发展史上具有重要里程碑意义的一年"②。然而农村环境保护现状却不容乐观,与国家环保整体状况差距较大。受农村环保治理主体——乡镇一级政府的治理理念偏颇、环保财政经费限制、农民环保意识淡薄和整体环境污染等因素的制约,城乡环保治理在现实中还存在巨大差距。这种巨大的差距体现在农村环境保护公共服务不足或缺失的几个方面:"在环保法律和政策上,城乡差别巨大。在治理投入上,农村环保严重不足。在环境基础设施建设上,农村严重缺乏。在环境检测上,农村还在试点示范阶段。在环境监管上,农村应对乏力。"③

环境保护和生态建设工作总体进行得如火如荼,为美丽中国建设奠定发展空间,然而农村却是环境保护工作的一块短板。若对其不予以重视并立即进行纠偏,树立城乡环境保护公共服务一体化意识,恪守防治优先的发展理念,农村环境保护公共服务的效能将不尽如人意,极易产生"短板效应"。即一边是国家花大力气大代价整治环境污染和生态破坏问题,但总有一块环境短板在不停地产生新的污染和问题。在环境治理和保护方面,应该统筹城乡补齐短板,联动发展。否则,习近平总书记提出的"绿水青山就是金山银山"的理论就永远只是空中楼阁。

(四)农村环境保护公共服务个案分析

在课题组对农村环境保护公共服务的访谈过程中,有L村村民向调

---

① 参见《生态环境部2018年度政府信息公开工作报告》,http://117.128.6.17/cache/www.mee.gov.cn/,2019年3月29日。

② 董战峰、李红祥、葛察忠、王金南:《国家环境经济政策进展评估报告2018》,《中国环境管理》2019年第3期。

③ 陈润羊、德国洁:《城乡一体化视野下农村环境治理的困境与出路》,《农业经济》2018年第7期。

研组反映农村环境保护存在的主要问题："①国家的惠农富农政策逐渐使农民过上了不愁吃不愁穿的日子，有一部分农村家庭在条件允许的情况下家中的主要劳力外出务工，家里的生活质量有了较大改善，同时一部分外出务工或从事规模较小的经营性农民还带来了新理念，农民更加注重生活质量，对环境问题特别关注，但这部分农民在回乡后对本村的环保现状担忧，村子中缺乏环境规划，即便村中配备了垃圾箱，但垃圾箱的位置没有经过科学的规划，使用率较低；少部分农民在收获季节仍未做到秸秆禁烧，采取直接焚烧的方式，产生的浓烟严重影响空气质量；村子有一些在石膏板工厂打工的农民工出现呼吸道疾病；坐落在耕地里的企业生产污水未经处理直接排放在灌溉的沟渠中，诸如此类问题十分常见。②有些村距市区非常近，因此大力发展蔬菜种植业和畜牧业，在这两种农业生产过程中化肥和农药使用量过大、抗生素等药物使用剂量超标问题十分常见。"而这些带有问题的蔬菜和畜禽类一旦进入餐桌，日积月累将对人体健康产生十分不利的影响。

面对这样严峻的问题，农村环境保护公共服务供给主体的措施是农村环境保护公共服务质量提升的关键。在对延津县环保局的调研访谈过程中，相关负责同志对近几年延津县涉及农村环保主要工作进行梳理。从近几年延津县涉及农村环保主要工作来看，包括建立健全包含农村在内的三级网格监管体系，对农村人居环境的治理、农业生产的污染源治理、农村污染企业的污染治理等。从工作的数据分析，污染防治工作的成绩较丰，各级政府和相关部门也切实落实责任担当，在制度、技术和实践层面都有所作为。但这与调研数据的结果却不相符，究其原因：一方面，在本次调研的调查问卷中所涉及的问题，"如您认为政府可以采取哪些措施加强对农村环境的保护""您所在的村落是否每年都进行环境保护知识宣传""当您所在村出现环境污染问题时你会采取哪种解决方式"和"当环保政策与您的生产生活出现冲突时您能够牺牲个人利益而按照政策规范行为吗"等问题都是微观的操作方案，而政府工作多集中于宏观层面；另一方面，本书所讨论的为中心治理理论也是解释以上不符的原因。即农村环境保护工作中，如何解决政府唱独角戏的尴尬局面。充分发挥社会和农民的力量形成为中心治理的协同互动，彻底破解农村环境保护公共服务的掣肘难题。

(五) 农村环境保护现状结论

农村环境保护公共服务是农民对公共服务需求排序中需求度最高的一项,属基本生存类型的农村公共服务项目。随着国家对环境保护的重视程度加大,各种政策和资金向生态建设、污染治理、污染源防控等方面倾斜,取得了阶段性成果。然而,正如课题组所调研的华北平原,每年冬天都会遇到长达近3个月的雾霾天气一样威胁着人类的生命健康,环境保护问题仍不能忽视。农村更是环境污染的重灾区,农村生活垃圾随意丢放、城市垃圾向农村转移、农村农业性生产污染、农村耕地污染、农村水源污染和重污染企业向农村转移等问题,时刻在警醒农村环境保护公共服务的神经。

二 农村基础设施公共服务现状实证分析

(一) 农村基础设施公共服务的定义和分类

关于农村基础设施公共服务的定义,不同学者有着各自的定义,其中有学者按要素将农村基础设施公共服务定义为:"农村公共基础设施是指政府向农业农村农民提供的生产、生活方面的公共产品或服务,并保证其能顺利进行扩大再生产的各种物质、技术条件的总和。"[1] 并将农村公共服务基础设施分为生产性农村公共基础服务设施和生活性农村公共基础服务设施两类。也有学者从农村公共服务的提供者和受众接受服务的功能实现过程角度进行定义,"由于基本公共服务设施承载着基本公共服务从资源到服务的转化过程,因此从功能角度来看,基本公共服务设施必然作为基本公共服务的物质承载空间而存在"[2]。将这种对基本公共服务设施的定义推至农村,即农村公共服务所提供的是一种服务,这种公共性质的服务必须通过一定的物质载体实现,即农村公共服务的实现需要能够服务的基础公共设施。其分类是按照功能性对农村公共服务基

---

[1] 胡文静:《安徽省农村公共基础设施建设的供给研究》,《学术界》2018年第10期。
[2] 罗震东、韦江绿、张京祥:《城乡基本公共服务设施均等化发展的界定、特征与途径》,《现代城市研究》2011年第7期。

础性设施分类，共分为"教育设施、医疗卫生设施、文化体育设施、社会福利设施、生活性基础设施"① 五大类。

在现实语境中，正如本书将农村公共服务体系分为九个微观专题，每个专题所提供的服务无论是教育、卫生还是公共安全都需要一定的物质载体及基础设施来实现。从不同的项目分类来看，不同专题所需的基础公共服务设施在规格、数量、标准和形式上也各不相同，如农村教育公共服务所对应的基础公共服务设施是校园、报告厅、会议室等，农村卫生公共服务所对应的基础公共服务设施是村卫生所、乡镇卫生院等。从同一种微观公共服务总体看也存在差异，如农村农业技术推广中针对干旱地区所需要的基础公共服务设施是节水灌溉设施，而在水资源丰富地区所需要的基础公共服务设施是防止农田内涝的排涝设施。

近些年随着国家对农村基础设施建设投资力度的加大，中央专项转移支付资金持续用于改善农村公共服务基础设施，农村的生产生活基础设施条件焕发新颜。"经过十几年的持续努力，3亿多人的饮水不安全问题得到解决，农村电网普遍得到改造，农村沼气设施建设取得显著进展，农村的住房质量和安全性大为提高，农村的人居环境明显改善。"② 为加快农村基础设施建设步伐，改善农村生产生活条件，补齐农村基础设施建设短板，河南省政府2017年11月28日印发《河南省人民政府办公厅关于创新农村基础设施投融资体制机制的实施意见》，强调创新农村基础设施投融资体制机制，进一步明确各级政府事权和投入责任，拓宽投融资渠道，优化投融资模式，加大建设投入力度，完善管护机制，全面提高河南省农村基础设施建设和管理水平。总之，各级政府都在不断提升我国农村基础设施公共服务的水平。

（二）调研数据实证性分析

农村生活性基础设施为农民提供直接的生活基本设施公共服务，同农民的生存保障与农民的基本权利息息相关。生活性基础设施在农村公

---

① 罗震东、韦江绿、张京祥：《城乡基本公共服务设施均等化发展的界定、特征与途径》，《现代城市研究》2011年第7期。

② 陈锡文：《读懂中国农业农村农民》，外文出版社2018年版，第147页。

共服务基础设施大为改善的情况下仍有某些方面未能全部覆盖。其中，针对道路路灯、道路绿化、供气、垃圾收集处理的基础设施公共服务方面，农民需求度百分比超过一半；生活供水设施、农业生产的水利设施、生活污水处理设施、供电设施农民需求度百分比超过1/3；其余农村公共服务基本设施需求集中在村内道路情况的改善及公共交通的普及，包括网络在内的现代通信设施的建设等（参见表4—16）。

表4—16 结合当地实际，您觉得最需要建设的农村基础设施是什么

项目	否(%)	是(%)	项目	否(%)	是(%)
道路路灯	44.7	55.3	供电	63.5	36.5
道路绿化	46.2	53.8	村内主要道路与外界公路相连通	70.7	29.3
供气	49.5	50.5	村内主要道路改为柏油路或水泥路	73.1	26.9
垃圾收集处理	50	50	行政村通公共交通	81.3	18.8
供水	55.3	44.7	宽带网络	84.6	15.4
水利设施	55.8	44.2	镇区道路与高速公路、省道、县道相连通	84.6	15.4
生活污水处理	58.7	41.3	电话	88	12

资料来源：根据208份有效《农村基础设施情况调查问卷》数据整理。

表4—16仅反映农村公共服务基础设施的需求程度，已建成的相应设施也存在着疏于管理缺乏维护的情况。一方面，一部分基础设施建成后成了空架子，使用效率低下，甚至一部分未经过科学决策的基础设施成了农民极为反感的累赘，造成国家资源的巨大浪费；另一方面，一部分基础设施建成后，当地基层政府为了政绩工程或应付上级检查而临时应付，对以后的日常管理维护工作未能落实。因此，造成本应为农业农村发展提供较好作用的基础设施破旧不堪根本无法正常运行，农民对这类基础设施也是感到十分惋惜。如何让农村基础设施建得起来、建得科学、

维护得有效、效率发挥得高也是一个时代课题。

表 4—17　　　　　　　　　村里的泵站管理如何

选项	频数	百分比（%）
设备陈旧，需要更换新设备	68	35.7
泵站没有专门的管理人员，谁抽水谁负责	35	18.9
泵站基本能满足村民需求	84	45.4
有效合计	208	100

资料来源：根据 208 份有效《农村基础设施情况调查问卷》数据整理。

表 4—18　　　　　　　　　怎样看待村内的沟渠建设

选项	频数	百分比（%）
还不错，该建的渠道都建了	11	5.4
沟渠分布不合理	7	3.4
沟渠很陈旧，需要重新修整	187	91.2
有效合计	208	100

资料来源：根据 208 份有效《农村基础设施情况调查问卷》数据整理。

表 4—19　　　　　　　　　村内的广播系统如何

选项	频数	百分比（%）
广播分布数量比较少，好多地方听不到	88	44.7
广播播出的信息不及时，没有充分发挥应有的作用	20	10.2
广播系统建设基本能满足村民需求	89	45.1
有效合计	197	100

资料来源：根据 208 份有效《农村基础设施情况调查问卷》数据整理。

表 4—17 中反映村中已建成的基本水利设施泵站的日常管理情况，认为泵站得到有效管理能够满足基本生产生活需求的占 45.4%，认为泵站设备陈旧无法提供有效供水服务的占 35.7%，认为没有专门的泵站管理人员由农民自己管理维护的人占 18.9%，由此可见，对泵站基本设施现

状及管理服务感到不满的人数占54.6%，超过一半。此类对基础设施公共服务感到不满意的项目如沟渠建设、村卫生室和村自来水系统的情况与泵站满意情况反映出同质趋势，占有效样本总数91.2%的农民认为沟渠很陈旧，需要重新修整，44.7%的农民认为村内广播分布数量比较少，好多地方听不到，10.2%的农民认为广播播出的信息不及时，没有充分发挥应有的作用，两者合计占有效样本总数的54.9%（参见表4—18和表4—19）。

农村公共服务基础设施还有一个重要的问题就是关于建设决策机制的问题。2006年国家取消农业税标志着"工业反哺农业""统筹城乡发展"的伊始。农村税费制度改革取消了农民为国家发展所负担的赋税，减轻了农民的经济负担，同时也迫使农村公共资源的资金筹集制度发生变革。"取消农业税后农村公共服务基础设施的供给资源主要有两方面，一是自上而下财政转移支付为农村公共服务基础设施的供给，二是以农村社区组织为基础以'一事一议'为方法的公共服务基础设施供给。"[①]

"一事一议"制度是农村税费综合改革的一项重要配套制度。所谓"一事一议"，"是指在农村兴办农田水利基本建设、植树造林、修建和维护村级道路等集体公益事业时，所需要的资金和劳务要通过村民大会或者村民代表大会集体讨论、研究，实行专事专议的办法筹集部分资金"[②]。农村公共服务实践中的"一事一议"，即农民以村为单位，通过村民大会或村民代表大会对是否建设某项公共服务设施、建设项目选址、建设途径进行民主决策；对建设筹集的资金由村民民主管理并由上级审计。"一事一议"制度的设计初衷在于通过村级民主方式使农村公共服务决策科学化、民主化和透明化，充分确定农民在基础设施建设过程中决策的主体地位。

中央多次强调在让农民直接受益的农村基础设施建设过程中要充分

---

① 罗兴佐、贺雪峰：《取消农业税后农村水利供给的制度设计及其困境》，《中国农村水利水电》2008年第4期。

② 杨卫军、王永莲：《农村公共产品提供的"一事一议"制度》，《财经科学》2005年第1期。

发挥民主实行"一事一议"制度，切实减轻农民负担让农民利益最大化。然而，因为"一事一议"所设置的筹资标准上限与农民公共基础设施的费用需求相差较大、村干部在执行"一事一议"受到的条框过多丧失了积极性，导致"自家庭承包制以来，农民自主性显著增强，农民日益分散化，大量的农民外流，村民一事一议出现'召集难、议事难、决策难和执行难'的困境，村级公益事业建设投入总体上呈下滑趋势"①。总体上看，"一事一议"政策在农村基础设施公共服务建设过程中的实践效果差强人意，这也与本次调研的结论基本相符。

表4—20　　　　　　您村中的重要基础设施建设是否按照"一事一议"原则进行民主决策

选　项	频　数	百分比（％）
有	158	81.03
没有	16	8.2
不清楚"一事一议"原则是什么	21	10.77
有效合计	195	100

资料来源：根据208份有效《农村基础设施情况调查问卷》数据整理。

表4—21　　您认为"一事一议"原则在您所在村的基础设施建设中是否起到了民主决策的作用

选　项	频　数	百分比（％）
可以	152	77.95
不可以，仅是形式走过场	20	10.26
不可以，大家分歧较大，很难达成共识	11	5.64
不可以，多数人因务工等原因无法召开会议	12	6.15
有效合计	195	100

资料来源：根据208份有效《农村基础设施情况调查问卷》数据整理。

---

① 项继权、李晓鹏：《"一事一议财政奖补"：我国农村公共物品供给的新机制》，《江苏行政学院学报》2014年第2期。

表4—22　您认为"一事一议"原则设置的筹资上限能否
满足村基础设施建设的需要

选项	频数	百分比（%）
满足	98	49.75
不满足，上限稍低，小部分基础设施建设所需费用无法满足	81	41.12
不满足，上限太低，绝大部分基础设施建设所需费用无法满足	18	9.14
有效合计	197	100

资料来源：根据208份有效《农村基础设施情况调查问卷》数据整理。

根据以上三个调研数据可以看出（参见表4—20至表4—22），约有20%的调研农民认为村里的重要基础设施建设未按照"一事一议"原则进行民主决策，甚至有10.77%的调研农民根本不知道"一事一议"原则，成为"一事一议"的真空地带，也是民主治理的一块凹地。在"一事一议"政策落实的农村，认为"一事一议"原则在农村公共服务基础设施建设中起到了民主决策作用的调研农民占到了77.95%，有22.05%的调研农民认为存在走过场或因难以达成共识或因客观因素无法召开相关村民会议，"一事一议"政策的效果较差。关于"一事一议"政策中所设置的每人标准，调研农民也表示出上限标准（地方根据国家规定和经济发展情况制定本地一事一议农民承担费用的上限基本在15元/人/年—20元/人/年）设置过低，认为农村所需的公共基础设施建设无法满足的比例占到有效样本的50.26%。

（三）访谈个案分析

调研组在与延津县榆林乡负责城建同志的访谈中也同样注意到关于农村公共服务基础设施建设的几个问题。乡镇公共基础设施建设支出占乡总财政支出的24%左右，几乎占了1/4，属于重点投入内容。该乡的基础设施建设主要包括乡村道路建设、电力设施改造、农田改造、文化设施建设、教育硬件设施建设、沼气建设、天然气入村管网建设、有线电视数字网络与电信网络建设、排污设施建设等。一系列基础设施的建设成果显著，农民的生产和生活水平明显提高。在基础设施建设过程中，部分项目资金由国家专项转移支付，部分需村里匹配资金和村内自己投资的项目乡政府要求村进行"一事一议"决策。但同时也存在一些问题，主要是建设项目规划和资金问题。有些项目急功近利没有长远统一规划，出现重复建设，建了拆、拆了建，浪费人力、物力。另外，国家在基础设施建设管理上也存在漏洞，以廉租房建设为例，前几年廉租房建设，项目资金通过努力落地，建设用地经审批也到位，廉租房经许可终于建成。然而，一半的廉租房闲置无用，农民对这些廉租房没有兴趣，国家建设廉租房帮助农民实现"住有所居"的初衷没有实现，群众也未得到实惠。这些明显和前文所述的农村公共服务基础设施的缺乏规划、重复建设、管理不善等问题结论相同。

(四) 农村公共服务基础设施现状结论

农民对农村基础设施公共服务的需求排第二位，仅次于农村环境保护公共服务的需求。也体现出农村基础设施建设的滞后以及农民对农村公共服务基础设施的急切盼望。新农村建设、美丽乡村建设、农村厕所革命、村村通道路改造都是农村基础设施公共服务建设的重要里程碑，农村基础设施公共服务建设是"三农"开发的有效支撑。"回顾我国改革开放40年的发展历程，我国现代农业水平大幅提升，人居环境明显改善，城乡和谐不断发展，农村基础设施建设步伐加快，为农业增产、农民增收、农村繁荣注入强劲动力"[①]。然而，通过分析发现农村公共服务基础设施建设存在以下几个较为普遍的问题：第一，农村基础设施建设的资金来源普遍单一，各级财政是农村基础设施建设的投资主力，努力尝试引导多元化资金进入农村公共设施建设仍处于尝试阶段；第二，农村基础设施建设没有尊重农民的生活、生产习惯和需求，存在盲目建设、重复建设等问题；第三，农村基础设施建设决策机制存在短板，除国家专项建设项目外，农村自建的项目理应全部按照"一事一议"原则进行民主决策，但因内生动力不足或外生因素制约导致"一事一议"议不起

[①] 孔祥智等：《中国农村发展40年：回顾与展望》，经济科学出版社2018年版，第158页。

来；第四，农村基础设施建设管理存在漏洞，重建轻管现象比较普遍，导致部分农村公共服务基础设施常年无人管理维护最终被毁坏或自然消解。

三 农村医疗卫生公共服务现状实证分析

（一）农村医疗卫生公共服务的内涵和发展历程

党的十九大指出，实施健康中国战略。人民健康是民族昌盛和国家富强的重要标志，高效优质的医疗卫生公共服务就是实现此目标的直接保证措施。报告还对医疗卫生公共服务的内容划了重点，主要包括：完善国民健康政策，社会医疗卫生体制改革，健全现代医院管理制度，加强基层医疗卫生服务体系和全科医生队伍建设，全面取消以药养医，健全药品供应保障制度，坚持预防为主，深入开展爱国卫生运动，倡导健康文明生活方式，预防控制重大疾病，实施食品安全战略，坚持中西医并重，传承发展中医药事业，支持社会办医，发展健康产业，加强人口发展战略研究，推进医养结合等方面的内容。

中华人民共和国成立初期，医疗卫生事业也是"一穷二白"，基本上处于零基础状态。"1952年，第二届全国卫生工作会议召开。两次全国卫生工作会议先后确定将'面向工农兵'、'预防为主'、'团结中西医'和'卫生工作与群众运动相结合'四项原则作为国卫工作指导原则"[1]。20世纪50年代中后期的人民公社时期，全国农村形成了"三位一体"基本医疗卫生体系，分别是覆盖县、乡、村三级医疗卫生服务网，乡村医生队伍即赤脚医生为主的农村医疗服务队伍和合作医疗制度。这种医疗卫生制度一直延续到1980年改革开放后，随着农村人民公社制度向实行家庭联产承包责任制度的过渡，全新的政治和经济体系逐渐形成，传统的以公社为单位的集体经济统一核算方式瓦解，以户为单位的经济单位在农村被确立。农村集体经济无法负担起合作医疗的费用，至此农村合作医疗制度逐渐消失，农民开始自己承担医疗卫生费用并逐渐成为农民的

---

[1] 岳谦厚、贺蒲燕：《山西省稷山县农村公共卫生事业述评（1949—1984年）——以太阳村（公社）为重点考察对象》，《当代中国史研究》2007年第5期。

新型负担。经农村税费改革国家确立"多予、少取、放活"的农村工作总方针,"2003年1月国务院出台了《关于建立新型农村合作医疗制度的意见》,明确指出新型农村合作医疗制度是由政府组织、引导、支持,农民自愿参加,个人、集体和政府多方筹资,以'大病统筹'为主的农民医疗互助共济制度"[①]。这个时期的国家医疗卫生事业有了长足的发展和提高,医疗卫生服务机构数量明显增多,医疗卫生服务治疗水平显著提升,医疗卫生服务内容覆盖更加全面。但也出现了一些新问题,医疗资源过于集中在城市,新型合作医疗对农民参保缺乏强制力而是自愿参加,新型合作医疗制度的补偿范围以补"大病"为主部分疾病无法得到补偿导致农民参保积极性不高等问题。

经过10余年的努力,根据国家统计局数据显示,国家医疗卫生事业处于一个较高档次和水平,分别表现在乡村两级卫生机构诊疗人数百分比、乡镇卫生院床位数和设卫生室的村数占行政村数的百分比等数据。首先,2017年全国各类卫生机构诊疗人数合计818311万人次,其中,医院343892万人次,基层医疗卫生机构442892万人次。在基层卫生医疗诊疗人数中,乡镇卫生院111076万人次,村卫生室178933万人次,分别占全国各类卫生机构诊疗人数的13.57%和21.87%(参见图4—1)。其次,乡镇卫生院床位数量也经过了一个急速上升阶段,从1978年的74.73万张截至2006年年末该数据一直维持在70万张左右,从2007年开始几乎以每年平均约5万张的增幅增长,2007年乡镇卫生院床位数为74.72万张增至2017年年末的129.21万张(参见图4—2)。最后,设卫生室的村数占行政村数的百分比从1985年的87.4%增长至2017年年末的92.8%。这项数据的增长速度较其他增长数据速度稍缓,但如改革深水区理论一样,在这项数据的背后为达到农村医疗卫生服务普及程度,国家付出超过了一般性努力。

(二)医疗卫生公共服务水平城乡差距明显

经济的增长使人们对物质生活的需求基本得到满足,在满足基本生

[①] 赵成福:《社会转型中的县域农村公共服务供给机制研究——以河南省延津县为表述对象》,中国社会科学出版社2010年版,第285页。

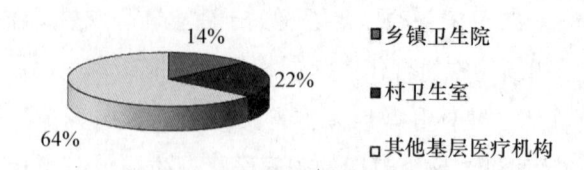

图 4—1 基层医疗卫生机构诊疗人数百分比饼状图

资料来源：根据《中国统计年鉴—2018》整理。

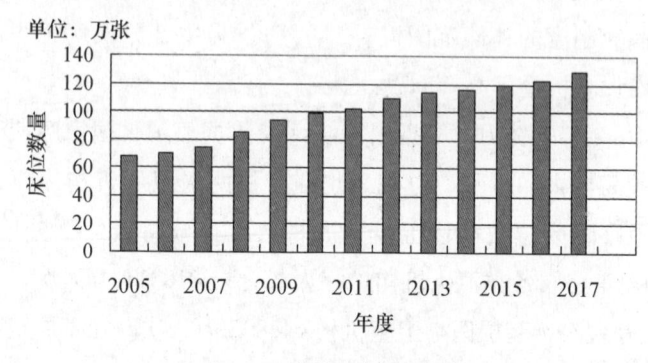

图 4—2 乡镇卫生院床位数增长柱形图

资料来源：根据《中国统计年鉴—2018》整理。

存需要的基础之上人们开始追求生活质量和品质，平均寿命和健康程度随着医疗水平的提升得到显著延长和提高。然而，医疗卫生公共服务却存在一个发展中国家非常普遍的问题，即医疗卫生城乡差距问题、医疗卫生公共服务公平问题，范静波副教授认为"公平也是当前医疗卫生公共服务领域亟待解决的问题，政府应合理配置医疗卫生资源的空间布局，尤其是将优质医疗资源从城市向远郊、农村地区辐射"[①]。大医院集中在城市尤其是发达城市，病人选择就医时往往不能根据就近诊治原则反而选择较远但医疗水平较高的大医院，无疑将产生不必要的费用支出并增

---

① 范静波：《当前居民医疗卫生公共服务满意度感知结构研究》，《华东师范大学学报》（哲学社会科学版）2018 年第 6 期。

加城市医疗资源的紧张和基层医疗资源闲置浪费。这一点也体现在乡镇卫生院医疗服务情况上，根据对乡镇卫生院床位数的增长分析可以看出床位数的增长提供了在乡镇基层卫生机构就诊入院的机会，但实际情况是这项数据的增长却没有跟着床位数的增长而增长，这种现象尤其在近10年表现明显。2005—2009年乡镇卫生院的床位数和病床使用率一直增长，但从2009年开始乡镇卫生院床位数保持逐年递增，但乡镇卫生院病床的使用率却出现时增时减、减多增少的情况（参见图4—3）。

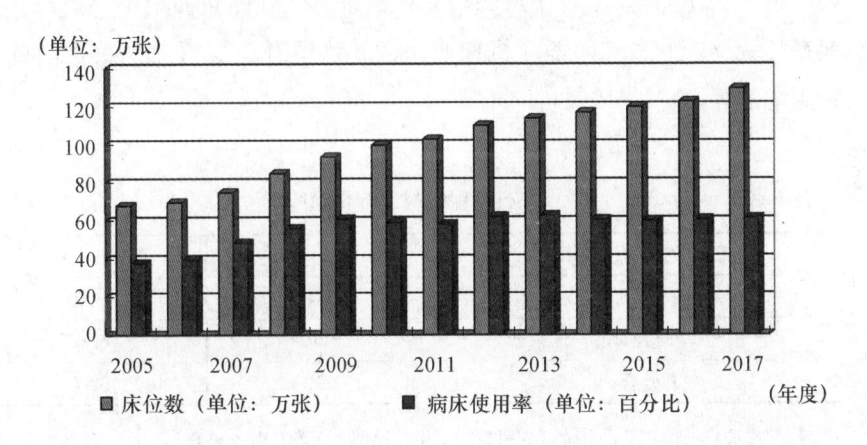

图4—3 乡镇卫生院床位数增长和乡镇卫生院病床使用率对比柱状图
资料来源：根据《中国统计年鉴—2018》整理。

（三）调研数据实证性分析

农村合作医疗制度为我国农村基本医疗提供制度保障，新型农村合作医疗保险是农村合作医疗制度的有效载体和实现手段，一方面，能够帮助减轻农民医疗费用负担，保障农民有条件获得良好、方便的医疗卫生公共服务；另一方面，保证乡镇卫生院和村卫生所正常运转经费，使此类基层医疗卫生机构充分发挥作用。根据调研情况（参见表4—23、表4—24），在自愿投保的前提下新农合的参保率达到93.2%，参保率较高且发挥了积极的作用，帮助农民在享受公共医疗卫生服务时减轻了经济负担，农民感到能够减轻负担的比例高达83.06%，感到有帮助但帮助较小的比例达12.50%，两个数据合计达95.56%，可见新农合保险在农村合作医疗制度中被农民接受且效果良好。

一方面是农民对新农合的认同，但从政府部门的角度来审视新农合也存在一些问题和不足，如在统筹城镇居民医保和农村新农合医保后移交医保部门后运行机制不完善，具体表现在：①城乡居民基本医疗保险资金垫付、拨付不及时；②医保政策规定取消家庭账户，全部实行门诊统筹，门诊统筹每人使用不得超过300元，人均费用不超75元，参保居民对此不理解；③医保中心每月扣除5%的基本费用缺乏政策依据；④从2017年9月1日起27种中成药药品在乡镇卫生院停止使用不予报销，只能在县级及以上医院等医疗机构使用，导致患者在乡镇卫生院就诊自付费用增加等。①

表4—23　　　　　　　您有投保农村医疗保险吗

选项	频数	百分比（%）
有	234	93.2
没有	17	6.8
有效合计	251	100.0

资料来源：根据251份有效《农村医疗卫生情况调查问卷》数据整理。

表4—24　　　　您觉得新农合保险有帮助您减轻医疗负担吗

选项	频数	百分比（%）
有帮助	206	83.06
帮助很小	31	12.50
无帮助	11	4.44
有效合计	248	100.0

资料来源：根据251份有效《农村医疗卫生情况调查问卷》数据整理。

与综合性医院相比较，农村卫生室和乡镇卫生院在医疗技术、医疗设备上存在差距，但它们也有不可替代的作用，也与国家现在提倡的基

---

① 根据访谈记录整理。

层就诊观念"小病不出乡、大病不出县"一致。农民患小病常见病进乡村两级医疗卫生机构进行就诊也是分级诊疗制度的必然要求,对于如感冒、拉肚子等小病常见病就近诊治是现代医疗观念,如高血压、糖尿病等慢性病的诊疗方案及药品供给也是乡村医疗卫生机构能够承担的。本次对延津县僧固乡的村卫生室情况进行调研访谈显示,该乡 24 个行政村已建成 24 所标准化卫生室。乡卫生院主要以基本公共卫生 14 项服务为主,基本涵盖所有重点人群,如老年人免费健康体检,儿童、孕产妇免费体检等。可以看出乡镇两级医疗卫生机构的覆盖度已符合国家标准且已开展基本公共医疗卫生服务。

在乡镇卫生院硬件普及时却出现了一些问题,根据本次调研数据显示,有 18.67% 的农民对乡村医疗卫生机构有意见,6.64% 的农民感到非常不满意(参见表 4—25)。这也暴露出乡村两级卫生机构在实际提供医疗服务时存在不尽如人意的地方。如图 4—4 所示关于农民对所在村附近的诊所是否存在误诊的情况显示,有 40% 的农民自己亲眼见到或听别人讲过存在误诊现象。从病人的治疗角度来看,这种情况轻则对病程发展没有帮助,重则有可能造成危及生命的恶性后果;从乡村医疗卫生机构的角度看,一方面暴露出制约乡村两级医疗卫生发展的医疗技术的欠缺(调研访谈显示延津县大部分乡医从业资格含金量不高,取得了合法从医资格的乡医中 90% 是乡村医生执业证,只有 10% 的人取得全国认可的执业助理医师以上资格);另一方面反映出在管理方面的经验欠缺,总之农民对乡村两级医疗卫生机构的认可度不高。

表 4—25　　　　　　　　您对您附近诊所的医疗服务满意吗

选项	频数	百分比(%)
满意	180	74.69
有意见	45	18.67
很不满意	16	6.64
有效合计	241	100.0

资料来源:根据 251 份有效《农村医疗卫生情况调查问卷》数据整理。

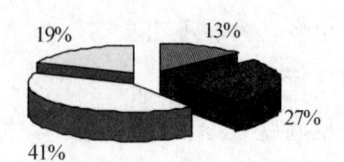

19%　　　13%

　　　　27%
41%

■ 有，自己或家人遇到　■ 有，听别人说过
□ 没有　　　　　　　　□ 没有了解过

图 4—4　农民所在附近诊所出现耽误病人病情现象比例饼图
资料来源：根据 251 份有效《农村医疗卫生情况调查问卷》数据整理。

乡镇卫生院和村卫生室医疗卫生公共服务水平被否定的原因在于：医生的服务态度、医生的专业医疗技术、就诊所需的费用、医疗设备和检查方式、受他人对村卫生室的印象影响等（此顺序按重要性从高到低排列，参见图 4—5）。从该制约原因的分析可以说明，在乡村两级医疗卫生机构医疗人员的态度和服务技能这两项软实力是主要因素，"农村大部分乡镇卫生院人才匮乏，技术水平低，服务功能低下，难以提供合格的医疗服务，无法满足农民的基本需求"[①]。在调研访谈过程中，延津县卫健委负责农村医疗的工作人员也表示，本地区农村医疗服务质量的最主要问题是缺乏人才。同时，由于近年卫生事业经费投入不足，卫生院底子薄弱，无法投入更多的资金及时更新医疗设备，医疗设备陈旧落后。全县 17 家乡镇卫生院中，3 家卫生院没有彩超机，8 家 X 光机无法正常使用（3 家无设备，2 家有设备无专业人员未开展，3 家设备无法正常使用）致使部分检查项目无法正常开展。

提高农民的医疗健康意识也是农村医疗卫生公共服务的一项重要内容。现代社会城市居民的健康意识普遍较高，人们越来越注重身体健康情况，获得体检的机会也较多，升学、入职和年度健康检查等机会十分寻常，获得体检的方式也有医院和专业体检中心等方式。农民进行健康检查的意识也比较强烈，能够有效与早发现各类病症及时进行治疗。而调研数据显示，5 年以上进行一次或从未做过健康体检的农民人数比例分

[①] 张元红：《农村公共卫生服务的供给与筹资》，《中国农村观察》2004 年第 5 期。

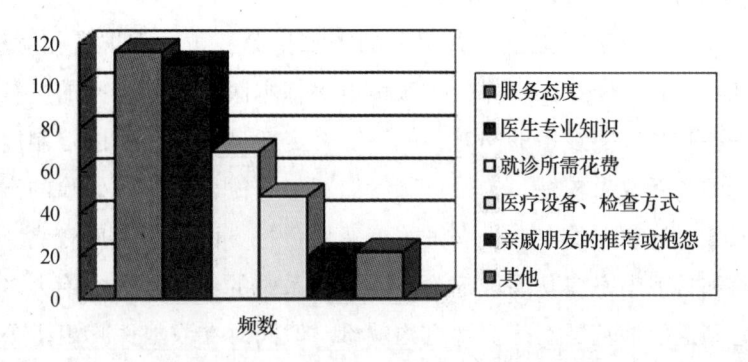

第四章 新型农村公共服务九项专题现状实证分析 / 109

图4—5 哪些因素使您产生对卫生院的印象频数柱状图

资料来源：根据251份有效《农村医疗卫生情况调查问卷》数据整理。

别为9.39%和22.86%，合计32.25%（参见表4—26）。几乎占1/3的农民体检频率十分低。在对从未做过体检的农民进行原因分析，认为自己很健康不需要体检的调研农民占38.46%，其余人认为健康体检是浪费钱或者浪费时间。究其根本，这与农民有限的收入和国家对农民群体的体检普及度不够有关，另外"农民不太重视自己的身体健康也与农民长期以来养成的生活习性以及由此形成的社会心理也有着密切的关系"[①]。

表4—26　　　　　　您一般多久做一次体检

选项	频数	百分比（%）
从未做过	56	22.86
5年以上	23	9.39
两三年一次	90	36.73
每年一次或多次	76	31.02
有效合计	245	100.0

资料来源：根据251份有效《农村医疗卫生情况调查问卷》数据整理。

---

① 高和荣：《风险社会下农村合作医疗制度的建设》，社会科学文献出版社2008年版，第214页。

（四）农村医疗卫生公共服务现状结论

农民对农村医疗卫生公共服务的需求排第三位，需求度相对较高。尽管在新型农村合作医疗保险与城镇居民基本医疗保险合并的过程中暴露出一些政策或实践中的问题，但不能否定新型农村合作医疗制度在农村运行的实际效果较好，农民自愿参加新型农村合作医疗保险的意愿较高，农民对该项保险在减轻农民医疗费用负担方面的满意度较高。乡镇卫生院和村卫生室在基层医疗卫生服务体系中的作用较大，绝大多数农民愿意到这两种基层医疗卫生机构就诊。但同时在农村医疗卫生公共服务中也存在不足问题，如农村基层医疗卫生机构的服务态度差、医疗技术相对较低、医疗检查设备陈旧等。最后提高农民自身健康意识也是农村医疗卫生公共服务的一块短板。综上所述，与城市医疗卫生公共服务相比农村医疗卫生公共服务水平还有待统筹和加强。

四　农村社会保障公共服务现状实证分析

（一）社会保障内涵及宏观现状

社会保障是保障人民生存和社会稳定的底牌，建立社会保障的目的就是保障全体公民的基本生活。对社会保障的理解国内外学界基本达成共识，即政府和国家为因年老、疾病或突发性事件等因素而导致生活困难的公民提供基本的生活需要，满足其生存权利。通过梳理由武汉大学主办的《社会保障研究》学术期刊从2017年到2019年的章节目录得出社会保障的主要内容应包括：养老保障、医疗保障与工伤保险和社会救助与慈善这三个主要方面，除此之外，还涉及住房保障、劳动就业与失业保障等方面的问题。社会保障的核心问题是公平问题，即全体社会公民有权利平等地共享国家经济、政治、文化和社会发展的成果。

梳理我国养老保障和医疗保障两个方面的演进历程和现状，首先养老保障方面"初步建立起全覆盖的养老保障制度，在城镇主要包括机关事业单位养老保障制度、城镇职工基本养老保险制度、城镇居民基本养老保险制度，在农村主要包括新型农村社会养老保险制度、农村五保户供养制度"①,据此可以看出,养老保险可以按照人群类型分为机关事业单位、职工和居民三类,也可按地域分为城镇和农村两类。

为构筑统筹城乡和全体公民的养老保障制度,国家进行了一系列的尝试,2014年2月,国务院印发《关于建立统一城乡居民基本养老保险制度意见》,旨在将城镇居民养老保险和新型农村社会养老保险合并,在全国建立统一城乡、一元化的居民基本养老保险制度。同年7月,人社部联合财政部印发《城乡养老保险制度衔接暂行办法》,旨在打通职工养老保险、城镇居民养老保险、农村社会养老保险衔接转换的壁垒,实现以上三类社会养老保险的互相衔接。为破解机关事业单位养老保险同城镇职工和城乡居民保险的双轨制,2015年1月,国务院印发《关于机关事业单位工作人员养老保险制度改革的决定》,指出机关事业单位工作人员应缴纳养老保险,向养老保险并轨转变。

医疗保障方面,从20世纪90年代末开始,因城乡二元结构和人群类型区别的治理模式的影响,我国逐渐构建起城镇居民基本医疗保险制度(2007年建立)、城镇职工基本医疗保险制度(1998年建立)和新型农村合作医疗保障制度(2003年建立),三种制度因城乡对立、身份不同针对不同种类的人群制度分设,从而造成管理块状化、参保重复化、建设分割化和待遇差别化等结果。为规避以上各种问题,国家尝试将这三项覆盖全民的医疗保障制度合并,2016年1月,国务院印发标题为《关于整合城乡居民基本医疗保险制度的意见》,指出整合城镇居民基本医疗保险和新型农村合作医疗两项制度,建立统一的城乡居民基本医疗保险制度,是推进医药卫生体制改革、实现城乡居民公平享有基本医疗保险权益、促进社会公平正义、增进人民福祉的重大举措,对促进城乡经济社会协调发展、全面建成小康社会具有重要意义,至此统筹城乡的城乡居民医保制度开始浮现。

党的十九大报告关于我国社会保障现状的描述为"覆盖城乡居民的社会保障体系基本建立",并给出了我国社会保障体系建设的发展纲领,即"按照兜底线、织密网、建机制的要求,全面建成覆盖全民、城乡统

---

① 丁建定:《中国养老保障制度整合与体系完善》,《中国行政管理》2014年第7期。

筹、权责清晰、保障适度、可持续的多层次社会保障体系"。在报告中还给出了具体的着力点，即城镇职工基本养老保险和城乡居民基本养老保险制度，城乡居民基本医疗保险制度，大病保险制度，失业、工伤保险制度，保险公共服务平台，统筹城乡社会救助体系和最低生活保障制度，这些都是我国社会保障体系下一步需重点建设的内容。

农村养老保险也是在改革演变的过程中经历了"从无到有、从有到优，经历了老农保、新农保和城乡居民保三个阶段"①。农村医疗保障制度也经历了合作医疗、农村新型合作医疗和城乡居民医疗三种形式。然而，与城市各项社会保障服务相比，农村的社会保障事业长期落后于城市发展水平，"从我国社会保障制度的建立历程及实施状况来看，1978年以来的很长一段时间，农村社会保障制度由于缺乏经济主体的依靠和政治及社会主体有话语权的呼吁，而导致了农村社会保障制度长期缺失"②。农村养老保障和农村医疗保障两种主要社会保障内容在发展的过程中不同程度地出现了一些问题，如强制参保、政策不稳定和报销程序烦琐等。

（二）调研数据实证性分析

在农村养老保障体系，中国传统的"养儿防老"观念已经逐渐开始被社会保障观念替代。农村老人依靠现代养老保障在广大农村地区基本实现安享晚年的愿景。自新农保制度开始实施，参保人数逐年上升，从2010年的10276.8万人上升至2017年的51255万人，7年间参保人数几乎扩大了4倍，"同时，参保率由2006年的53.73%增长到2009年的72.77%。到2012年'新农保'的覆盖范围进一步扩大，中国农村基本实现老有所养的愿望"③。然而，由于是自愿参保，且保障政策也会随着推广的程度而改变。这一点不时刺激着广大农村参保对象的神经，造成对参保态度的不明朗，所以农村实际参保情况也许没有统计数据体现得那么好。在本次调研数据中（参见表4—27），有69.1%的调研农民选择

---

① 米红、刘悦：《参数调整与结构转型：改革开放四十年农村社会养老保险发展历程及优化愿景》，《治理研究》2018年第6期。

② 邓悦、郅若平：《新时代下城乡社会保障制度整合现状与路径分析》，《理论月刊》2019年第6期。

③ 孔祥智等：《中国农村发展40年：回顾与展望》，经济科学出版社2018年版，第39页。

参加了城乡居民养老保险，有 30.9% 的调研农民选择未参加城乡居民养老保险。

表 4—27　　　　　　您是否参加城乡居民养老保险

选　项	频　数	百分比（%）
是	170	69.1
否	76	30.9
有效合计	246	100.0

资料来源：根据 253 份有效《农村社会保障情况调查问卷》数据整理。

根据本次调研发现，农村社会老龄化和空心化现象非常明显。通常是年轻的有劳动能力的人都外出务工以获得除农业生产外相对更多的务工收入，因此在家留守的多为老年人和儿童。这两种人群有一个非常显著的特点就是容易生病，根据国家统计局网站显示的数据，农村的婴儿死亡率及 5 岁以下儿童死亡率远超过城市相应死亡率（参见图 4—6），在老年人中这种情况也类似。

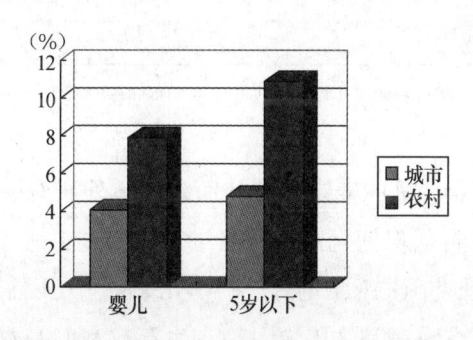

图 4—6　2017 年城市和农村婴儿及 5 岁以下儿童死亡率对比

资料来源：根据《中国统计年鉴—2018》整理。

对农民而言造成家庭重大变化的最大突发性因素就是重大疾病。国家为降低农民的医疗负担、提高农民接受医疗诊治的机会制定了新型农村合作医疗制度。这项制度是由政府作为主体，农民根据自愿原则参加，以大病统筹为主要内容的农民互助共济医疗制度。本来是一项非常好的医疗保障制度，但在实际调研中发现，这项制度的实践也不尽如人意。因为牵扯个人缴费问题，一部分农民因对政策的不理解或对报销比例高低及报销程序有疑义所以拒绝参加。造成"农村干部现在最难做的工作竟然是收各种保险费，为农民家庭防万一、收保险费时听到农民的抱怨：我们田里没有水时没有看到村干部，家里有人病时没有看到村干部，收钱时候村干部就来了。村干部为收保险费，简直是费尽口舌，为农民办好事的政策性保险，真是不大好办啊"[①] 这样的不利局面。这样的情况也和调研农民参加新农合及城乡居民医疗保险情况的数据相吻合，有接近1/4 的农民未参加任何农村医疗保险（参见表4—28），对于农民抵抗疾病风险十分不利。造成这样的现象的原因在于"我国城乡居民医保整合进程在管理体制、制度设计以及经办管理等方面出现多元化的局面"[②]，这种情况在农村更为突出。

表 4—28　　　　　　　　　您参加过农村医疗保险吗

选　项	频　数	百分比（％）
是	190	77.6
否	55	22.4
有效合计	245	100.0

资料来源：根据253 份有效《农村社会保障情况调查问卷》数据整理。

农村基本社会保障除养老保障和医疗保障外还有一个重要内容就是社会救助，即农村低保问题。在笔者参与的脱贫攻坚扶贫帮扶工作中，通过对40 位帮扶贫困户对象的分析得出几乎每个贫困户都享受了农村低保政策。农村低保政策是贫困农民享有生存权利的基本保障，也是体现社会公正的一项惠民政策，是农民社会救助体系的最后一道屏障，对农村和社会的稳定意义十分重要。然而，因为人情保、关系保等现象的存

---

① 贺雪峰：《最后一公里村庄：新乡土中国的区域观察》，中信出版社2017 年版，第220—223 页。

② 仇雨临、吴伟：《城乡医疗保险制度整合发展：现状、问题与展望》，《东岳论丛》2016年第10 期。

在使得低保政策受到农民的质疑。

造成这种情况的根本原因在于政策信息的不对等和政策实施的不透明。首先，一方面政策实施部门掌握低保政策内容缺乏宣传，另一方面因部分低保户文化程度偏低理解能力有限，因此具有良好初衷的低保政策在群众中竟不明白究竟是有何用途（参见表4—29）；其次，在低保户评定的过程中部分干部存在以权谋私现象、老好人等思想加上评定过程缺乏公开，对其监督力度也不够，因此造成理应享受低保的农民被拒之门外，而家里有冰箱、空调等电器的农民却享受着每月的低保补助。在调研过程中，有农民拉住调研组人员询问："你们是哪级政府的？你们是来扶贫的，你看看我们村的贫困户，吃着低保开着车，这没有人管吗？"后来与该县民政部门的负责同志落实确实存在此类情况，但因基层政府部门人员少，对下面报来的数据审核不够严格才造成这种情形。但对这样的现象决不姑息，在调研结束前经过排查已经取消不符合享受低保政策的低保户资格2人。与上述现象相反，在享受低保政策过程中还有一些农民因个人主观原因造成主动放弃享受低保现象，在同延津县东屯镇负责农村低保工作的同志访谈时了解到，尽管这种现象比较少见属个别现象但确有发生。主要还是个人主观原因，如虽然家庭困难基本符合享受低保条件，但因家中有到婚配年龄的孩子，如果享受低保信息一经公示，害怕其他村民说闲话，孩子成家成了问题而放弃享受低保资格；还有个别因家庭成员矛盾主动放弃低保等原因。

表4—29　　　　您是否了解目前低保政策和认定程序

选　项	频　数	百分比（%）
很了解	83	34.7
一般	120	50.2
不了解	36	15.1
有效合计	239	100.0

资料来源：根据253份有效《农村社会保障情况调查问卷》数据整理。

在调研过程中还发现一个关于低保政策方面的问题，这样的问题也出现在目前的扶贫工作中。很多人争着要一个低保户和贫困户的名额，因为除了国家给予的物质和经济上的帮扶外，低保户和贫困户还有其他的政策优惠，即"除了可以获得低保救助外，还受到一系列政策性照顾，其中最重要的就是医疗上的照顾"[①]。突出表现在低保户和贫困户在就诊或住院的过程中，医疗卫生机构除按照规定对该类人群优先就诊外，往往会特别欢迎这类病人。通常做法是将其能够享受的最高政策额度或住院天数基本使用完后再让其出院，这样无形中造成了医疗资源的浪费。

农村社保公共服务部分缺失、部分过度。这也反映出农村治理的一个十分突出的现实问题，千头万绪的工作最终需落实在基层，而基层的治理能力、管理能力是农村实现现代化的一个关键环节。

表4—30　　您认为社会保险所收取的费用对你的影响大吗

选项	频数	百分比（%）
不大	134	54.0
一般	67	27.0
比较大，但是还可以接受	39	15.7
很大，不能接受	8	3.3
有效合计	248	100.0

资料来源：根据253份有效《农村社会保障情况调查问卷》数据整理。

表4—31　　您是否能够按月领到养老金

选项	频数	百分比（%）
能	110	53.7
不能	95	46.3
有效合计	205	100.0

资料来源：根据253份有效《农村社会保障情况调查问卷》数据整理。

国家不断加大对农民社会保障参保的补贴比例，因此，54.0%的农

---

① 贺雪峰：《最后一公里村庄：新乡土中国的区域观察》，中信出版社2017年版，第186页。

民对社会保障所收取的费用对个人的影响基本不大；认为收取的费用比较大，但是还可以接受的农民占总样本数的15.7%；认为收取的费用很大，不能接受的农民只占样本总数的3.3%，所占的比例较低（参见表4—30）。在农村是否能够领到养老金是反映农村养老保险普及的直观指数，调研数据显示53.7%的农民可以按月领到养老金，46.3%的农民不能按月领到养老金。从该数据可以看出农民养老保险的覆盖比例还不算高（参见表4—31）。

（三）农村社会保障公共服务现状结论

农民对农村社会保障公共服务的需求排第四位，通过对农村养老保障、农村医疗保障和农村最低生活救助保障的分析可以看出，在各项保障体系不断完善的过程中，还存在着一些需从宏观设计和微观改进的地方。关于对农村社会保障的满意度，调研数据显示31.5%的调研农民对农村社会保障制度感到很满意，53.8%的调研农民对农村社会保障制度感到基本满意，11.3%的调研农民对农村社会保障制度感到不满意，3.4%的调研农民对农村社会保障制度感到很不满意（参见图4—7）。通过数据可以看出还有14.7%的调研农民对农村社会保障制度不认可，这也是政府需进一步搞清农民需求着力改善的地方，切实织密、织牢农村社会保障公共服务保障网。

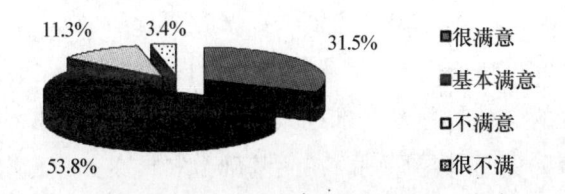

图4—7 您对社会保障制度满意吗

资料来源：根据253份有效《农村社会保障情况调查问卷》数据整理。

五 农村教育公共服务现状实证分析

（一）农村教育公共服务的内涵和发展历程

农村公共教育包括对适龄儿童的基础性义务教育和面向成年农民的

能力培训和基本素质提高等培训性教育两个主要方面。

义务教育方面，2019年6月，国务院印发《关于深化教育教学改革全面提高义务教育质量的意见》指出，"义务教育质量事关亿万少年儿童健康成长，事关国家发展，事关民族未来"[①]，农村义务教育更是事关农村儿童健康成长，突破阶层分化，实现农村和国家现代化的重要手段。义务教育具有强制性、普及性和基础性的特点。强制性是指农村适龄儿童强制性必须接受九年制国民系列教育。普及性有两个层面的含义：一是指包括小学和初中在内的义务教育阶段的教育是面对所有适龄儿童，凡达到学龄儿童都有权利接受义务教育。二是在我国教育体系中学龄前教育、小学教育、初中教育、高中教育、大学教育等不同层次的教育，只有小学和初中教育是强制性的普及。基础性教育是指义务教育在不同层次的教育中处于基础地位，是其他阶段教育的前提。同时从义务教育的公共属性来看，"义务教育属于准公共产品，具有公共性、外部性和非营利性特点"[②]。

义务教育工作是国家综合实力提高、国民素质提升的必要途径，是国家必须予以保障和加强的公共服务项目，是必须优先发展的基本公共服务。国家加大对义务教育的重视程度，尤其是农村义务教育的扶持力度，根据国家统计局数据显示自1999年我国小学学龄儿童净入学率超过99%，至今的数据一直未低于该值并于2015年稳定在99%；小学升学率2006年达到100%，截至2017年该项数据为98.8%。以上两项数据均保持在较高水平，反映了我国义务教育的普及程度之高。党的十九大指出，我国农村地区的义务教育要"推进城乡义务教育一体化发展，高度重视农村义务教育"的总指导原则。在此基础上农村义务教育取得硕果累累的成绩，宏观表现在国家加强对农村教育经费的投入、农村教师数量质量双提升、农村学校硬件条件逐渐提高三个方面。"2001年，中央和地方各级政府预算内教育拨款（不包括城市教育费附加）为2582.38亿元，

[①] 《国务院关于深化教育教学改革全面提高义务教育质量的意见》，http://www.moe.gov.cn/jyb_xxgk/，2019年6月23日。

[②] 财政部教科文司、教育部财务司、上海财经大学公共政策研究中心课题组：《中国农村义务教育转移支付制度研究》，上海财经大学出版社2005年版，第32页。

2016年全国公共财政教育支出（包括教育事业费、基建经费和教育附加）为27700.63亿元，比2001年增长9.73倍"[①]。具体表现在一个微观细节，即农村小规模学校情况，从表4—32中可以看出，小规模学校占农村小学和教学点总数比例为44.4%，这个比例是相当高的，因为这些小规模学校的地理位置十分分散，所以能够有这个比例的小规模学校已经十分不容易。除此之外，这类学校的在校学生人数占农村小学生总数的5.8%，虽然这个数据不是十分高，但也体现出农村义务教育对每一名农村学龄儿童教育机会均等和负责的精神。

表4—32　　　　　　　农村义务教育小规模学校情况

学校类型	学校性质	数量	占农村小学和教学点比例	在校生	占农村小学生总数比例
小规模学校	小学	2.7万所	44.4%	384.7万人	5.8%
	教学点	8万个			

资料来源：数据统计截至2017年年末，根据教育部2018年4月27日奋进之笔"1+1"系列采访活动于河南郑州首场新闻发布会答记者问资料整理。

然而，不能否认在很多农村地区，城市对农村人才和资源的双重虹吸效应使得农村义务教育资源紧张、质量偏低。为落实全面建成小康社会的总体部署，促进农村义务教育事业再上新台阶，统筹城市和农村的义务教育全局一体化发展是当下的重点任务。为此，从党的十八大后国家开始推行县域内城乡义务教育一体化改革发展举措并制定一系列政策法规，努力为农村义务教育公共服务提供均等化无差别的服务，缩小城乡义务教育的差距（参见表4—33）。

[①] 秦玉友：《不让农村教育成为中国未来发展的短板》，《教育与经济》2018年第1期。

表4—33　　　县域内城乡义务教育一体化改革发展政策法规

时间	文件名称	主要目的
2012年9月	国务院关于深入推进义务教育均衡发展的意见	每一所学校符合国家办学标准，办学经费得到保障。教育资源满足学校教育教学需要，开齐国家规定课程。教师配置更加合理，提高教师整体素质。学校班额符合国家规定标准，消除"大班额"现象。率先在县域内实现义务教育基本均衡发展，县域内学校之间差距明显缩小
2016年7月	国务院关于统筹推进县域内城乡义务教育一体化改革发展的若干意见	加快推进县域内城乡义务教育学校建设标准统一、教师编制标准统一、生均公用经费基准定额统一、基本装备配置标准统一和"两免一补"政策城乡全覆盖，到2020年，城乡二元结构壁垒基本消除，义务教育与城镇化发展基本协调；城乡学校布局更加合理，大班额基本消除，乡村完全小学、初中或九年一贯制学校、寄宿制学校标准化建设取得显著进展，乡村小规模学校（含教学点）达到相应要求；城乡师资配置基本均衡，乡村教师待遇稳步提高、岗位吸引力大幅增强，乡村教育质量明显提升，教育脱贫任务全面完成。义务教育普及水平进一步巩固提高，九年义务教育巩固率达到95%。县域义务教育均衡发展和城乡基本公共教育服务均等化基本实现
2017年7月	国务院办公厅关于进一步加强控辍保学提高义务教育巩固水平的通知	切实解决义务教育学生失学辍学问题，确保实现到2020年全国九年义务教育巩固率达到95%的目标
2018年4月	国务院办公厅关于全面加强乡村小规模学校和乡镇寄宿制学校建设的指导意见	到2020年，基本补齐两类学校短板，进一步振兴乡村教育，两类学校布局更加合理，办学条件达到所在省份确定的基本办学标准，经费投入与使用制度更加健全，教育教学管理制度更加完善，城乡师资配置基本均衡，满足两类学校教育教学和提高教育质量实际需要，乡村教育质量明显提升，基本实现县域内城乡义务教育一体化发展，为乡村学生提供公平而有质量的教育

资料来源：根据国务院相关文件整理。

农民教育培训方面，面向农民的培训主要包括专业技能和思想观念两个方面的内容。前者的主要目的在于造就一支专业化、农业技能强的农村实用人才队伍，即"围绕社会主义新农村建设，以提高素质、职业技能和经营能力为核心，以农村实用人才带头人和农村生产经营型人才为重点，着力打造服务农村经济社会发展、数量充足的农村实用人才队伍"①。后者的主要目的在于帮助农民提高基本公民素质，克服传统小农观念，帮助其树立新型时代理念和认知观念。

2017年1月，农业部印发了《"十三五"全国新型职业农民培育发展规划》，对新型职业农民培训工作的发展成效进行归纳，"新型职业农民正在成为现代农业建设的主导力量，具有中国特色的新型职业农民培育制度基本确立，'一主多元'的新型职业农民培育体系初步形成"②。随着农业现代化和农民教育培训的实施，新型职业农民迅速成长，各类有素质有技能的职业化农民成为农业生产的骨干，各类信息化、现代化农业生产技术得到有效推广使用，为现代农业发展提供内生发展动力。各类农民培训机构在党委政府的主导下和农业部门的指导下通力配合，最大限度地发挥农民培训的效用。

但是受到城乡发展差距、农业发展转型、转型期阵痛、部分农产品价格持续走低、农业生产比较效益低下等外部因素的影响，加上农民培训本身的针对性差、现实性弱、培训水平参差不齐、培训形式单一等方面的问题，导致农民教育培训与现代化农业发展的水平不相适应，发展任重道远。

（二）调研数据实证性分析

通过纵向对比发现农村义务教育和农民教育培训都有进步，从经费、师资和办学条件等几个方面的数据指标看，农村义务教育的发展速度比城市义务教育发展得快。农民教育培训方面，虽然国家构建了几个农民培训专项计划，但从培训内容和培训效果来看都不太理想。综上所述，

---

① 《人社部国家中长期人才发展规划纲要（2010—2020）》，http://edu.mohrss.gov.cn/info/1057/1091.htm，2019年7月17日。

② 《农业部"十三五"全国新型职业农民培育发展规划》，http://www.moa.gov.cn/nybgb/2017/derq/201712/t20171227_6131209.htm，2019年7月17日。

农村教育发展的起点低，目前农村义务教育和农民培训水平与城市相比还有一定差距。

1. 本次调研的农村义务教育学校生源情况与城市义务教育学校生源相比较，农村义务教育学校生源属于弱势群体的比例较大。对延津县所属的几所乡村小学的负责人调研访谈显示：延津县东屯镇郝光屯寄宿制学校在校生260人，其中，男生142人，女生118人；寄宿生197人（约2/3为留守儿童），占总学生数的约76%。延津县马庄乡堤后小学在校生122人，其中，男生58人，女生64人；留守儿童5人。延津县L小学在校生99人，其中，男生55人，女生44人；留守儿童3人。延津县Y小学在校生215人，其中，男生111人，女生104人；留守儿童15人。延津县Z小学在校生125人，其中，男生68人，女生57人；留守儿童9人。延津县M小学在校生78人，其中，男生43人，女生35人；留守儿童3人。从以上数据可以看出，留守儿童在本次调研的每所村小学都不同程度地存在。

在对农村义务教育学校生源的分析中，如留守儿童、贫困儿童等弱势群体都有所体现（参见表4—34、表4—35、表4—36、表4—37）。有约52.1%的农村儿童的父母外出务工，其务工地点也分布在乡镇、县、地市级、省内和省外，其中父母务工地点占比最高的为村所在县城30.3%；在省内及省以外的合计占27%，有超过一半的外出务工家长能够保障每周回家一次，但也有18.1%的儿童选择其父母超过半年才能回家一次。所有学生中有22%的学生表示现在的家庭环境和氛围无法在家学习。这一系列数据也表现出农村留守儿童的比例较大，留守儿童的学习环境较差，其给予儿童学习的关注十分有限等问题。

访谈学校负责人也表现出此类学生给学校的管理、教学带来了一定的难度，同时也表达了对这一类学生未来发展的关心和同情。一方面，学校管理困难集中表现在：对寄宿制学校管理要求更加苛刻，因需要24小时运转，所以学生食宿问题、安全问题等增加了学校的管理挑战。对普通义务制学校而言，对学生信息把握不准确，在校的留守儿童极易出现流失现象，对学校管理提出新问题；老师除正常的教学外还需负责弱势儿童的心理辅导和课余时间的辅导任务，尽管很多教师出于同情、义务对弱势群体学生进行课余辅导,但这与国家要求的不允许教师进行课外辅导的要求相冲突;另一方面弱势群体学生发展不利表现在:学习情况不容乐观、缺乏家庭教育环节、家长对子女的学习情况不够重视、监护人对留守儿童学习介入较少、学生缺乏亲情关爱容易造成冷漠心理等现象。

表4—34　　你的父母是否外出务工

选　项	频　数	百分比（%）
是	135	52.1
否	124	47.9
有效合计	259	100.0

资料来源:根据265份有效《农村公共教育情况调查问卷》(学生版)数据整理。

表4—35　　如你的父母外出务工,他们务工地点在哪儿

选　项	频　数	百分比（%）
本村所在乡镇	69	28.6
本村所在县城	73	30.3
本村所在地级市	34	14.1
本村所在省内	41	17.0
本村所在省外	24	10.0
有效合计	241	100.0

资料来源:根据265份有效《农村公共教育情况调查问卷》(学生版)数据整理。

表4—36　　如你的父母外出务工,他们多长时间回家一次

选　项	频　数	百分比（%）
一周及以内	142	57.7
一月	62	25.2
半年	33	13.4
一年及以上	9	3.7
有效合计	246	100.0

资料来源:根据265份有效《农村公共教育情况调查问卷》(学生版)数据整理。

表4—37　目前你的家庭生活环境是否可以保证在家开展正常学习

选　项	频　数	百分比（%）
是	198	78
否	56	22
有效合计	254	100.0

资料来源：根据265份有效《农村公共教育情况调查问卷》（学生版）数据整理。

2. 农村学校教学水平有待提高，国家通过特岗教师、国培计划、优质示范课等方式推进农村义务教育软实力整体上升。但特岗教师中，部分教师刚从学校毕业缺乏教学经验、手段单一，不能立刻适应农村教学需要，不适应农村教学生活环境。特岗教师只是就业的过渡方式，利用基层服务项目在公务员和事业单位招考中有政策上的倾斜，服务期满即考入县或更高一级单位。国培计划是提高教师的有效方式，但也存在着指标分配少于需求的现象，有的学校的教师特别是年轻教师参加培训的机会比较少。从表4—38可知，能够经常参加外出进修学习的老师占51.6%，共计48.4%的老师参加进修提升教学水平的机会较少或从来没有。与城市的综合人文环境相比，城市中的儿童可以通过参加各式各样的假期活动、参观各种文化类展览、社区活动等提高综合人文素质。但农村的孩子却因生活环境单一、缺乏与外界交流的机会造成思想认识和价值观念的差距，而学校却因为经费、管理、安全等原因无法为学生创造开阔眼界的机会。从表4—39、表4—40可知，农村学校有能力经常组织学生参观城市学校的只占19.9%，从未参观过的农村学生占18.0%；学校能够经常定期开展课外兴趣活动的只占51.2%，有7.3%的农村学生从未参加过课外兴趣活动，可以看出这些学校严重缺乏素质教育理念。有70%的学校管理人员在接受调研时表示，现在学校的师资力量得到加强，但最缺的是体、音、美这一类素质教育的老师。有64.0的老师对学校的课程设置安排感到满意，有36.0%的老师感到不十分满意（参见表4—41）。通过对以上几组数据的分析可以看出这些问题对农村义务教育发展和学龄儿童的健康成长来说都是十分不利的。

表 4—38　　　　您的学校是否经常安排老师外出进修学习

选项	频数	百分比（%）
经常	95	51.6
偶尔	87	47.3
从不	2	1.1
有效合计	184	100.0

资料来源：根据194份有效《农村公共教育情况调查问卷》（教师版）数据整理。

表 4—39　　　　学校是否经常组织同学们参观城市中小学

选项	频数	百分比（%）
经常	52	19.9
偶尔	162	62.1
从不	47	18.0
有效合计	261	100.0

资料来源：根据265份有效《农村公共教育情况调查问卷》（学生版）数据整理。

表 4—40　　　　学校是否定期展开课外兴趣活动，
　　　　　　　如：班集体活动和读课外书籍活动等

选项	频数	百分比（%）
经常	132	51.2
偶尔	107	41.5
从不	19	7.3
有效合计	258	100.0

资料来源：根据265份有效《农村公共教育情况调查问卷》（学生版）数据整理。

表 4—41　　　　您对学校的课程设置安排是否满意

选项	频数	百分比（%）
非常满意	50	26.5
较满意	71	37.5
一般	50	26.5
不满意	18	9.5
有效合计	189	100.0

资料来源：根据194份有效《农村公共教育情况调查问卷》（教师版）数据整理。

3. 农村教师岗位缺乏吸引力，人才流失现象严重。有一支教学能力高、责任心强的教师队伍是农村义务教育健康发展的有利保障，然而农村中小学教师队伍普遍存在教师队伍年龄结构不合理、人才难招、招来了留不住和工资待遇分配不合理而造成的教师队伍稳定性差等问题。

造成这些问题的原因是多方面的，既有符合人类自我完善、职业发展的合理因素，也有政策、待遇分配和环境等客观因素。根据马克思物质观，现今社会物质水平发展十分迅速，面对更高层次的物质需求，需要与之相匹配的收入才能达到平衡，然而我国的收入分配制度和机关事业单位的工资政策导致基层待遇普遍偏低，加上部分学校仍没有完全按照能者上庸者下、能上能下实行岗位聘用的制度，尤其体现在农村义务教育学校教师的职称评定上。在调研访谈中了解到：受岗位比例和职称比例的限制或者职称评审"人情评审"的影响，很多农村学校教师到退休时才勉强能够评定一个中级职称；也有一部分农村义务教育学校没有充分体现教师工作业绩，没有对奖励性绩效工资进行二次分配，导致老师对待遇十分不满。有41.0%的教师表示对现有的待遇及分配标准感到满意，有59.0%的教师感到不满意；有52.4%的老师表示学校对国家政策规定的30%奖励性绩效工资未二次分配，另外，还有23.5%的老师表示即使对奖励性绩效工资进行二次分配，也是对其一部分进行二次分配，未充分体现出公平性；职称是体现教师教学水平、关系教师工资收入的直接标准，国家全面反腐和职称评审制度透明化的背景下教师职称评审是十分敏感的问题，但仍有20.8%的教师表示教师评审工作未做到透明公开，有11.9%的教师表示在职称评审的过程中存在极少的人情现象（参见表4—42、表4—43、表4—44）。

表4—42　　　　　　您对学校给予的教师待遇是否满意

选　项	频　数	百分比（%）
非常满意	32	17.0
较满意	45	24.0
一般	63	33.5
不满意	48	25.5
有效合计	186	100.0

资料来源：根据194份有效《农村公共教育情况调查问卷》（教师版）数据整理。

表4—43　您所在的学校的奖励性绩效工资是否实行二次分配

选 项	频 数	百分比（%）
否	87	52.4
是，将全部奖励性绩效进行二次分配	40	24.1
是，将部分奖励性绩效进行二次分配	39	23.5
发放额外奖励性绩效	0	0
有效合计	166	100.0

资料来源：根据194份有效《农村公共教育情况调查问卷》（教师版）数据整理。

表4—44　您所在的学校的职称评定工作是否做到透明公开

选 项	频 数	百分比（%）
否	35	20.8
是，整个职称申报、评审工作透明公开	113	67.3
是，但存在极少人情现象	20	11.9
有效合计	166	100.0

资料来源：根据194份有效《农村公共教育情况调查问卷》（教师版）数据整理。

表4—45　您对学校使用的教材是否满意

选 项	频 数	百分比（%）
非常满意	57	40.0
较满意	70	38.0
一般	51	27.7
不满意	6	3.3
有效合计	184	100.0

资料来源：根据194份有效《农村公共教育情况调查问卷》（教师版）数据整理。

表4—46　学校的教学条件是否能满足日常教学需要

选 项	频 数	百分比（%）
非常满意	51	27.4
较满意	60	32.2
一般	65	35.0
不满意	10	5.4
有效合计	186	100.0

资料来源：根据194份有效《农村公共教育情况调查问卷》（教师版）数据整理。

学校使用教材是否满意以及学校的教学条件是否能够满足日常教学需要是教学工作开展的基本条件,从教师对教材的满意度分析对教材感到非常满意的占有效样本比例的40.0%,感到较满意的占有效样本比例的38.0%,感到一般的占有效样本比例的27.7%,感到不满意的占有效样本比例的3.3%;从教师对学校的教学条件是否能够满足日常教学需要认可度分析,94.6%的教师认为学校的教学条件能够满足日常教学需要,5.4%的教师认为学校的教学条件不能够满足教学需要。从这两个数据可以得出,因为推进教材统一和农村基础教育学校硬件建设达标两项重点工作,目前农村学校的教学硬件基本能够满足需要(参见表4—45和表4—46)。

4. 农民教育培训内容和农民需要及市场热点出现偏差。首先要厘清一个观念,即农民教育培训工作的两个重点:一是提高农民基本素质;二是提升农民职业技能。关于这两点哪个更重要的讨论,理论界有不同的争论,有的学者认为农民培训应该加强对农业生产技能的培训以适应新型农民生产的需要,"在新生代农民从农实践中,专业能力成为构成职业能力结构中最基础的能力"[1],也有的学者认为提升农民素质加强新观念的养成是至关重要的,即"新型农民主要是职业技能的提升还是观念意识的转型突破这一个关系,如何突破农民这种根深蒂固的观念与文化进而实现转型,应该是新型农民培养中最为关键的部分"[2]。笔者认为,这两方面内容的教育和培训是不相冲突的,反而二者的关系应该是互为前提和基础的,正如西方哲学史中的文化启蒙运动和大陆理性运动对整个欧洲的哲学思想的贡献关系一样,农民的思想文化素质的提高和其专业知识的提升对提升农民的综合素质有益。

在培训内容方面,因为上级政府要求培训人数和场次等硬性指标必须按标准完成,所以一部分培训存在走过场现象。在调研过程中,某乡镇负责人表示,"不是我们不愿意组织农民培训,培训的内容都是10年

---

[1] 杨光、印建兵:《基于新生代农民工职业能力的农业培训供给机制探索》,《成人教育》2018年第9期。

[2] 陆俊杰:《城镇化进程中新型农民的教育与培训研究》,《教育发展研究》2013年第3期。

前的东西，现在老百姓都知道这不能再用了，但是培训的时候还是讲，不接地气啊！要不是政府现在给参加培训的农民有补助或者强制要求贫困户参加培训估计都没人来"，这在调研过程中并不鲜见。

农民教育培训还有一个严重的问题：多头管理导致的培训重复、无序和管理混乱现象。按照现行的农民教育培训模式通常是党委或政府负责宏观、农业部门负责牵头、乡镇政府或村委会负责通知落实、多种公有或非公有的培训单位直接进行培训。"这种多头管理格局往往会使组织主体过于分散，相互之间功能机构重复建设，各家又都难以全部掌控全局，在资源配置、资金运用、监管等方面都没有一个规范化的准则，从而对农民职业培训体系的健康快速发展形成了制约。"①

（三）农村教育公共服务现状结论

农民对农村教育公共服务的需求排第五位，农村教育公共服务是提升农民综合素质的有力方法，加强农村义务教育公共服务对改善农村人文环境、提高农村整体素质的作用十分明显，尤其是对留守儿童和贫困儿童的教育和培养是此类弱势群体走出贫困、克服代际贫困的唯一途径。加大对农民的文化观念的教育和农业生产技能的培训是农业产业结构调整和构建新型职业农民的组合拳。但在农村教育公共服务实施过程中，仍然存在着横向差距、教学需求不平衡的矛盾。在处理农村教育公共服务问题时，"应正视农村教育城镇化的潮流，主动推动农村教育城镇化，以城镇化思维破解农村教育难题"②，用宏观均等的眼光和思路破解农村教育公共服务的难题。

六 农村公共安全服务现状实证分析

（一）公共安全内涵及宏观现状

公共安全服务，是公共服务的基本服务之一，是保障公民人身、健康和财产以及国家安全的基础。然而在本次调研中，农民对公共安全服

---

① 李环环、牛晓静：《法国农民职业培训体系对我国的启示》，《中国成人教育》2017年第1期。

② 刘秀峰：《改革开放40年农村教育的变迁——基于供给制度与城乡关系的双重视角》，《四川师范大学学报》（社会科学版）2019年第1期。

务的需求属于较低档次，排在第六位，对公共安全现状的满意度较高与国内较为良好的安全形势有关。

理论界对公共安全服务的内容及分类观点不同，有学者从公共安全服务的内容角度进行分类，陈海威认为"公共安全服务：包括食品药品安全、消费安全、社会治安和国防安全等领域，主要目标是保障公民的生命财产安全"[1]。有的学者从公共安全危机应对角度进行分类，郭太生认为"从应急管理的角度来看，公共安全危机事件既包括自然灾害，也包括各种人为的灾难。凡是涉及危及国家安全、危害公共安全和社会秩序、威胁公民生命财产安全，需要各级应急管理机构做出反应的，均属于公共安全危机事件"[2]。政府的应急管理部门对公共安全危机事件的应急分类也是对公共安全内容划分的一种方式。有的学者从公民权利角度对公共安全进行解释和阐述，吴爱明认为"公共安全是指社会公众享有安全和谐的生活和工作环境以及良好的社会秩序，公众的生命财产、身心健康、民主权利和自我发展有安全的保障，最大限度地避免各种灾难的伤害"[3]。尽管对公共安全的内涵和分类的角度不同，但从不同的阐述可以看出公共安全服务的内容应当包括：对各种自然和人为的灾害、事故的预防和应急处理，确保人民群众的生命安全和财产安全，维护社会治安基本稳定和确保国家主权独立。本书所涉及的农村公共安全服务内容主要包括除国家主权安全外的基本公共安全服务。

除按照公共安全的内容和内涵分类外，还有学者按照公共安全的地域范围对公共安全服务进行分类，有的学者认为在城镇化进程中，城市是经济发展的主阵地具有较强的聚集性质，因此应关注城市公共安全，雷仲敏认为"安全问题在一定条件下尽管可能仅仅是行业性、区域性或局部性的现象，但在城市所特有的'场'吸引和'场'辐射作用下，其影响力将会迅速蔓延到各个领域和周边地区，从而引起社会动荡，影响

---

[1] 陈海威：《中国基本公共服务体系研究》，《科学社会主义》2007年第3期。
[2] 郭太生：《美国公共安全危机事件应急管理研究》，《中国人民公安大学学报》2003年第6期。
[3] 吴爱明：《公共安全：公共管理不可忽视的社会问题》，《行政论坛》2004年第6期。

全社会的稳定"①。也有学者认为乡土中国，农村才是中国文明和社会的根基。尽管在城镇化和现代化的进程中，当代农村已经出现新情况和新型人际关系，但农村公共安全才更是公共安全值得关注的领域。因为农村社会以往稳定的社会结构逐渐被打破，农村也出现一些外来户和流动人口，农村的社会治安出现新形势和新问题。城市的工业产品在向农村销售的过程中不乏有一些"问题产品"，这些产品对农民的身体健康具有很强的威胁性，所以汪志强认为"农村基层公共安全服务重新置于一个十字路口，急需重新构建和形塑"②。以上两位学者按照城市和农村的区分对公共安全服务进行划分和理解，虽然可以突出不同地域公共安全服务的重点和特性，但他们还是未能突破城乡对立、二元分割的角度看待公共安全服务。本书虽然讨论农村公共安全服务，但仍然坚持以城乡统筹、城乡一元角度总体分析，突出农村公共安全服务整体性治理的思路。

根据2019年4月应急管理部发布的一季度全国自然灾害基本情况，"以风雹、地质灾害、森林火灾、地震和雪灾为主。各种自然灾害共造成全国139.6万人次受灾，87人死亡，1.3万人次紧急转移安置；900余间房屋倒塌，1.1万间严重损坏，8.6万间一般损坏；农作物受灾面积71.1千公顷，其中绝收13.4千公顷；直接经济损失27.9亿元。总的来看，一季度全国灾情较近5年同期均值偏轻，其中，受灾人口、倒塌房屋数量和直接经济损失分别减少85%、82%和73%"③。根据《春节期间全国安全生产和自然灾害形式总体平稳 未发生重特大事故的公报》，在春节期间我国应急管理部门的应急力量全员值班积极参与各类事故灾害的处理工作。"各级消防救援力量靠前驻防，在重要节庆活动场所共设置临时消防执勤点1.15万个，出动现场执勤车1.46万辆，共参与灭火和应急救援1.9万起，出动23.9万人、4.28万辆车，营救和疏散被困群众8325人，

---

① 雷仲敏：《我国城市公共安全管理模式构想》，《上海市经济管理干部学院学报》2004年第1期。

② 汪志强：《转型社会中的农村公共安全服务研究》，博士学位论文，华中师范大学，2007年。

③ 参见《应急管理部2019年一季度全国自然灾害基本情况》，http://www.mem.gov.cn/，2019年4月17日。

抢救财产价值 2.17 亿元。森林消防队伍在 22 处重点火险区靠前驻防，打早打小，扑灭 29 起，剩余 2 起火灾火情已基本得到控制。国家级安全生产应急救援队伍出动 50 队次、指战员 447 人次、消防车辆装备 81 台（套），参与各地应急救援处置"①。可以看出，在应对自然灾害和安全生产方面的公共安全服务效果突出、收效良好。笔者查阅其他相关安全公报发现，其他如社会治安和食品药品安全等方面公共安全情况与以上两种公共安全总体情况类似。

根据数据显示，"70%的火灾和 60%的火灾死亡人员发生在农村，许多农村对火灾几乎处于不设防状态"②。在公共安全总体态势向好的趋势下，农村公共安全却成为公共安全事故常发的地区。与城市公共安全相比较，农村因社会血缘关系和宗亲制度，所以社会结构相对比较稳定、人际关系相对较紧密、人员基本文化素质相对较低、安全观念相对较弱、公共安全基础设施相对较差和公共安全管理力量较弱等特点。因此，农村公共安全服务应该是基本公共安全服务，包括预防各种重大自然、人为公共事件和灾害、保护农民基本人身安全财产安全、维护农村基本社会治安、提高农民公共安全意识等内容。本书根据调研情况主要讨论农村公共安全中的基本公共安全方面，即农村社会治安等关系到农民人身安全、财产安全等方面的内容。

（二）调研数据实证性分析

农民对所在村的公共安全最大的感知来源于村子的治安情况，村子的治安情况也是农村公共安全服务的重要内容。在本次调研过程中，有 228 人对本村的社会治安情况进行回答。其中，有 111 人选择对本村的社会治安环境非常满意，占总选择人数的 48.7%；有 76 人选择对本村的社会治安环境比较满意，占总选择人数的 33.3%；这两项数据合计比例占 82%。有 33 人选择对本村的社会治安环境感到一般，占总选择人数的 14.5%，也属于基本认可状态，对本村的社会治安环境不太满意和不满

---

① 参见《应急管理部　春节期间全国安全生产和自然灾害形式总体平稳未发生重特大事故》，http://www.mem.gov.cn/，2019 年 4 月 17 日。
② 李柯勇、陈菲：《从公安督察透视我国公共安全形势》，《新华日报》2006 年 2 月 8 日第 4 版。

意的人数分别为3人和5人，分别占总样本人数的1.3%和2.2%（参见图4—8）。可以看出，农民对农村社会治安环境总体情况比较乐观，在安全和谐的环境中才可以产生向上发展的动力，构建新型农村。

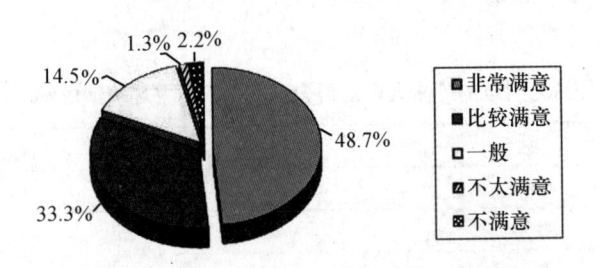

图4—8　您是否对本村的社会治安环境感到满意

资料来源：根据228份有效《农村公共安全情况调查问卷》数据整理。

传统农村社会治安情况较好是由于农村特有的稳态结构，"基于传统农业的发展，在中国广袤的土地上，散布着数百万计的自然村落。这些村落形成的时间从几十年到数千年跨度不等，人们习惯于在世代定居的村庄中度过一生"[①]，因此人际关系联系较为紧密，受到传统家族礼教和伦理观念的约束比较多，农村社会治安中偷盗等犯罪行为比较少。但随着经济活动的增多，农村也被卷入发展的总框架内。农村内部出现了因经济地位高低和知识水平差距等而产生的阶层分化，也出现了一些到农村发展的"外来户"，这些"外来户"也给农村社会治安带来了新问题：外来人口在与本村人口的交往过程中因生活习惯、价值观念和较为松散的人际关系而产生全新的交往模式，在新旧模式并存的情况下难免出现矛盾，从而导致农村社会治安的不安定现象。在本次调研中，关于外来人口是否会对本村的治安环境造成影响的情况，也充分显示外来人口对农村社会治安产生的新挑战。有142人，占总体样本63.68%的农民认为外来人口会不同程度地对本村的治安环境产生影响，只有36.32%的农民选择不会对本村的社会治安产生影响（参见表4—47）。这些影响集中体现在一些如传销、抢劫和诈骗等治安问题和刑事案件中（参见图4—9），

---

① 陈锡文：《读懂中国农业农村农民》，外文出版社2018年版，第37页。

其中传销和诈骗等刑事案件对农民的危害性更大。究其原因就在于外来人口对本地农民直接或间接的影响，从图中可以看出超过一半农民经常或偶尔遇到以上三类治安事件。这对于熟人社会的农村来讲如何处理与外来户的交往关系还是一个公共安全服务新课题。

表4—47　您认为附近的外来人口是否会对本村的治安环境造成影响

选　项	频　数	百分比（%）
产生很大的影响	37	16.59
产生一些影响	105	47.09
没有影响	81	36.32
有效合计	223	100.0

资料来源：根据228份有效《农村公共安全情况调查问卷》数据整理。

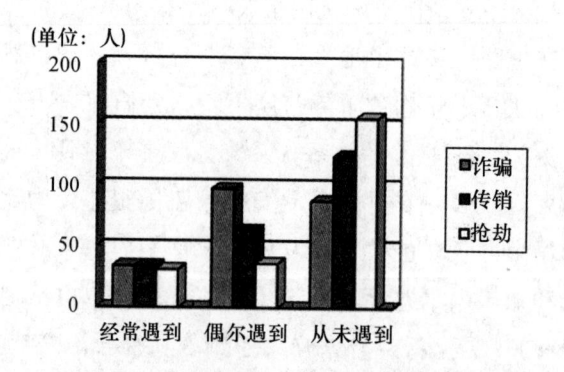

图4—9　农村诈骗、传销和抢劫情况统计

资料来源：根据228份有效《农村公共安全情况调查问卷》数据整理。

随着交通基础设施的完善，便捷的交通给农民出行带来了便利，但同时也带来了一些惨痛的教训。在本次与Y县L村的村民访谈时村民表示现在农村交通事故率非常高，一起普通交通事故对一个普通农民家庭来说是毁灭性打击。在该县境内，高速公路、国道、省道绕境而过或穿境而过，再加上县乡道路等多种公路交通网十分密集，各种道路的通行率也非常高。因当地水泥产业发达所以重型运输车辆较多，尽管公路设有超限站，但大型运输车辆选择在公路执法人员较少的夜晚上路并且存在严重的超载现象，长此以往公路都不同程度出现损毁，公路的臃包和坑槽严重，一般小型客车根本无法通行，给农村交通带来严重的安全隐患。农民对交通安全的关注，对相关的公共安全服务需求度较强，这表明当前农民的交通安全意识逐渐提高，也表明农村交通安全亟须从自身找原因进一步规范和提高。由此可见，道路交通安全也是农村公共安全服务中的重要环节，一方面，要加大对违法违规的运输车辆和酒驾、疲劳驾驶的私家车辆等违法现象的查处力度；另一方面，要随着县域经济发展合理规划完善交通路网，对存在重大交通隐患的区域加大安全提示信息；同时也要提高农民的交通安全意识，防止重特大农村交通安全事故频繁发生。

课题组在农村调研过程中发现产品质量安全方面问题的隐患在农村同样十分普遍。集市是农村固定日期进行物资采购的重要环节，能够基本满足农民的生活需要。但在调研中发现集市所销售的物资的安全问题较为严重，猪肉是现场屠宰，没有经过任何的防疫检验；棉被在距离较远的地方就可以闻到刺鼻的味道，黑心棉会严重威胁农民的身体健康；甚至连集市本身也是在道路两旁举行，人车混行十分不安全。食品、药品等物品的质量安全问题在农村地区的监管查处难度大，长期以来也是监管的盲区和薄弱环节。因此，建立生产源头严控制度、流通领域严抓监管、售后环节切实保障的农村食品药品公共安全服务体系十分必要。农村公共安全的另一个十分常见的问题，即农民在盖房子的时候通常是自己设计自行建造，但课题组发现村内临路的建房工地没有任何的安全提醒或安全防护设施，十分危险。这也从另一个侧面反映出农民的安全意识相对较低而亟待提高。

（三）一份信访总结的个案分析

Y县2018年信访工作总结中的亮点部分如下。

1. 全县信访总量、赴京省越级访持续下降。2018年以来，全县上访总量704件次1102人，较去年同期大幅下降。累计受理来访371件次769人，去年同期583件次1101人，同比次数、人数分别下降36.4%、30.2%。其中，赴京访27批次36人，去年同期57批次69人，同比次数、人数分别下降52.6%、47.8%，重复信访3次，去省访66批次105

人，去年同期 96 批次 162 人，同比次数、人数分别下降 31.2%、35.2%，重复信访 5 次，到新乡市访 32 批次 108 人，去年同期 50 批次 132 人，同比次数、人数分别下降 36%、18.2%，重访 1 次，越级重复访占越级访总量的 7.2%。引发重复信访的主要原因是信访人诉求过高，通过越级重复上访给地方施压。共接收群众来信、网上投诉、领导信箱、电话及短信案件 333 件，同比下降 17.4%。重复信访 150 件，重复信访占比 45.2%。重复信访件较多的原因主要为信访老户，责任单位均已做出处理意见，信访人的合理诉求已解决到位，仍重复信访。

2. 重点时期没有发生来自 Y 县有重大影响的干扰事件。全国"两会"、中央巡视组驻豫期间、上合峰会、省委第一巡视组驻县期间等重要敏感时期，Y 县继续坚持党的十九大信访维稳模式，持续开展矛盾排查，累计排查出重点人员 736 人，全部落实"四包一""五包一"稳控措施。坚持落实零报告、日报告制度，每天报告信访动态，确保了重要信息联络及时处理到位。切实加强情报信息收集研判，严格落实"六个一"制度，掌控稳控动态，对各类预警线索实行不过夜核查处置，直至隐患消除。强化领导责任，突出工作重点，扎实推进各项工作措施的落实，确保了重要敏感时期没有发生来自 Y 县有重大影响的干扰事件。

3. 信访矛盾化解攻坚战工作成效显著。信访矛盾化解攻坚战工作启动以来，我县分别召开了筹备会、推进会，安排部署信访矛盾化解攻坚战工作。成立了领导小组和 5 个工作专班，制订了总体方案、流程和专班工作方案。各工作专班在认真办理上级标识督办案件的同时，持续对重点领域、重点群体、重点问题、重点人员开展筛选、甄别，扎实推进信访矛盾化解攻坚战工作。国家、省、新乡市以及 Y 县本级已标识督办案件 63 起，领导包案 63 起，包案率 100%；已通过审核 63 起，通过审核率 100%；满意 51 起，满意率 80.95%。其中，国家信访局、河南省信访局督办 4 起，通过审核 4 起，通过审核率 100%；满意 4 起，满意率 100%。

4. 县级党政领导接访处访量效齐升。县里每天至少有 1 名县处级党政领导干部接访处访，县委书记、县长带头公开接待群众来访，坚持公休日不休息、接待大厅不关门，积极引导上访群众就地反映诉求，切实做到有访必接、有诉必应，大批信访群众被稳定在当地。全县各乡镇同步落实领导接访，努力实现就地化解、就地稳定。全县领导共接待563批次1174人，其中，主要领导接待72起232人，立案交办34起70人，到期已办33起65人；协调处理及现场答复529批次1104人，按期办结率100%。

5. 乡镇视频接访（会议）系统建设基本完成。按照省、新乡市和我县《关于加快推进全省信访视频接访（会议）系统建设的通知》要求，积极筹措资金，按规定配置标准加快推进乡镇视频接访（会议）系统建设。乡镇视频接访（会议）系统建设已全面完成，国家、省、新乡市、Y县、各乡镇已初步通过联调联试。下一步，将进一步完善系统管理和应用，促进信访稳定各项工作顺利推进。

6. 认真落实信访工作制度。坚持定期召开月初月末信访例会，对当前存在的不稳定因素和苗头性问题进行全方位排查，对排查出来的重点问题、重点群体和重点人员，严格落实"四个一"的工作措施，密切关注动态，确保特定群体尤其是重点人员不失控、不漏管、不滋事。同时，根据新乡市信访工作联席会议《2017年新乡市信访工作月考核办法》和《关于调整全市信访工作月考核办法的通知》要求，每月进行一次全市信访工作考核情况通报，对成绩突出的提出表扬，对工作滞后的进行批评，进一步推动了全市信访秩序持续向好。

与普通治安问题相较，威胁农村社会公共安全的还有一项就是上访问题。在本次调研访谈中，有约87.5%的乡镇党委主要负责同志表示，尤其是农民上访问题的严重性不能忽视。如果合理诉求通过正常途径进行上访是解决农民问题的有效方法，但如果是正常诉求通过非正常途径或根本就是非正常诉求再加之一些非法上访手段，性质十分恶劣，搞不好成为群体性事件，影响非常坏。从一份Y县的2018年度信访工作总结就可以看到农村信访问题的严峻性。从该总结中可以看出该县信访总量下降的态势，但是通过"四包一""五包一"维稳控制、不过夜核查、公休日不休息等词汇不难看出基层工作人员的工作压力之大，另外也反映出解决基层尤其是农民上访问题的严重性和迫切性。

"上访只是弱势农民的一种权利救济策略，不应作为无赖要挟地方政府的手段，若地方政府对这些上访不坚持原则，只是为了暂时平息问题而一味妥协让路,这样的上访就会越来越多,地方政府终将无路可退。上访制度是中国的国粹,在某种意义上,上访制度是一种国家治理制度。当前国家治理制度的主要方式是法治,上访只能是重要补充,而不可能成为主导。"[①]

为减轻农民负担,2006年国家宣布取消农业税,这也成了上访数量、内容和方式的一个重要分水岭。农业税取消前,中央宣传要为农民减负取消各类收费,但另外基层社会要发展,基层政府仍然通过各种打擦边球给农民摊派费用。所以,农民认为基层政府存在违规收费、干部侵害了自己的利益,农民为了维护自己的合法利益走上了上访这条路。那么从2002年农村综合税费改革开始一直到2006年全面取消农业税,按道理农民的赋税没有了、负担也减轻了,农民上访数量应该大幅减少,但出人意料的农民上访人数比以前更多了。

现在农民上访所反映的问题主要集中在:土地分配、宅基地拆迁和村干部违纪违法等方面的问题。集体上访事件增多形成公共安全事件,影响正常的行政秩序甚至通过要挟等手段干扰正常行政以达到不合理的要求。要解决此类问题就要重视上访,治理上访等群体性公共安全事件就要了解农民的疾苦,重视农民的诉求,解决农民的问题。

这也是农村公共安全服务要解决的问题,与其花大力气畅通上访渠道,增加处置办法,不如学会如何防微杜渐将农村问题和矛盾化解在萌芽状态,了解农民的诉求,发挥农村两委的积极作用。调研数据显示,74.56%的农民认为村委能够较好地处理农民纠纷问题,基本没有农民选择村委不能够公正处理村民纠纷(详见表4—48)。分析其原因大致如下:村委了解本村的基本情况,在处理问题时能够直接抓住问题的核心并找到破解问题的关键,牵住牛鼻子;村两委在本村的威信比较高,村民比较容易接受;村两委了解村民的脾气秉性,在做工作时能够分类处理等。由此可见,村委会是实行农村自治、保障农民权利的权力基础,利用村两委将农村的问题通过会议的形式解决上访问题是最行之有效的方法。

[①] 贺雪峰:《最后一公里村庄:新乡土中国的区域观察》,中信出版社2017年版,第321页。

尽管农村会议的形式多样，但会议的基本原则相同，即民主集中制。"有两种不同的开会，一是民主，二是集中。民主是个广开言路，让各种意见得以发表，然后集中形成决策。作为民主的开会，主要不是解决决策问题而是就现有状况达成理解的共识，是让有理的少数变成多数，让无理的多数变成少数，让问题清晰化，要求明晰化，并在此过程中将情绪变成理智，让正气压倒邪气"[①]。将问题形成的共识通过正常反映途径按规定逐级解决，这也是化解农村上访问题的方法，解决威胁农村公共安全的有效手段之一。

表4—48　您觉得村委在公正地处理村民纠纷上做得怎样

选项	频数	百分比（%）
非常得力	88	39.29
得力	79	35.27
一般	50	22.32
不得力	7	3.13
非常不得力	0	0
有效合计	224	100.0

资料来源：根据228份有效《农村公共安全情况调查问卷》数据整理。

表4—49　农村地区许多青壮年到城镇生活，您认为是否会对村级治安防控造成影响

选项	频数	百分比（%）
产生很大的影响	45	20.6
产生一些影响	112	51.1
没有影响	62	28.3
有效合计	219	100.0

资料来源：根据228份有效《农村公共安全情况调查问卷》数据整理。

农村社会结构的变化也对农村公共安全造成了一定影响，根据表4—49显示，占有效样本71.7%的农民认为青壮年到城镇生活对村级治安造成

[①] 贺雪峰：《治村》，北京大学出版社2017年版，第115页。

了一定影响。传统农村的血缘和氏族社会关系、农村邻里之间的关系非常紧密和睦，这种无形的稳定和安全的环境也是过去农村治安较好的原因之一。现在农村缺少青壮年人，留守的多为老人、妇女和儿童，他们在面对治安问题时对可能的侵害的隐形威慑力较小，因此更需加强农村公共安全服务。

加强"技防"也是农村公共安全服务的重点内容，"人防"和"技防"相结合是维护农村治安的组合拳。信息技术的发展也给农村公共安全带来了新技术，视频监控让任何违法现象无处可藏，对违法案件的预防和侦破十分有利。为此，国家加大投资力度，在农村地区进行视频布控，提高农村治安效率。根据表4—50显示，78.4%的农民认为已经安装的摄像头等视频监控设施可以有效覆盖农村地区，也有10.8%的农民认为此类"技防"设施安装得较少不能满足需求，有10.8%的农民选择所生活的农村根本没有安装摄像头。

表4—50　为了加强对农村地区的治安防控工作，政府部门在一些主要道路等公共场所安装了监控摄像头，您认为对农村的治安防控工作是否有帮助

选　项	频　数	百分比（%）
安装比较多，覆盖绝大多数道路	87	39.0
安装一些，覆盖主要道路	88	39.4
较少安装	24	10.8
没有安装	24	10.8
有效合计	223	100.0

资料来源：根据228份有效《农村公共安全情况调查问卷》数据整理。

表4—51　您是否知道现在国家正在开展全国范围内的打黑除恶专项斗争

选　项	频　数	百分比（%）
知道	199	91.7
不知道	18	8.3
有效合计	217	100.0

资料来源：根据228份有效《农村公共安全情况调查问卷》数据整理。

表4—52　　　　　　您认为您所在村是否存在黑恶势力

选　项	频　数	百分比（%）
从来没有存在过	113	52.0
不存在，已被此次专项斗争打击掉	96	44.3
存在	8	3.7
有效合计	217	100.0

资料来源：根据228份有效《农村公共安全情况调查问卷》数据整理。

为了增加农村安全程度，国家开展了打黑除恶专项活动，从活动的知晓度和收效来看十分有成效，有91.7%的农民知道此项专项行动，从结果分析，认为所在村从来没有存在过黑恶势力的农民占有效样本的52.0%，认为黑恶势力在本次打黑除恶专项行动中被除掉的占有效样本的44.3%，两者合计96.3%，比例非常高。但仍然不能忽视仍有3.7%的农民认为所在村中仍然存在黑恶势力（参见表4—51和表4—52）。黑恶势力对农村的安全十分不利，危害程度远超普通治安事件的危害，国家需进一步加大对农村黑恶势力的打击力度。

（四）农村公共安全服务现状结论

农民对公共安全服务的需求排第六位，农村公共安全是保障农民人身和财产安全的基础。与城市公共安全的重点有别，农村公共安全的重点在于社会治安、安全事故和社会稳定等方面。随着"警力下沉""一村一警"等重点项目的推进，尽管农村出现新的社会特性，但总体来看农村公共安全服务得到农民的基本认可，这也是农民对公共安全需求度不太高的原因之一。农村公共安全也是农村社会整体性治理的一个重要环节，加强农村基层自治能力、实现农民权利、构建稳定和具有发展动力的农村社会至关重要。

七　农村农技推广公共服务现状实证分析

（一）农村农技推广内涵及意义

改革开放40多年来，我国农业生产力依托农业技术的支撑逐步解决温饱问题，向着高产、高效和安全的现代农业发展。改革开放确立了市场经济的经济发展主体地位，同时农业技术推广也确立了农业技术在农业生产方面的基础地位。从先进的理论技术到广泛的农业生产实践，农业技术推广公共服务对解决传统农业生产分散、低效和无序等问题，实现农业发展历史跨越贡献卓著。

农业技术推广按照范围分为狭义和广义两种，从狭义理解，农业技术推广是政府进行普及式的关于先进农业生产技术的一般农村公共服务。通过宣传、落实农业技术，指导农业生产以提高农业生产效果达到增产的目的。从广义理解，农业技术推广不仅仅是关于技术的推广，而是与前文所论及的农民培训教育内容交叉，以培训先进的农业技术为抓手，同时提高农民的综合知识结构和文化素养，为农村发展造就一支既懂得农业生产技术又具有较高综合素质的职业农民队伍，推动农村发展。不难看出，农业技术推广的目的在于提高农业生产力、提高农民素质和增强农村发展内生动力等，农业技术推广的内容是先进的农业生产技术，农业推广的主体按照传统方式一般是以政府为主导，但现在以"互联网+"、产学研一体化、新型农民合作组织等主体多元化越发普遍。

根据数据显示，包括农业机械、化肥等农业技术推广公共服务的指标都呈现增长的态势。这也是现代农业的一个特点：农业生产规模化、机械化，生产效率普遍得到提升；农业生产科技化、现代化，生产质量普遍得到提高（参见表4—53）。

表4—53　主要农业技术服务产品2000年使用量与2017年使用量对比

选项	2000年	2017年
农业机械总动力（千瓦）	52573.6	98783.3
大中型拖拉机（万台）	97.5	670.1
小型拖拉机（万台）	1264.4	1634.2
化肥施用量（万吨）	4146.7	5859.4

资料来源：根据《中国统计年鉴—2018》整理。

农业生产是国家安全的底线，首先，中国占全世界耕地总面积的

7%，总人口却占全世界总人口的 20% 左右。然而，我们却实现了用占全世界 7% 的耕地养活了全世界 20% 左右的人口，这个成就是其他任何国家和地区都无法实现的，粮食问题的解决也保证了国家经济的飞速发展。以主要农产品（小麦）产量为例，从 1978 年有记载开始到 2017 年产量提高近一倍还多（参见图 4—10）。解决粮食供给问题的根本在于农业技术的进步和推广，将这两者构成一个有机体并与农民生产实践相结合是中国破解世界农业生产困境的中国方案。其次，过去我国的部分农业产品靠进口，但现在世界格局动荡、民粹主义思潮泛滥，美国单方面提高中国从美国进口主要农产品关税、技术壁垒、贸易保护等现象频发，使我们不得不从内部找潜力、探寻发展动力，这也决定了农业生产要靠农业技术推广，不能受制于人。最后，自然事物的发展都是遵循规律的，长期以来我国的农业生产的主要方式是靠大水漫灌式的粗放生产，浪费了很多资源，同时对农业生态也造成了不良影响。化肥农药的不科学使用导致土壤板结，水体富营养化、水土流失和地下水污染等情况也十分危险，"目前我国化肥使用量平均每亩达 29 千克，是安全上限的 1.9 倍，利用率仅 40% 左右。我国还是世界上最大的农药生产国和使用国，单位面积化学农药的平均用量比世界高 2.5—5 倍"[1]。我们所生存的生态环境的承载能力是有限的，一定要尊重自然发展规律，靠先进的农业科学技术、精细化管理手段提高农业生产单个产量，实现农业可持续发展。

农业技术推广需要一个沟通便捷化、管理精细化和知识专业化的现代农业推广体系。农村地域广大、不同地域的农业生产环境各有特点，农业技术推广需要因地制宜、对症下药才能充分发挥农业技术的作用。如何让农技专家了解当地的农情需要畅通的沟通渠道，各种简单数据和情况能够及时传送至科研机构，同时相应的生产改良技术能够及时发挥效力，在如病虫害发生、重要墒情的第一时间将技术推广给农民至关重要。农业技术推广不是一蹴而就，需要根据反馈情况及时调整，因此在推广的过程中不能一推了之，在推广后还要继续跟踪管理、细致管理。

---

[1] 陈锡文、韩俊：《农业转型发展与乡村振兴研究》，清华大学出版社 2019 年版，第 100 页。

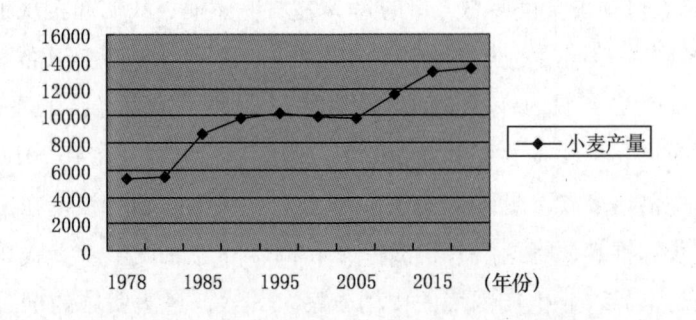

图 4—10　小麦产量折线图

资料来源：根据《中国统计年鉴—2018》整理。

农业技术推广的根本还在于技术的专业性，"先进的科学技术是第一生产力"，技术的高低与研发阶段的知识、理论和工艺相关，推广的效果好坏与推广服务者的判断能力、宣传能力和知识储备能力等密切相关。

新型发明和实用型专利代表了重大技术创新和突破，2017年按国际标准分类的发明和实用性新型专利申请数与授权数（人类生活需要类别）合计分别为557259件和184085件，其中涉及农业技术的农、林、牧、渔的数量分别为107283件和42743件，分别占总申请和授权数量的约19.3%和23.2%，在16个种类中总数和占比数均列首位，[①] 可见，农业技术的进步之快，如何把这些新型的技术推广至农业生产实践是一个应当探讨的问题。

（二）调研数据实证性分析

从调研数据可以看出，没有接受过农技推广公共服务的农民占到了32.5%，表示愿意采用新技术的农民占到了89.2%（参见图4—11）。绝大多数的农民愿意接受农业技术推广公共服务，然而实际的推广服务并未全部覆盖这部分群体，充分说明农业技术推广公共服务的力度仍然不够，农民对该服务仍有需求。

农业技术发挥作用的前提是如何使农民在农业技术方面的需求被农

---

① 根据《中国统计年鉴—2018》整理。

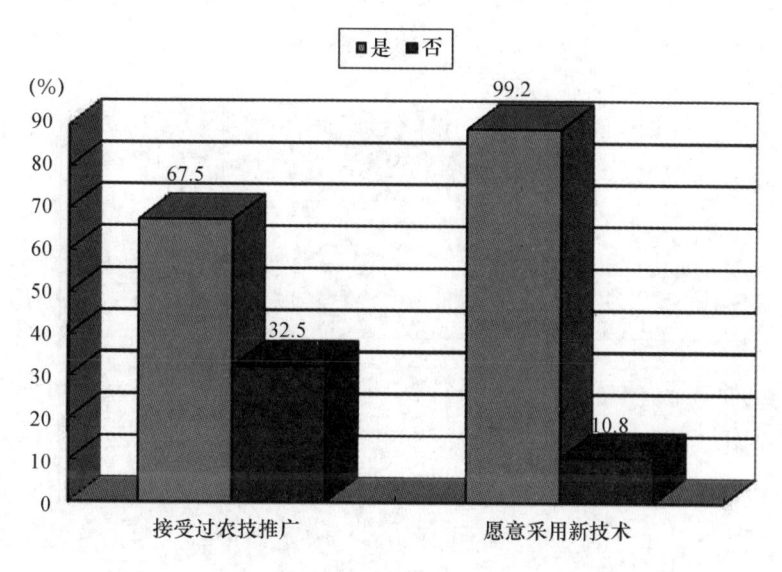

第四章 新型农村公共服务九项专题现状实证分析 / 145

图4—11 接受农技推广比例和愿意接受新技术比例对比

资料来源：根据212份有效《农业技术推广情况调查问卷》数据整理。

技服务人员知晓，实现农业技术公共服务和农民需求相契合。调研数据显示31.8%的农民认为农业技术推广服务没有给农民带来收入的增加，68.2%的农民认为农业技术服务带来了积极效果（参见图4—12）。究其原因，就在于农民的需求和农技推广的内容相悖。随着农村改革的深入，农户个体的独立性逐渐显现，农业生产时已经不再按照集体经济时代的模式进行，反而拥有更多的自主选择权，对农业技术的需求也呈现出多元化趋势，与这种趋势相对应的传统的指令性的政策引导式农业技术推广显然无法适应这种转变。以需求为驱动的农业技术推广已经成为一种主流趋势，为了能够切实使农业技术和农民需求紧密联系，农技推广部门已经放弃过去那种按照理想设计的自我意愿式农技推广方法，转而利用各种手段收集农民在农业生产中遇到的困难和问题，注重按照需求导向推广农业技术。在这种需求驱动下，有一类农技推广公共服务人员的重要性就凸显出来，即基层农技人员在农技推广实践中的作用非常重要，"这种作用不仅体现在提高农业技术扩散速度，更能将广大农民的技术需求意愿及时向科研机构反馈，形成一种自下而上的技术传递路径"①。

图4—12 农业技术推广服务是否增加收益选择比例
资料来源：根据212份有效《农业技术推广情况调查问卷》数据整理。

这种自下而上的推广体系还需一个结构性优化，即农业技术推广体系扁平化，传统的农业技术推广公共服务的最大特点是由政府主导的单一结构，随着经济体制改革和市场经济发展，更多的经济体关注农业现代化和农业技术。农业推广的主体也由曾经的政府单一主体发展至以政府为主导，多种主体共存的模式：政府起主导和推动作用，农业科研、农林高校院所、农民自发的合作组织、农业技术企业共同参与的自上而下的农业技术公共服务推广体系。然而这种传统体系却因信息不对称、效率较低等因素存在着运转不畅、推广效果不佳等问题。破解这个难题的关键在于"在行政主导的推广体系外，要吸纳多种机构、组织和群体参与推广"②，实现推广主体的多元化，在实现主体的多元化基础上，多元主体的协同作业至关重要。垂直结构显然不是理想的选择，建立一种平行关系的扁平化农业技术公共服务推广体系对于提高农技推广公共服务水平至关重要。如产学研一体化模式是此类扁平化农业技术公共服务推广体系的合理模式。综上所述，在以政府为主导的公益性农业技术推广公共服务，非政府的农业技术科技企业、行业协会和农民组织将成为农技推广服务的新型主体，这些主体以一种扁平化的模式存在，多点发力共同推进农业技术推广。

按照传统农业技术推广的内容多以生产技术、生产方法和生产工具

---

① 焦源、赵玉姝、高强：《国外需求导向农业技术推广体系发展实践》，《世界农业》2015年第2期。

② 马志国：《国外农业推广体系建设的经验及启示》，《世界农业》2008年第8期。

为主。调研数据显示农民最希望得到的农业技术推广服务项目为粮食作物种植（参见表5—54）。然而新时代农业技术推广在综合生态承载能力、可持续发展性和创新发展等多种因素下，打破常规以革命性理念、可持续发展理念为指导，帮助农民建立新的农业生产理念。在传统的农业技术推广公共服务理念中，我国杂交水稻之父袁隆平有过一段关于梦的描述，很好地阐释了农业技术推广的目的和宗旨，即袁隆平先生关于农业技术推广有两个梦，"一个是'禾下乘凉梦'，一个是'杂交水稻覆盖全球梦'。前者是袁隆平真正做过的梦，梦见试验田里的水稻，植株长得比高粱还高，穗子有扫帚那么长，籽有花生米那么大。我和助手走过去，坐在稻穗下乘凉……'杂交水稻覆盖全球梦'怎么实现要靠开发好品种，让好种子走出国门。现在全世界有22亿多亩水稻，而包括中国在内只有3亿多亩是杂交水稻。如果都能改种杂交稻，增产的粮食就可以多养活5亿人口"[1]。应该怀着一种尊敬的态度肯定袁隆平先生在解决我国粮食生产方面的卓越贡献，同样传统的农业技术推广模式也为中国的粮食安全做出了不可磨灭的贡献。然而时代的发展要求我们以大胆创新的思维方式变革传统生产方式，农业技术推广公共服务亦是。

清华大学中国农村研究院提出了一种革命性的新型农业发展理念，即打破传统农业以植物和动物资源为主的"二元"农业。传统的农业生产是以谷物、花生和棉花等植物性作物和以家畜、家禽等动物性产品解决人类的食物需求。"然而，在农业生态循环系统中，微生物作为主要的分解者，不可缺。如今，二物思维的局限性日益明显，微生物的重要性逐渐被发现，开发第三物迫在眉睫"[2]。植物作为整个食物链的起点，经过动物性消费，通过微生物最终将消费剩余分解还原如此形成循环性、可持续发展的农业循环生态系统。这种大胆的创新性思维已经在世界范围内取得阶段性成果，然而我国相关领域的研发投入和生产转化程度还非常低。这也为农业技术推广提供了一个思路，即大胆变革、勇于创新

---

[1] 杜润生：《筑牢大国根基》，中国文史出版社2018年版，第149页。
[2] 陈锡文、韩俊：《农业转型发展与乡村振兴研究》，清华大学出版社2019年版，第99页。

和尝试，不故步自封，把时代性、前沿性的最新农业技术纳入农业技术推广公共服务内容。

表 4—54　您最希望得到哪些方面的农业技术推广服务

选项	1	0	位序
粮食作物种植	150	62	1
水产养殖	30	182	5
经济作物种植	88	124	2
畜牧业养殖	36	176	3
农技维修	34	178	4
其他	6	206	6

资料来源：根据212份有效《农业技术推广情况调查问卷》数据整理。

说明：此题为多选题，1代表选择，0代表未选择。

表 4—55　您每年大概参加多少次农业技术培训班的学习

选项	频数	百分比（%）
1次及以下	92	48.42
2—5次	92	48.42
6—10次	4	2.11
10次以上	2	1.05
有效合计	190	100.0

资料来源：根据212份有效《农业技术推广情况调查问卷》数据整理。

表 4—56　您学习农业新技术或获得技术服务时的难易程度

选项	频数	百分比（%）
很容易	113	34.69
比较容易	96	46.94
有点难掌握	8	18.37
有效合计	196	100.0

资料来源：根据212份有效《农业技术推广情况调查问卷》数据整理。

参加农业技术培训班能够学习农业生产技术，根据表4—55显示，一年内能参加一次农业技术培训班的农民占有效样本的48.42%，能够参加2—5次的占48.42%，能够参加6—10次的占2.11%，能够参加10次以上的占1.05%。从数据可以看出，一年内能参加5次及以下的农民合计占有效样本的96.84%。从表4—56数据反映农民学习农业新技术或获得技术服务时的难易程度可以看出，有81.63%的农民感觉能够较为便利地获得农业技术。从以上两个数据可见，农民有机会获得较为便利的农业技术推广。

（三）两个信息化农技推广服务的个案分析

农业技术推广公共服务的方式也亟须创新。信息技术的发展使地球村落形成，人与人的联系日渐密切，同时也为农业技术推广服务带来新的气象。科学技术尤其是信息技术的发展使农业生产不再像传统农业生产一样，一亩三分地，面朝黄土背朝天整日劳作。与之相反的现代化信息管理技术使得现代农业生产简单、高效、标准化。山东寿光是我国著名的蔬菜种植基地，产品远销国内外，然而现代化的规模蔬菜生产基地中从事劳作的农民却十分少见，通过基地办公楼的一部手机就可以实现对整个生产基地的管理，"园区内的大棚新安装了智能控制系统，连着手机，能实时看到大棚内作物生长情况，也可以根据作物特性和季节设置相应参数实现自动或手动控制大棚内的设备"[1]。一个文弱的小姑娘就是一个农业园区的管理人员，外出旅行也不影响农业生产。这是现代科技给农业生产带来生产力的解放和提高。

在调研访谈过程中，延津县一家农资销售商谈道：现在农民用化肥真是方便。首先，化肥来源有保障，在化肥的包装上印有国家认证的二维码，农民通过一扫二维码，产品的生产批次信息一目了然，相当于给化肥办了一个可溯源的电子身份证。其次，农民有化肥使用的需求也不用来回跑，该销售点已经建立了覆盖全县的化肥使用微信群，群里有专家、基层农技推广人员、生产厂家人员和农民。农民有了用肥需求在群里一发布信息，基层农技推广人员就到了田间地头现场勘测数据，再把

---

[1] 蒋欣然：《一份设施农业的"智慧样本"》，《农民日报》2019年5月13日第6版。

数据交给专家，专家经测算后将科学的配比化肥处方交给厂家，厂家的私人订制化肥再由销售商直接送到农田边。这样的情况同样存在于农产品的销售环节，农民足不出户就可以通过互联网把农产品销售出去。综上所述，以信息技术为支撑的生产、管理和销售在现代农业技术推广公共服务中的基础性地位愈来愈明显，也是农业技术推广公共服务的主要方式之一。

（四）农业技术推广服务现状结论

农民对农业技术推广服务的需求排第七位，农业技术推广是提高农业生产力的有效途径，在解决我国温饱问题中作用十分重要。但是在农业技术推广中，农民需求和推广内容的不契合导致推广效果不佳，树立农民需求导向的推广方式是农技推广的基础；推广体系的单一化和垂直化不利于农业技术推广，建立多元化、扁平化的农业技术推广体系十分必要；推广的内容也需打破传统农业的二物结构，以最新的农业科研技术和生产理念武装农民的思想；推广技术也要符合信息化技术发展的步伐，以最小生产投入实现最大产出的现代高效、科学农业生产。

八 农村文化公共服务现状实证分析

（一）农村文化公共服务内涵及意义

党的十八大以来，我国的公共文化服务体系不断完善，各种文化事业欣欣向荣，农村公共文化服务也是我国公共文化服务体系的有机组成部分。

农村公共文化服务"是指农村文化娱乐性服务、科技知识性服务、文化信息性服务，涉及农村文化服务的政府部门主要是各级政府的文化、广播电视、科技等相关部门"[1]。基础教育和传播文化是提高农民素质的重要环节，截至2008年，"我国农民平均受教育年限不足7年，4.9亿农村劳动力中，高中及以上文化程度的只占13%，而初中文化的占49%，小学及小学以下文化的占38%，其中不识字或识字很少的还占7个百分点"[2]。这

---

[1] 吴理财：《非均等化的农村文化服务及其改进对策》，《华中师范大学学报》（人文社会科学版）2008年第3期。

[2] 郑风田、刘璐琳：《新农村建设中的农村文化：现状、问题与对策》，《中南民族大学学报》（人文社会科学版）2008年第1期。

样的状况至今仍然没有得到较大改观，因此加强农村公共文化服务成了必要途径。当前，我国农村公共文化服务通过四个主要工程，即农家书屋、文化活动室、文化信息资源共享工程和农村电影放映工程来提升农村公共文化档次。

文化的作用对一个民族和国家意义深远。

首先，宏观层面，文化是一个国家精神内涵的外在表现，文化是一个民族血脉相传的纽带。文化对整个民族风貌的构建起到重要的作用，文化蕴含的力量对塑造国家形象、构建公民关系有重要作用。由此可见，国家的治理、发展的过程同时也是文化的传承和发展的过程。通过文化活动，公民的民族认同感和获得感得到提升，民族精神和国家荣誉感得到升华。

其次，人是社会属性的人，而社会的人存在各种各样的关系，经济关系只是其中的一种，过去，我们强调满足人的经济需求，努力让人先富起来。但实践证明，在富起来的同时却出现了道德滑坡、人情冷漠、文化迷失等问题。因此，经济关系不应该是所有关系的代言人，人在交往过程中除了经济交往外还有感情的交往、文化的交往等，这些交往活动所形成的社会关系对社会化的人来讲也是至关重要的，在此基础上人就产生了文化方面的需要。这种需要对于社会结构相对封闭的农民来讲更为重要，因此文化获得权利也是农民的基本权利之一。满足农民日益增长的精神文化需要，是农民基本权利得到实现的基本要求。

再次，抵御不良思想影响方面，文化有积极作用。文化服务可以消除封建迷信思想和落后文化对农民思想的侵蚀，提高农民群众的综合素质和价值判断能力。在城市化、工业化时代，农村有劳动能力的农民进城务工，获得劳动报酬，在家留守务农的农民在农业生产机械化的背景下劳动强度也不大，空出大把的时间。但农村出现了一些价值扭曲的问题，即"当前乡村存在的主要问题不是农民收入太低、劳动强度过重，而是消费不合理、闲暇无事可做，是社会关系的失衡，是精神价值观的失准，是文化的扭曲"[①]。具体表现在漫天的婚嫁财礼、婚丧嫁娶比场面、

---

① 温铁军、张孝德：《乡村振兴战略深度解读》，江西教育出版社2018年版，第61页。

超豪华的农村住宅和闲暇时间的不健康娱乐活动等。倡导移风易俗、弘扬节俭乡风，抵制不正常的消费文化观念是扭转这个不利局面的途径。

最后，通过农村公共文化服务建设可以增加农民对基层政府的政治认同，文化通过不同的表达形式传递，具有很强的凝聚力和影响力。政治文化、政治认同属于文化和政治学的交叉范畴，文化促进社会和谐、培育公民共同的价值观念和理念。"现代性治理不再主要依靠国家权力的强制，而是更主要依赖认同、说服和协商，公共文化服务可以在文化治理中扮演更加积极的作用"[①]。提供文化服务表现出政府以民为本的服务意识和组织能力，让农民群众对政府的执政理念产生政治认同。有学者考察过农民对农村公共文化服务的满意程度同农民对政府的信任度之间的关系，并得出如下结论："农村公共文化服务满意度对农村居民的基层政府信任贡献最大，中国民众政治信任的主要来源从最早的意识形态合法性转变为经济绩效合法性，并进一步转变为公共服务绩效合法性。"[②]

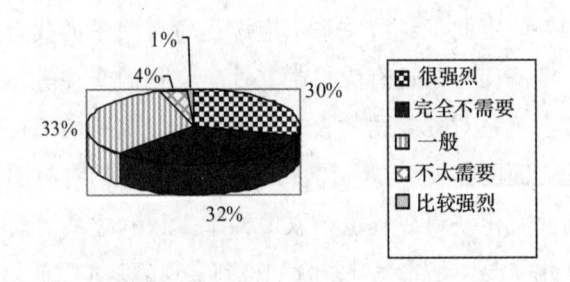

图4—13 对公共文化服务的需求程度

资料来源：根据249份有效《农村公共文化服务情况调查问卷》数据整理。

(二) 调研数据实证性分析

1. 农村公共文化服务需求高，农民需要文化精神食粮

如图4—13所示，农民对公共文化服务的需求程度非常高。占30%的农民选择需求程度很强烈，32%的农民选择比较强烈，两者合计共占

---

① 吴理财：《把治理引入公共文化服务》，《探索与争鸣》2012年第6期。
② 卢春龙、张华：《公共文化服务与农村居民对基层政府的政治信任——来自"农村公共文化服务现状调查"的发现》，《政法论坛》2014年第4期。

62%。与此相反，选择不太需要或完全不需要的农民仅占5%。如此大的差别反映出农民对农村公共文化服务的需求意愿强烈，从另一个方面也反映出当下农村公共文化服务的现状之不足。

农村公共文化服务不足，农村就会出现问题，在调研访谈过程中发现：农村出现家中子女好几个但老人无人赡养的问题；随着城市规模的不断扩大，部分农村成为城市建设用地，但少数农民却产生不合理诉求成为钉子户妨碍了发展。农村的封闭结构的环境正在瓦解，缺少了传统的价值规约和伦理约束，农村出现了不良的民风，如在拆迁过程中，农村出现的"钉子户"这样的不良示范效应使其他农民产生"搭便车"的想法对农村社会发展极为不利。

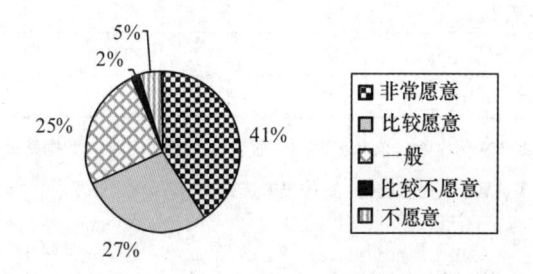

图4—14 村里的文化活动是否愿意参加

资料来源：根据249份有效《农村公共文化服务情况调查问卷》数据整理。

如图4—14所示，农民十分愿意参加村里的文化活动，有41%的农民选择非常愿意参加村里的文化活动，27%的农民选择比较愿意参加，只有7%的农民对参加村里的文化活动持否定态度。参加文化活动，加强了情感的交流、思想的碰撞，大多数农民都乐在其中。"文化站、庙会、社戏、读书者协会等社会服务类型的农村社会化服务组织为农村居民提供了思想沟通、信息交流、精神愉悦的场所，这些组织对农村居民有着天然的亲和力。"[①]

---

① 李少惠、王苗：《农村公共文化服务供给社会化的模式构建》，《国家行政学院学报》2010年第2期。

2. 农村公共文化服务总量不足，无法满足农民的文化需求

农民之所以会表现出对公共文化的强烈需求，农村公共文化服务的总量不足是其中的原因之一。在对农民关于当地的公共文化服务有哪方面不满意的调研中，"设施利用率低，更新不及时""内容单一，缺少吸引力"这两项内容的选择比例非常高（参见表4—57），可见农村公共文化服务的总量没有达到农民群众所期待的要求。

表4—57　您对目前当地公共文化服务有哪些方面不满意

选项	1	0	位序
文化服务品质低	83	166	3
设施利用率低，更新不及时	120	129	1
内容单一，缺少吸引力	104	145	2
开放时间短或不合适	26	223	4
出行距离远	19	230	5

资料来源：根据249份有效《农村公共文化服务情况调查问卷》数据整理。
说明：此题为多选题，1代表选择，0代表未选择。

农村公共文化服务总量不足还表现在农村公共文化服务三个方面的严重缺乏。调研发现：①农村公共文化内容缺乏，部分农村的公共文化服务内容还停留在如传统戏曲等20世纪的主流内容，没有跟上时代发展的要求，未体现新时代的精神内涵。农村公共文化的内容如何更新是一个让广大农村公共文化服务者困扰的难题。破解这个难题关键在于要充分利用农村本土资源，让农村和时代接轨，"发挥乡村本土文化人才的作用，培养更多的本乡本土的文化能人和文化带头人；由送文化变成大家共同繁荣文化，使广大农民群众真正成为农村公共文化服务的参与者、建设者"①，通过这些能人、带头人让新时代的文明观融入农村文化。增加农村公共文化新内容，"用老百姓自己的话讲述自己身边的故事"，给农村文化内容繁荣畅通来源。②农村公共文化服务力量不足，文化志愿

---

① 全国政协：《"加强农村基本公共文化服务建设"专题协商会发言摘登》，《人民政协报》2019年7月25日第3版。

者队伍出现断层、老龄化和服务能力偏低等问题。农村公共文化服务需要大量的文化志愿者，但志愿者从哪里来的问题却很难得到解决，根据调研显示农民对参加志愿者的热情度也十分可观，约70%的农民愿意参加村里的文化志愿者（参见图4—15）。问题的关键在于如何组织并培训这些志愿者，提高他们的服务水平。此外，发挥离退休人员、民间艺术人才、非物质文化传承人等力量也是有效弥补农村公共文化服务队伍力量不足的有效方法。③农村公共文化服务设施不足，基层文化设施运转不畅有财政保障不足的原因，但也存在着一些干部的错误政绩观，即建好设施就是成绩，后期管理和服务与自己无关。调研发现农家书屋就是这类问题的典型代表：有的农家书屋常年无人问津，书柜子里堆满了书，但都是崭新的，根本没有人借阅和管理。造成这种重建设轻服务的观念是因为很长一段时间，农村公共服务是由上级部门部署并由基层政府负责落实最终提供给农民群众。考核机制由上级政府决定，基层政府在农村公共服务方面的效果由上级说了算。这样一来就造成一种硬性的摊派任务，基层政府把本应自己考虑的惠及农民的文化需求当成上级部门的任务，结果是草草了事、敷衍对付，没有树立起本级政府的"服务意识"，而是一种上级政府的"任务完成"，这样一来造成大量的农村公共服务设施闲置或浪费，凸显服务供给数量不足。

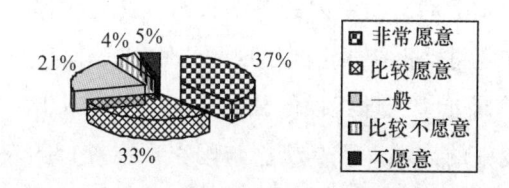

图4—15 是否愿意参加村里的文化志愿者

资料来源：根据249份有效《农村公共文化服务情况调查问卷》数据整理。

3. 农村公共文化供需错位，忽视农民需求主体地位

调研发现一个普遍现象：传统农村公共文化服务内容单一、枯燥、不受农民的喜爱。从图4—16可以看出农民对当地公共文化设施的使用率

表示不乐观，只有93人表示公共文化设施得到了充分使用，只占总人数的38%，由此可见，大量的设施处于未很好发挥作用的状态。

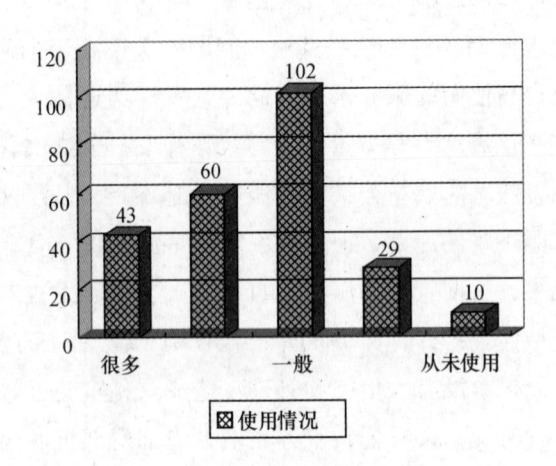

图4—16 当地公共文化设施使用情况

资料来源：根据249份有效《农村公共文化服务情况调查问卷》数据整理。

在农村开展的文化活动情况中发现，看电视电影、观看戏曲歌舞等文艺演出和参加节日欢庆活动的选择次数较高（参见表4—58）。可见娱乐性文化活动比较多，但文化内涵和营养性稍差，只能供农民消遣和打磨时光。实地调研中也发现，在农村的文化大院中，打麻将、打扑克是最常见的文化娱乐活动，而室内的图书报纸、文化讲座等并不被农民普遍接受，甚至在农村婚丧仪式上还出现一些低俗文化活动内容。如表4—59所示农民群众最希望当地建设的公共文化设施是文化广场，而对电影放映和网络等设施的需求度不高，这与国家现在推行的农家书屋、文化活动室、文化信息资源共享工程和农村电影放映工程四个主要农村文化公共服务提升工程的符合程度不大相同。如表4—60所示农民群众对农村公共文化服务大类别的需求趋向，基础设施类，如图书室、文化活动室的需求程度大于技术培训类，如文化培训班、科技培训班的需求程度大于娱乐活动类，如戏曲演出、文艺演出的需求程度大于知识普及类，如高科技信息诈骗宣讲会的需求程度大于农村特色类，如民间组织特色活动。

第四章 新型农村公共服务九项专题现状实证分析 / 157

表4—58　　　　　　周围居民开展的文化活动主要有

选 项	1	0	位 序
看电视电影	130	119	1
看书读报	82	167	4
上网	75	174	5
打牌	47	202	6
节庆时的欢庆活动	85	164	3
戏曲、歌舞等文艺演出	99	150	2

资料来源：根据249份有效《农村公共文化服务情况调查问卷》数据整理。

表4—59　　　　　　您最希望当地建设哪些公共文化设施

选 项	1	0	位 序
文化站馆	103	146	4
文化广场	160	89	1
图书室（农家书屋）	111	138	3
村活动室	118	131	2
电影院（电影放映室）	94	155	5
网络场所	64	185	6
其他	2	247	7

资料来源：根据249份有效《农村公共文化服务情况调查问卷》数据整理。

表4—60　　　　　　您觉得应加强哪方面的文化服务供给

选 项	1	0	位 序
基础设施类，如图书室、文化活动室	173	76	1
技术培训类，如文化培训班、科技培训班	150	99	2
娱乐活动类，如戏曲演出、文艺演出	142	107	3
知识普及类，如高科技信息诈骗宣讲会	123	126	4
农村特色类，如民间组织特色活动	112	137	5

资料来源：根据249份有效《农村公共文化服务情况调查问卷》数据整理。
说明：此题为多选题，1代表选择，0代表未选择。

由上述分析可以看出，农村公共文化活动、农村公共文化设施的现状为"需求旺盛、供给不足、供给与需求的优先序错位和供需契合度不高的问题"[1]造成以上问题的根本原因就在于农村公共文化服务对象的话语权缺失。农村公共文化服务的对象是农民,目的就是满足农民日益增长的精神文化需求,并根据农民在精神文化层面的需求提供有针对性的服务。针对农民的不同群体提供差异化服务,"一刀切"式的农村公共文化服务供给方式显然不能满足农民的文化需求。农民主体地位缺失还表现在农村公共文化供给的内容为没有以农村社会生活精神风貌的凝结为主要内容,包括传统农村习俗、乡村艺术、绝活、历史遗产在内的农村文化未作为供给主要内容,反而将城市文化、精英文化作为供给的主要内容,这种农村公共文化服务供给本末倒置的行为,没有考虑农民群众的需求和受众接受度。

"加强农村基本公共文化服务非一朝一夕之功,不在于硬件数量,而在于供需双方是否能无缝衔接"[2]。农民公共文化需求的主体地位缺少的是需求的表达机制和民主参与环节,一味地加强农村文化基础设施建设而忽略农民需求治标不治本。以农民文化需求为出发点就要做到以下几点。

1. 彻底改变传统的权威性供给方式,将政府在制定农村公共文化发展整体性政策和资金管理上具有的绝对权威,转变为以农民的文化需求为目标与其他各种文化主体建立一种协商关系,调动各方的积极性共同营建农村文化公共服务体系。

2. 根据农村农业生产的季节性特点,利用好农闲时间和我国重大传统节日,充分加大这个时间的农村公共文化供给。注重农村公共文化服务和农民生产生活同频率。加强农村公共文化服务让农民的闲暇时间充分地被利用变得积极、健康、向上,甚至可以通过组织农民进行一些仪式感较强的传统文化回归的活动,让正确价值观念重新归位。比如在调研过程中发现有的农村和社区组织本村的儿媳妇集体给婆婆洗头、晒被

---

[1] 徐双敏、宋元武:《当前农村公共文化服务供需契合状况实证研究》,《学习与实践》2015年第5期。

[2] 司晋丽:《农村基本公共文化服务建设重在供需对接》,《人民政协报》2019年7月27日第3版。

子等文化活动，弘扬赡养美德。

3. 尊重农民需求加强意识形态文化供给服务，文化和意识形态都属于上层建筑，加强社会主义核心价值观等意识形态内容和农村公共文化资源相结合。国家和政府在农村公共文化服务体系中的主导作用决定了农村公共文化服务内容的国家意识主流性。在构建农村公共文化服务体系过程中，社会主义意识形态的统领地位不能缺位。同时，在农村公共文化体系中农民的主体性地位也是不可缺少的，两者同等重要。一方面，农村公共文化服务要体现出国家意识和价值观念；另一方面，自下而上的农民的需求同样需要得到尊重。"因此，公共文化服务体系的构建关键之一在于如何设计一个能够达到国家、公众、社会多方意愿良性沟通协调的渠道或运作机制"①。

4. 处理好农村公共文化建设众多主体之间的关系。传统意义认为，由于公共文化的"公共属性"，政府必然成为农村公共服务体系建设的主导力量。然而，市场经济规律和传统农村公共文化服务的现实情况表现出一种政府在该体系中的低效和结果不佳的状态。即基本处于垄断地位的政府及文化事业单位作为供给主体提供的农村公共文化在内容上陈旧、形式上老套、分配上不均，所以，农村公共文化服务也应该尊重市场需求。不能否认，市场具有强烈的竞争力，能够创造出高效、多样的农村文化服务形式和内容。但应注意这种市场决定的驱动力因为过分强调需求，一味迎合中不乏低俗和负面的文化。综上所述，农村公共文化体系建设的主体不应该由单一的政府主导亦不是绝对的市场调节，而是二者的有机结合，即"政府、企业、非营利组织或第三部门、个人都是应该成为其中不可或缺的一部分"②。

在这个体系建设主体的范畴内，不同主体在公共文化体系建设中的角色定位、职能的边界如何划分至关重要。如何处理好政府、企业和个人在提供农村公共文化服务的权责关系，划分提供公共文化服务时的各方边界等问题是能够构建一个整体性农村公共文化服务体系的重要方面。

---

① 夏国锋、吴理财：《公共文化服务体系研究述评》，《理论与改革》2011年第1期。
② 夏国锋、吴理财：《公共文化服务体系研究述评》，《理论与改革》2011年第1期。

在众多学者的探讨中多从政府的角色出发，演绎从职能转化到角色定位的行政体制的改革促进农村公共文化服务，然而却忽略了农民这个处于主动地位的接受者。农村公共文化服务的根本目的就是在于满足农民的文化需要实现农民平等享有基本文化权利，因此公共文化体系建设中最关键的应该是充分发挥农民自身的主动性和价值导向性，获得足够的话语权，明确农村公共文化服务的基本要求。在此之上由政府发挥引导作用，鼓励支持各种合法的文化部门共同参与到农村公共文化服务体系构建的过程。

"在我国市场和社会力量发育还不够强大，在农村公共文化服务供给中，靠市场和社会供给为主导仍不现实。为此，各级政府应该全面履行其文化服务供给职能"[①]。农民对公共文化建设的主体选择上也是一头沉的情景，有约80%的农民同意政府或村委会承担农村公共文化建筑的主体身份（参见图4—17）。回顾我国政府文化部门的体制改革走了一条：从强计划体制到全部推向市场，再到有区分的公益性文化部门和经营性文化企业分类指导、分类改革、分类发展的道路。这样的发展道路也预示着我国农村公共文化服务发展的方向。

政府是农村公共文化服务体系建设的主体之一，但并不意味着政府的角色就是保姆式的角色，政府应该充分赋权和利用市场化手段给文化经营部门和农村文化工作者权力和竞争性。如政府可以采用购买服务和志愿者服务的方式弥补农村公共文化服务队伍人员不足的问题。

（三）农村公共文化服务现状结论

农民对农村公共文化服务的需求排第八位，需求度不高。农村公共文化服务对于塑造农村社会风气、弘扬中国传统文化、实现文化自信的作用非常重要，然而在农村公共文化服务中仍然存在着需求旺盛、总量不足、供需不对称等问题。构建农村公共文化服务体系要以农民文化需求为导向，处理好政府、文化企业、农民组织和农民个体之间的关系，充分发挥协商作用让各个主体有效契合。还要注意农村公共文化对农民

---

① 宋元武、徐双敏：《国外农村公共文化服务供给实践与经验借鉴》，《学习与实践》2016年第11期。

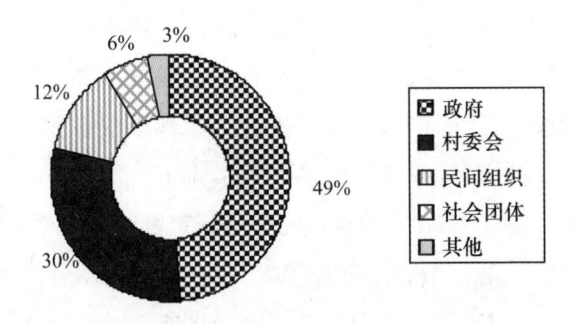

图4—17 公共文化建设中的主体应为

资料来源：根据249份有效《农村公共文化服务情况调查问卷》数据整理。

群众精神风貌和价值取向的塑造作用，在尊重农民的前提下，加强对政治认同和意识形态的文化传播，树立良好的农村社会软环境，实现乡村振兴。

九 农村就业公共服务现状实证分析

（一）农村就业公共服务内涵、意义及现状

农村就业公共服务就是以政府为主体，通过中介单位、用人单位、劳动保障等就业服务机构使农民实现就业并确保其获得劳动报酬、提高就业能力的社会性公共服务。农村公共就业服务为实现农村劳动力转移、城镇化建设和经济发展提供劳动力重要保障。在城镇化的进程中，农民进城务工为城市建设和发展提供了劳动力基础。在农民就业的各种方式中，公共就业服务是农民提供多元化岗位、提升劳动技能、保障农民权益最切实有效的主要途径。

农民就业最大的问题在于就业岗位信息的不对称性和权威性不足，一方面，在城市中有大量针对进城务工的农民的岗位需求，但因为渠道不畅通农民群众无法了解岗位需求信息；另一方面，首先，由于个人发布的岗位需求信息没有审查和监督机制缺乏权威性，务工农民对这类信息的真伪难以辨别。其次，由于缺少技能，农民就业岗位一般多为技术含量较低的体力劳动岗位，如建筑工人等岗位，这类岗位对农民的知识性技能要求比较低,务工农民能够快速胜任,但这类岗位的劳动强度大、危险性高、产出比低。因此,提升农民的就业技能,帮助农民获得附加值高的劳动技巧是改善农民就业率和就业前景的重要方式。再次,务工农民就业一般都在异地就业,加之缺乏法律和维权意识,在就业过程中个人的合法权益受到侵害时,很多人束手无策。加强务工农民的就业保障和监察力度,让务工农民的价值充分受到尊重和体现也是农村公共就业服务的一项主要内容。最后,根据2018年度人力资源和社会保障事业发展统计公报显示:2018年全国农民工总量28836万人,其中,外出农民工17266万人,培训农民工831万人次。可见,农民务工人员总体数量巨大,国家通过如春风行动、专场招聘会等多种形式帮助务工农民实现就业。

根据人社部网站公布的2015年第四季度部分城市公共就业服务机构市场供求状况分析,2015年第四季度全国十大城市的就业形势具有以下特点:劳动力市场需求略大于供给;市场对具有技术等级和专业技术职称劳动者的需求均大于供给;对推销展销人员、餐厅服务员、厨工、简单体力劳动人员、营业员、收银员、安全保卫人员、电话客服人员等职业的用人需求较大等。从体量分析,市场提供了足够的就业岗位;从岗位技能要求分析,岗位对求职者的基本技能有一定的要求;从岗位需求分析,需求量较大的岗位,农民经系统性培训基本能够胜任。

2018年12月,人力资源和社会保障部、国家发改委和财政部联合下发《关于推进全方位公共就业服务的指导意见》并指出,"统筹城乡,促进均等。加快城乡间、区域间制度一体化建设,加大公共资源向农村、贫困地区、重点群体倾斜力度,保障各类服务对象获得机会均等的基本公共就业服务"[①]。国家从宏观层面继续加大对农村公共就业服务的支持力度,实现农民就业梦想。

综上所述,农村公共就业服务是帮助农民实现就业的有效途径,具有权威性、保障性和有效性等特点。国家重视对农村公共就业服务的投

---

① 参见人力资源和社会保障部《关于推进全方位公共就业服务的指导意见》,http://www.mohrss.gov.cn/SYrlzyhshbzb/jiuye/zcwj/JYzonghe/201812/t20181206_306392.html,2018年12月5日。

入力度,从政策和措施上多措并举构建统筹城乡一体化的就业公共服务体系,提高务工农民的职业技能、法律知识和安全意识,确保农民能就业、就好业,满足农民职业和人的全面发展需要。

(二)调研数据实证性分析

农民出现就业需求时传统的方式是投靠亲友、由熟人介绍和集体外出等方式,但这些方式都存在一定弊端,如效率低、匹配性差和盲目性等。根据调研显示,66.0%的农民倾向于求助政府提供就业服务,5.0%的农民倾向于向公益性组织求助,5.0%的农民倾向于向人力资源公司或中介类有偿服务的就业服务机构求助,6.0%的农民倾向于亲友介绍,18.0%的农民倾向于自己解决工作问题。可以看出,农民对政府所提供的就业服务需求度最高,因为政府所提供的就业服务信息安全、准确,在出现劳动关系争议或纠纷时维权有保障。尽管亲友介绍和依靠自己的力量就业存在弊端,但从图中可以看出希望通过这两种方式就业的农民仍然占24%(参见图4—18)。

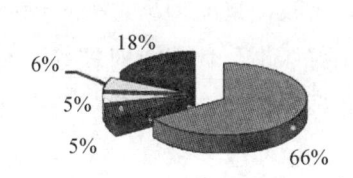

图4—18 遇到就业服务时一般倾向于求助

资料来源:根据206份有效《农村公共就业服务情况调查问卷》数据整理。

之所以会出现农民按照传统方式就业的原因主要在于公共就业服务部门对其业务宣传不到位或农民因个体原因未听说过公共就业服务部门,有27.8%的农民不知道就业服务部门的业务职能;23.8%的农民认为公共就业服务部门程序复杂、手续烦琐;17.3%的农民认为就业服务部门未能帮助农民解决就业问题,作用性不强。除此之外,阻碍农民向就业服务部门寻求就业服务的原因还有时效性低、效率低、对公共就业服务部门存在偏见和服务态度差等因素(参见表4—61)。

表4—61　　阻碍您向政府就业服务部门求助的因素包括

选项	1	0	位序
没听说过这个部门，不清楚其就业服务功能	69	137	1
不信任政府能够为民服务	14	192	6
解决问题效果差，没啥作用	43	163	3
处理问题时间长，服务效率低下	23	183	4
程序复杂，太麻烦	59	147	2
收费较多，不划算	5	201	9
距离较远，不方便	15	191	5
政府服务态度差，不愿意去	8	198	8
其他	12	194	7

资料来源：根据206份有效《农村公共就业服务情况调查问卷》数据整理。
说明：此题为多选题，1代表选择，0代表未选择。

从农民就业需求和就业愿望出发，提供量体裁衣的农村公共就业服务是关键，调研数据显示55%的农民愿意从事经初步培训后带有技能性的岗位。因为，与简单体力劳动相比较，技能型岗位的劳动强度小、岗位安全性较高、岗位的从业条件稍好、岗位待遇相对较好、对技能的要求经培训后大部分可以胜任，因此选择该类就业岗位的比例最大。有一点值得注意的是，现代农民的经济人属性越发明显，有12%的农民愿意选择经培训后输出到国外进行就业（参见图4—19）。这类岗位的工资待遇最好，但同时也对从业农民的整体素质要求较高，除基本的岗位技能外，语言、思想观念等方面都是输出型务工农民需要克服的障碍。不难看出，随着经济的发展，农民的思想观念已经与传统的封闭的农村观念发生了较大改变。正是思想的解放使农村各方面的事业都呈现出蒸蒸日上的新面貌，也是农村公共就业服务在教育培训方面需要加强的方面，即加强对农民就业观念的解放和正确引导。

从农民群众对就业岗位的期望度来分析，带有技能型的岗位对农民的吸引力最大，因此加强岗位技能培训也是农村公共就业服务的主要内容。在落实技能培训时，应做到分类培训，增强培训的针对性和有效性。农民就业培训要根据不同的就业需要分类识别、分类进行。农民就业大

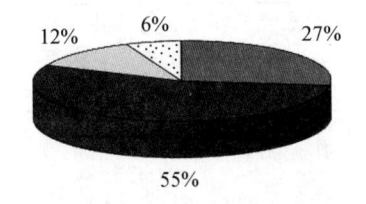

27% 简单的体力劳动就业岗位
55% 经初步培训后带有技能型的岗位
12% 经技能型培训后向国外输出的岗位
6% 没有务工需求

图 4—19　您认为最好的就业岗位

资料来源：根据 206 份有效《农村公共就业服务情况调查问卷》数据整理。

致可分为：进行求职的农民群众、已就业的农民务工人员和返乡农民等不同群体，培训应根据不同群体的类型突出重点、有针对性地进行技能培训。具体来说，对于未就业的农民要加强实用性技能培训，根据岗位需求和求职意愿，短期内让务工农民具备基本岗位技能胜任岗位要求。对于已就业的农民要根据岗位特点突出技能提升培训和安全意识培训，使务工农民获得职业岗位晋升的能力和渠道。对于返乡农民要根据返乡原因加大创业或农业生产技能培训，帮助其实现灵活就业、创业。

提供就业是农村公共就业服务的"最后一公里"，新一轮党和政府机构改革都传递出机关联动、扁平化管理、一事对一部门的新型国家治理方式，除此之外，信息技术的进步让农民获得就业服务的渠道也更加广泛和便捷。与现在提倡的"互联网＋公共就业"模式相比较，城市居民因文化程度和信息化程度等原因比较倾向于信息化服务模式，而农民在选择希望通过什么方式获得就业服务时，有 54.49% 的农民选择到就近的行政服务大厅获得面对面的就业服务（参见表4—62），表明在提供农村公共就业服务时要根据农民群众的生活习惯和认知特点，切实解决"最后一公里"的问题。

表 4—62　　　　您希望通过什么方式获得就业服务

选项	频数	百分比（%）
去就近的行政服务大厅	97	54.49
公务人员上门服务	24	13.48

续表

选　项	频　数	百分比（%）
电话服务	17	9.55
电子终端（电子屏、触摸屏等）自助服务	21	11.80
网上服务	16	8.99
其他	3	1.69
有效合计	178	100.0

资料来源：根据206份有效《农村公共就业服务情况调查问卷》数据整理。

劳动保障是就业公共服务的一个重要环节。根据调研，有30.9%的农民表示担心岗位安全度低、工伤隐患大；26.1%的农民担心就业信息虚假、上当受骗；41.7%的农民担心工作劳动报酬无法保障出现劳动纠纷。解决这个问题，首先要建立健全农民劳动保障制度，从"严格执行工作合同制度，保障公民合法权益；加强农民工技能培训，提高转移就业能力；为农民工提供基本公共服务，提高农民工的生活质量和社会地位"[1] 三个方面共同发力。其次加大对用工岗位真实性的审查力度，从源头确保就业信息安全。调查、审核用人单位的相关资质，核实招聘信息的真实性，在此基础上丰富就业岗位信息发布渠道，举行农民工专场招聘会，积极对接加大劳务输出力度，宣传就业政策，帮助农村劳动力转移就业。最后充分发挥劳动人事争议调解仲裁、劳动保障监察机构的职能，帮助农民解决就业过程中出现的权益无法保障的问题和矛盾。

在调研中发现，农民工返乡的情况现在也十分普遍。农民进城就业是为了获得高于务农的劳动报酬，一部分农民可以通过辛勤的劳动获得在城市安身立命的条件，享受城市发展的多种便利。但有一个现象不能忽视，即大多数农民在城市赚到了自己理想的积蓄后返乡自主创业，过一种相对压力更小的田园生活，因为农村是农民的根和价值所在。还有一部分农民因为多种因素无法积累到足够财富所以被迫返乡，同样也面临着重新务农或再次就业的问题。从这个层面分析，城乡二元结构对广

---

[1] 杜润生等：《筑牢大国根基》，中国文史出版社2018年版，第232页。

大农民来讲可以提供一个保护伞的作用，因为农村是农民最安全和有保障的家园，这种情况确有发生。"2008年金融危机时，有2000万农民工失业，这些农民工都返了乡。若失业农民工无乡可返，国家就必须为他们提供失业保险；若国家不能为数量如此庞大的人群提供失业保险，这些人就无法生存，社会就会失序甚至出现政治动荡，某些西方人预期的'中国崩溃'就都可能到来。"[①] 这样看来，农村公共就业服务对于国家安全也有十分重要的意义。针对农民工返乡的情况，农村公共就业服务也要针对不同情况，对返乡农民进行心理疏导和培训，帮助他们获得再次就业的机会和信心，甚至同农村社会保障公共服务相结合才能维护乡村稳定繁荣，确保民族复兴、国家强盛。

表4—63　您认为本乡镇就业服务部门提供外地就业信息的数量如何

选项	频数	百分比（%）
几乎没有	29	14.95
较少	58	29.90
一般	63	32.47
较多	31	15.98
很多	13	6.70
有效合计	194	100.0

资料来源：根据206份有效《农村公共就业服务情况调查问卷》数据整理。

表4—64　您觉得本乡镇就业服务部门有必要提供外地就业信息吗

选项	频数	百分比（%）
完全没必要	29	15.26
不太必要	25	13.16
一般	35	18.42
比较有必要	50	26.32
十分有必要	51	26.84
有效合计	190	100.0

资料来源：根据206份有效《农村公共就业服务情况调查问卷》数据整理。

[①] 贺雪峰：《最后一公里村庄：新乡土中国的区域观察》，中信出版社2017年版，第64页。

农民就业观念的改变还体现在就业目的地的选择上，过去农民的归属地感比较强，不愿意远离自己的家乡。然而，交通的便捷、通信技术的发达以及心理安全度的提高，让现代农民敢于离开自己的家乡到较远的地方就业，根据表4—64数据显示，53.16%的农民认为当地就业部门有必要提供外地的就业信息，然而当地就业部门在这方面的工作却差强人意。根据表4—63数据显示，只有22.68%的农民认为当地的就业服务部门提供了较多的外地就业信息。

表4—65　　您觉得本乡镇就业服务部门提供的就业
服务符合您（服务对象）的需求吗

选项	频数	百分比（%）
很不符合	14	8.19
不太符合	18	10.53
一般	83	48.54
比较符合	34	19.87
十分符合	22	12.87
有效合计	171	100.0

资料来源：根据206份有效《农村公共就业服务情况调查问卷》数据整理。

32.74%的农民认为乡镇就业服务部门提供的就业服务符合服务对象的需求，48.54%的农民认为乡镇就业服务部门在这方面的效果一般，还有18.72%的农民认为乡镇就业服务部门所提供的就业服务根本不符合自己的就业需求（参见表4—65）。从以上3个数据表现出农村就业部门在了解农民就业需求方面仍存在欠缺。

（三）农村公共就业服务现状结论

农民群众对公共就业服务的需求度最低，这与国家加强农村转移就业的力度有关，多数有劳动能力的农民已经实现了就业。另外，还与农民的生活习惯和生存需求有关，因为随着农业生产的现代化，农民的务工工作量逐渐降低，不需要太大的劳动强度就可以完成一年的劳动，务农工作闲忙有度、劳动时间较为自由。另外，人们对农民的职业观念发生改变，职业农民可以获得相当甚至高于进城就业的报酬，所以农民对公共就业的需求度较低。但是在农村公共就业方面，增强就业岗位的真实性和契合性是公共就业服务的基础，加强农民岗位技能和法律知识是公共就业培训的主要内容，保障农民就业的合法权益是公共就业劳动保障方面的重点。通过多点发力以农民就业需求为根本才能形成完善的农村公共就业体系，保证农村社会安定、安宁、振兴。

第五章

整体性治理视域下的新型农村
公共服务体系发展路径

党的十九大指出，坚持在发展中保障和改善民生。增进民生福祉是发展的根本目的，必须多谋民生之利、多解民生之忧，在发展中补齐民生短板、促进社会公平正义，在幼有所育、学有所教、劳有所得、病有所医、老有所养、住有所居、弱有所扶上不断取得新进展。习近平总书记也指出，"社会主义现代化建设必须坚持以人民为中心，不断实现人民对美好生活的向往。让人民共享改革开放的成果"[①]。进入新的历史时期，全面促进解决我国城乡之间、区域之间发展不平衡不充分之间的矛盾是一个全新的课题。毋庸置疑，没有农村的现代化，就没有国家的现代化，提升我国农村公共服务供给水平和供给效率，揭示制约我国农村公共服务体系发展的瓶颈因素，促进我国农村公共服务体系整体性治理显得尤为重要。本章将就我国新型农村公共服务体系存在的问题进行理性审视，并尝试性提出其发展路径。

第一节 整体性视域下对新型农村
公共服务体系的理性审视

一 "自上而下"的农村公共服务体系的弊端

就我国农村公共服务的九个专项现状的实证性分析而言，普遍存

[①] 《习近平关于"不忘初心、牢记使命"重要论述选编》，党建读物出版社2019年版，第373页。

"自上而下"的治理困境。具体表现在以下几个方面。

1. 从行政体制层面看，农村公共服务决策机制的"自上而下"性。受计划经济思维的影响和传统行政命令治理方式的影响，农村公共服务决策仍存在"政策性""强制性"等问题。具体表现在，上级政府对基层政府权力约束性的农村公共服务决策机制，权责过度分化和不对称，过分强调上级政府的行政意图而忽略基层政府及广大农民群众的公共服务需求。根据行政学的基本理论，当不同层级的行政部门的责权利对称时，各级行政部门的效率最高、工作积极性最高。然而，中国的行政体系与行政学的基本理论相比较中呈现出自己的特点，层级越靠下的行政部门的责任无限大而权力和利益却十分小。因此，基层政府只有事权而没有决策权，导致基层政府在提供农村公共服务时只是对上负责，被动执行而没有将农民群众的需求放在首位。基层政府用上级政府的目标替代了农民的共同需要，也没有实现公共服务的行政职责。

2. 从农村民主自治层面看，农民权利表达机制不畅。农民需求本应是决策的根本原动力，然而农村公共服务现实情况却是农民需求表达的缺失。农民需求表达渠道的不畅和两个方面的因素未能良性运转有关，一个是村民委员会，另一个是农村党组织。

一方面，农村自治是国家治理体系改革的一个重要举措，由农村自治推向更高层面的自治也是国家民主化治理的一个实践探索。《中华人民共和国村民委员会组织法（2018年修正）》总则第二条规定，"村民委员会是村民自我管理、自我教育、自我服务的基层群众性自治组织，实行民主选举、民主决策、民主管理、民主监督。村民委员会办理本村的公共事务和公益事业，调解民间纠纷，协助维护社会治安，向人民政府反映村民的意见、要求和提出建议"，村民委员会有权力负责本村的公共服务相关事务。然而现在村委会却成为乡镇基层政府权力在农村的延伸，其民主自治的主要功能缺位，对农村公共服务事务的不热心。不但如此，村委会还存在寻租行为，"加重了农户负担，制约了农村公共事业服务供给效率的帕累托改进"①。

另一方面，农村党组织是全部农村工作和战斗力的基础，是农村各种组织和各项工作的领导核心，《中国共产党农村党组织工作条例》第三章第九条规定农村党支部的主要职责包括"领导和推进村级民主选举、民主决策、民主管理，支持和保障村民依法开展自治活动"，可见，农村党组织对于推进农村自治和农村公共服务发展起统领作用。然而农村基层党组织在很长一段时间内软弱涣散、组织力和凝聚力不足、缺乏对农村各项事务的统领，甚至名存实亡。

综上所述，长期的实践证明，农村民主自治因体制问题、经费问题和农民自身的客观原因常无法有效运行，村委会和村党组织两个主体未发挥各自作用，在关键问题决策上这两个组织还会出现权力之争的现象。2019年5月，中央发布《关于建立健全城乡融合发展体制机制和政策体系的意见》指出"全面推行村党组织书记通过法定程序担任村委会主任"，此举意在健全乡村治理机制，通过加强农村党组织对农村各项工作的领导，建设自治、法治、德治相结合的乡村治理体系，充分发挥群众参与治理主体作用，增强乡村治理能力，畅通农民公共意志的表达机制和反馈通道，让农民群众的需求能够充分表达，解决农村公共服务供需结构失衡的现状。

二 "块状化"农村公共服务体系的弊端

农村公共服务存在"条块化"问题，"条"指的是自上而下的决策和供给模式；"块"指的是不同部门之间缺乏协同合作提供农村公共服务的现状。造成这个问题有两个方面的原因，一个是由国家通过专项形式改善农村公共服务而导致；另一个是政府各个部门之间在提供农村公共服务时职能边界而造成。

一方面，国家加大对农村公共服务的投入力度，在取得成绩的同时却无形中造成农村公共服务的"块块"。自农村税费综合改革后农民的税

---

① 徐卫星、姜和忠：《农村公共事业服务供给与治理研究：以浙江为例》，中国财政经济出版社2018年版，第292页。

费压力被消除,国内第二、第三产业的发展让国家有了充足的财政收入,但事权却更多地落在了基层政府头上。基层政府财政收入紧张仅能够勉强维持本级政府基本运转,没有财力和能力提供农村公共服务。于是国家为了扭转这种畸形的事权和财权不对称的情况,以中央财政专项经费转移支付的形式向农村投入了巨额的资金,为农村公共服务发展注入了新活力。通过专项经费转移支付,大量的资金拨付至负责不同业务的基层政府部门。另一方面,不同的政府部门的职能存在边界,每个政府部门都是从自己部门的角度出发改善农村公共服务,正如上文所论述的农村公共教育服务分析就可以看出,农民的职业教育不单单涉及农村公共教育,还需要同农村社会保障公共服务和农村公共就业服务等不同方面的服务有效融合,这些服务之间的关系相互交叉重叠,整体性责任却出现多个主体负责。如此一来,一旦有涉及交叉的农村公共服务,不同的部门就会出现争权而推责的情况,或者为了争取资金和获得政绩的重复建设。

三 "一元化"农村公共服务供给主体的弊端

从供给主体来看,农村公共服务供给主体"一元化"情形严重。尽管学术界对农村公共服务多元化供给已有讨论并形成基本共识:丰富农村公共服务供给主体,构建多元供给主体结构。各级政府也积极围绕建设多元化的农村公共服务供给体系进行尝试和改革。但因为传统行政理念约束和体制改革进行不畅等多方面的原因,多元化的农村公共服务供给体系还未全部形成。表现在一方面是政府在农村公共服务供给体系中仍然占绝对的主力地位,其他的社会组织、经济组织和农民组织等农村公共服务供给主体自身发育还不成熟;另一方面,多元化供给主体之间缺少横向协调、沟通、管理、监管等合作机制,在政府和其他供给主体之间也缺乏纵向的统筹、反馈机制,很难在多元供给时形成合力。

第二节 整体性农村公共服务体系的实现路径

一 乡村政治文明实现农村公共服务整体性治理

一般理论认为应从经济发展的角度解构农村公共服务发展的羁绊,

但农村公共服务的统筹发展是在整个社会政治环境和农村政治环境中发生的,不妨从政治角度来审视农村公共服务整体性治理问题,因为"如果我们不能从政治的高度加以认识和重视农村问题的政治方向,不能根据社会发展的需要理顺农村各种政治关系,那么最终会影响到农村经济体制的深化改革和整个国民经济的发展"[①]。让农民这个庞大群体的公共权利能够得到充分的表达和实现,形成共识从根本上解决农村公共服务的供需矛盾,实现整体性治理,农村政治文明是农村公共服务得到改善的重要途径。

所有的农村公共服务问题都可以从权力角度阐释,为农民群众提供农村公共服务的根本目的是实现农民作为国家公民应享受的基本权利。农村公共服务需求的表达、决策和获得都是公民权利的体现,这些问题都是在农民权利的享受和实现中得到解决,而权利问题正是政治研究的核心问题。

从历史的角度看农村权力问题,中国是一个传统的农业国家,对农村的治理多是采用"间接治理"的模式。中华人民共和国成立前封建王权是以乡绅为主对农村事务进行治理,相应的农村权力也落在乡绅阶层中。中华人民共和国成立后,国家通过土地改革逐渐消灭地主和乡绅等阶层,传统农村的政治权力结构被打破。人民公社时期,"政社合一"和"党政合一"使得公社书记代表国家获得了农村的绝对权力,也将传统对农村的"间接治理"模式转变成"直接治理"模式,在这种模式下公社书记和大队书记需要直接面对农民权利的诉求。人民公社阶段国家意志在农村集中得到体现,从农村汲取了大量资源为国家工业发展提供了保证。同时,这种高度集中的权力运作模式使得国家能够有效动员农村的各种力量,通过努力实现了农村公共服务基础设施的极大改善,兴修了大量的农田水利工程。改革开放后,乡镇一级政府被重新确立为负责农村事务的基层行政单位,与此同时,"农村自治"制度也被确立,新中国农村的权力演变经历了从人民公社时期的高度集中到乡镇体制下的"乡政村治"的发展阶段。"'乡政村治'模式是在全能主义治理模式退出乡

---

① 程国顺:《当代中国农村政治发展研究》,天津人民出版社2000年版,第3页。

村社会后，国家政权将原子分散化的农民吸纳到国家体制之中，通过村民自治的形式对农民自我管理公共事务予以确认和支持"①，"乡政村治"是国家权力合法和农民权利实现之间的重要方式，农村"间接管理"又一次成为农村管理的主流方式。但这个时期的农村却出现了因一味地索取而导致农民对乡村基层政权的不满状态，部分乡政府的权威性和合法性受到农民的挑战，国家权力在农村逐渐弱化。为了化解这个政治权力弱化危机，国家开始对农村施行综合税费改革，2006年全面取消农业税、加大对农村的投资、工业反哺农业。农民不再承担税费负担，经济条件得到极大改善，个体开始分化，权利开始多元。因此，对农民采取"间接治理模式"不再适用，国家必须直接处理农村的问题并面对农民的个体权利，保证其权利实现。农民自治前提下的"直接治理模式"成为农民与国家对话实现权利的基础，也推动了农村政治民主化和治理现代化的进程。

由此可见，农村政治权力的演变和农民政治参与的过程对农村公共服务发展起到积极的作用，加快农民政治参与和农村政治文明建设是实现农村公共服务整体性治理的根本前提之一。

二　农村公共服务标准化保证农村公共服务整体性治理

农村公共服务对象需求表达畅通化、农村公共服务决策民主化、农村公共服务供给主体多元化、农村公共服务供给主体协同化、农村公共服务管理科学化、农村公共服务监管有效化等都是农村公共服务体系中的重要环节。笔者认为，推动农村公共服务标准化涵盖了所有农村公共服务的重要环节，也包含了当下加强农村公共服务的具体对策。农村公共服务标准化包括六大要素："主体要素、价值要素、需求要素、理论要素、技术要素和制度要素……从某种意义上来说，基本公共服务标准化工作的推进就与这六大要素直接相关。"② 推动农村公共服务标准化能够

---

① 付翠莲：《乡村振兴战略背景下的农村发展与治理》，上海交通大学出版社2019年版，第79页。

② 赵成福、李霄锋：《基本公共服务标准化"6×5"模型研究》，《管理学刊》2015年第5期。

保证农村公共服务整体性治理取得良好成效。

主体要素是指在农村公共服务供给的主体有政府力量、社会力量和农民群众这三个主体，在相互理解、互相协作的基础上构成。供需要素是指各级政府对于农民公共服务需求做出回应，满足农民公共服务方面的需求，履行基层政府提供农村公共服务的行政职能。价值要素是指政府在提供农村公共服务时要以农民的共同诉求为基础，同时处理好农民阶层与全体公民之间的价值关系以及大多数农民的价值共识同少数农民的价值判断之间的关系。理论要素是指包括多中心治理理论、整体性治理理论、公共服务三角模型等在内的农村公共服务理论前提。技术要素指在实现农村公共服务时要根据科学技术的发展将农村公共服务的所有环节都通过技术手段科学化、高效化、便民化地实现。制度要素指农村公共服务的宏观政策性依据。可以看出，从以上六个要素出发，探寻农村公共服务整体性治理的对策应包括以下几点。

（一）扩大农村公共服务对象，确保每个农民都覆盖

加强农村公共服务是统筹城乡公共服务发展不平衡的现实要求，而农村公共服务发展也存在不平衡、不充分的现象。对于农村公共服务未覆盖的末端以及发展缓慢的地区，要加强统筹力度，提供统一、同标准、同质量的农村公共服务。中国的现代化是每一个公民的现代化，对于农民享受公共服务的权利也同样适用。一方面，扩大农村公共服务覆盖对象，因为农村地区地理较分散，有的自然村只有一两户人家并且自然条件十分恶劣，在尊重农民生活习惯和感情取向的基础上，基层公共服务人员应耐心细致地做疏导工作，帮助这部分农民实现异地集中安置，提高公共服务质量。确实有不愿搬迁的农民群众要为其提供基本公共服务，做到农村公共服务一个农民群众都不落下来。对于公共服务发展落后的地区要找出原因、分析情况、补齐短板，提高农村公共服务的标准和质量。另一方面，扩大农民公共服务的内容，农村公共服务的目的是保证农民基本生活、生产、提高农民生活质量。这就要求提供公共服务内容要将关系到农民群众生活生产方面的内容都要涵盖在内。

（二）加强农村公共服务决策科学性，确保农民需求有回声

加强农村公共服务决策科学性，有两个方面的主要内容：一是畅通

农民公共需求诉求表达渠道；二是对农民公共需求科学分析与评估。

首先，在农村公共服务单边治理的模式下，政府决策起决定性作用，忽视农民需求加剧了农村公共服务供需结构的不平衡。农民没有渠道表达自己关于农村公共服务的需求，更没有方式影响农村公共服务决策，造成供给方和需求方的不对称，真正的需求无法表达而供应方一味地供给，导致农民需求得不到满足，对供应者的意见非常大更没有积极性参加公共服务的治理。正如前文论述，要让农民的诉求能够"发声"，就要让农村的两个基层组织正常运转，还要通过其他传统方式或现代化手段畅通其他的表达渠道，使农民对公共服务的需求有效表达。

其次，农村出现阶层分化，农民有了不同的利益诉求，用"一元"模式无法应对农民利益"多元"的诉求。在这个阶段，政府要充分发挥指导作用对农民的不同利益诉求进行收集、整理、甄别并作出判断，当然政府也可以利用社会的专业机构对农民的需求进行研究和评估，在需求表达畅通、决策专业科学的基础上形成民主、科学的农村公共服务决策，对农民的诉求分类满足。

（三）增加农村公共服务主体，实现多中心治理模式

多中心治理模式是与单边治理模式相较而言，是指多个主体在农村公共服务整体性治理体系内，经逐级赋权根据各自特点发挥各自特长参与农村公共服务治理，形成多中心治理体系，达到提高农村公共服务治理水平的目的。我国的农村公共服务"多中心"指的是"农村、区（村庄）农户、私人或企业、非营利性组织、村委会与乡镇政府、县级以上政府等"[①] 多元化的治理主体。农民是农村公共服务的直接获益对象，在整个多中心治理体系中处于基础地位，若能够实现农民的公共服务需求、提高其参与公共服务的热情，农民会变成既是受益者又是提供者的双重身份。村委会是农民实现自治表达公共服务诉求的合法途径，也是公共服务落实的最后一个环节。农村公共服务效果的好坏与村民自治组织即村委会密切相关。各级基层政府拥有农村公共服务的资源能为农村公共

[①] 徐卫星、姜和忠：《农村公共事业服务供给与治理研究：以浙江为例》，中国财政经济出版社2018年版，第292页。

服务提供经费、人力和物质保障，也是多中心治理体系中的主要力量。学界对私人或企业参与公共服务的可行性已有定论，即私人或企业能够参与公共管理和公共服务并提供有效的公共服务。非营利性组织则是人类利他主义的一个表现形式，是人类美德的表达，表现出对公益事业的热衷和无偿性，这些主体都是农村公共服务整体性治理所需要的。

（四）发挥协调机制，推动农村公共服务整体性治理

在多中心治理背景下，如何让农村公共服务整体性治理不同主体的效率最高、效果最优，超出单个独立个体功能而发挥其整体系统性功能的关键就在于建立农村公共服务多中心治理体系的协调机制，即明确各主体的主要职能范围、充分赋权、纵向联动、横向协调的动态协调机制。

农村公共服务从过程发生的角度来看应该是：需求产生→需求表达→需求分析→服务决策→提供服务→监管评估→动态调整的过程。在此过程中涉及不同的主体和不同的主体间矛盾，即上文所述的农村公共服务的六大要素的纵向关系也是横向发生条件的转化。将多中心治理体系的动态协调机制和过程要素有机统一，是农村公共服务整体性治理的有效方法。

从政府角度分析，①改变"条块化""自上而下"的农村公共服务决策、提供方式。打破过去行政体制中的权、责、利不对称，中央政府将更多的权力下放至基层政府，调动基层政府的积极性，有能力为农村提供公共服务，切实落实为民服务的宗旨。改进中央财政专项经费拨付方式，不再局限于部门模式的分配方式而采用整体性促进农村公共服务发展的拨付方式。②不同政府部门之间要加强合作和整体性思维，不搞盲目的重复建设，重点弥补农村公共服务的薄弱环节。本次党和政府机构改革为理顺农村公共服务各部门的关系起到了指导作用，首先，党组织充分发挥统领作用；其次，在充分研判的前提下理顺业务关系和整合职能，总体上一个业务由一个部门负责，不搞多头管理；再次，根据需求成立必要的综合管理部门；最后，精简机构，简政放权。如此来看，农村公共服务政府部门间的关系也应该遵从党和国家机构改革的主要做法，提供"一站式"农村公共服务平台，开发信息综合性数字化服务系统，精简农村公共服务行政办理流程，优化农村公共服务人性化供给模式。

从农民群众角度分析，首先，农民群众也要处理好公共需求的一般和特殊关系，确保基本农村公共服务需求与国家和当地经济社会发展情况相适应，农民的共识能够表达大多数农民的需求。其次，通过表达诉求形成倒逼机制推进农村公共服务整体性发展，积极有序参与政治，提高农村自治能力和发展动力。最后，加强农民群众对农村公共服务的评价监督机制，让农村公共服务评价权重新归位至农民，变被动接受服务为主动参与服务。

从经济和社会组织角度分析，经济组织和社会组织是直接提供农村公共服务的主体类型之一，具有专业化、高效化和自主化等特点。专业化指与政府部门不同，这两类组织具备提供农村公共服务的专业能力和技术，能够将服务决策通过不同方式在服务过程中实现。高效化指因利益驱动或美德驱动的这两类组织能够发挥主动性，根据需要及时调整农村公共服务的供给模式、供给数量和供给内容。自主化是指因农村公共服务内容也包括一部分准公共服务，而这部分准公共服务不可能全部由行政部门提供，因此这两类部门可以根据需要提供必要的准公共服务。

以上从不同供给主体自身分析在农村公共服务整体性治理的要素关系，但同时他们也存在着一个纵向的关系，即政府、组织和农民个体在农村公共服务整体性治理的体系中的关系如何问题。

首先，要明确政府在农村公共服务体系中的主导作用。因为在我国现有经济发展现状和农村公共服务的非排他性和非竞争性决定还不能把所有的农村公共服务交给市场，我国的社会主义制度性质也决定了政府的主导作用。政府要起到总体把控、宏观指导、积极动员、合理分配的作用，有效地将各治理中心黏合为一个有机体。但同时也要注意，政府也要有自己的职能边界，正如郑功成在论述政府构建社会保障体系中政府如何处理和其他组织的关系时一样，"超越政府的整个社会资源的合理配置，政府不能也不应当替代市场主体、社会组织等在不同保障层次中的主体职责与功能"[①]。政府有自己的角色定位和职能范围，在宏观方面

---

① 郑功成：《多层次社会保障体系建设：现状评估与政策思路》，《社会保障评论》2019年第1期。

要充分发挥政府"看得见的手"的作用而在具体的能够靠市场等机制调节的领域要充分发挥经济这只"看不见的手"的作用，调动不同资源的积极性，发挥其最高效率，共同构筑农村公共服务体系。

其次，要确保农民在农村公共服务体系中的原动力作用。农民的需求是农村公共服务问题的根本，忽略农民需求的农村公共服务是本末倒置的。但因为与政府和各类组织相比较农民处于弱势地位，但这并不妨碍农民的表达与监督。千头万绪的农村公共服务最终是由农民群众支持和维护的，提高自身的参与度、树立民主意识和整体观念对农村公共服务发展而言意义重大。

最后，各类农村公共服务组织要处理好与政府和农民之间的关系。提供农村公共服务要在政府的指导下进行，不能因利益而盲目行动反而对农村公共服务统筹发展起到相反的作用。对提供农村公共服务时农民的评价和意见及时进行梳理和分析，将相关信息反馈至政府供政府决策参考。同时将农村公共服务的内容高质保量地提供给农民，处理好不同农民的公共服务需求。

综上所述，农村公共服务标准化是一项系统性强的复杂系统，它的要素多、环节多、关系复杂、主体多，只有在动态协调、全面整合、各尽其责、全局意识的宏观理念指导下，明确细致入微的具体任务，才能够发挥各主体优势，推动农村公共服务整体性治理健康良性发展。

三 政治实践对公共服务整体性治理的启示

国家通过对政治制度、政治体制和政治治理范式等多维度的改革和实践，意在实现公共服务整体性治理，提高公共服务整体水平。从国家层面分析，能够体现公共服务整体性治理的改革措施主要包括：国家宏观政策指导、行政服务中心建设、"大部制"政府机构改革和公共服务第三方评估等。关于公共服务整体性治理的改革实践对农村公共服务整体性治理理论创新具有能动的促进作用，能够促使理论进行自我进化。因此，从国家政治治理改革实践中探寻农村公共服务整体性治理新范式，不失为一种有效方式。

（一）国家政策宏观指导的启示

国家政策具有导向作用影响力强、作用面广等特点，能够在短时间内弥补某些国家发展的短板。具体表现在，一方面，国家政策的发布与实施是国家发展的风向标，能够有效调动基层各类资源，迅速形成合力，完成某项具有阶段性的任务；另一方面，国家政策具有不可抵抗的行政指导或引导作用，在国家政策的作用下，能够使全体公民的政治意识统一，集中全部力量统一行动。

以国务院印发《"十三五"推进基本公共服务均等化规划》的宏观影响为例，分析国家宏观政策的导向作用对农村公共服务整体性治理的作用。2017年1月，国务院出台文件，在不到一年的时间内，辽宁省、安徽省和广东省等根据文件精神结合各地实际分别制定各省级层面《"十三五"推进基本公共服务均等化规划》，并督导文件精神落地，形成举国上下的促进基本公共服务均等化建设合力。由此可见，加强针对农村公共服务整体性治理的政策出台，增强宏观指导力度，是农村公共服务整体性治理的有效途径之一。

（二）行政服务中心改革的启示

中共十九届三中全会开启了新一轮党和国家机构改革的序幕。深化行政体制改革、落实简政放权、简化行政审批程序和实现为民服务为中心是本轮机构改革的要求。各级行政服务中心是为民服务的"最后一公里"，直接处理人民群众的各种行政审批事项和公共服务需求。因此，行政服务中心是本轮改革的主阵地之一。行政服务中心作为政府的窗口，其运行机制、工作方式和服务方法等是体现政府服务职能转变的载体。

行政服务中心的运行机制为：由一个服务窗口受理事项→一个部门协调不同部门间的关系，负责所有事项办理环节→由服务窗口按时限向群众提供事项服务。这个运行机制让群众办理行政事项时能够十分容易找到提供服务的主体，实现一站式办理模式，有效解决了群众办理行政业务时无从下手、来回奔波等困难，也避免了"政出多门""部门推诿""互相扯皮"的体制弊端。

行政服务中心的工作方式诠释了国务院"放管服"工作要求，具体即将审批权下放至基层，减少无依据的行政审批事项，划分多部门的行政权限，利用新技术加强监管职能，减少市场干预，增加社会服务等。

行政服务中心充分利用技术手段使行政事项办理便捷、高效和优质。具体表现在，一方面，建设"互联网+行政服务"平台，实现行政服务事项网络受理、办理进度网络可查和办理结果电子化反馈等；传统部门之间的数据壁垒是群众办理事项时来回奔波的主要原因之一，行政服务中心建设"互联网+行政服务"平台，倒逼政府不同部门之间信息孤岛连通，实现数据共享，简化办理流程。另一方面，构建省、市、县、乡（镇）多层级网络服务中心体系，实现上下联动机制，达到行政事项服务多级覆盖目标。

从行政服务中心改革实践可以得出农村公共服务整体性治理的借鉴经验：首先，建设农村公共服务集成式办理平台，农村公共服务是农村各项工作的一个方面，根据乡镇和农村的现状，单独设立农村公共服务平台不太现实，但可以将农村公共服务所涉及的办理事项集成在如乡镇行政服务中心、综治中心等现有综合服务平台。其次，实现"窗口式"办理流程，农民对公共服务平台提出办理申请，由唯一受理部门根据农民需求协调相关部门办理事项。最后，形成改革倒逼机制，促进农村公共服务体制改革。针对农村公共服务中部门权力多头化和部门信息封锁等问题，打破传统行政机构间的封闭关系，建立资源共享式的农村公共服务系统。

（三）"第三方评估"的启示

目前，国家重视重大项目的"第三方评估"作用，先后在各个层级的项目中进行了"第三方评估"，如在国家扶贫开发项目中采取第三方评估，对开展扶贫开发的地区由第三方开展关于扶贫成效的专业评估，通过评估客观、科学地反映扶贫开发工作中的成绩、不足和制约因素等。此举对农村公共服务整体性治理而言也有值得借鉴的地方。进行评估是对项目的运行进行全方位的"体检"，能够为项目发展摸清实底、查找不足、提供动力等，具体表现在以下三个方面，首先，评估能够对农村公共服务整体性治理效果是否达到标准进行判断；其次，农村公共服务整体性评估能够发现阶段性整体治理中存在的不足，分析制约因素，为后续的全方位治理工作提供工作思路和基本对策；最后，通过农村公共服务整体性治理评估，可以展示基层政府在农村公共服务整体性治理方面的成果，成为展示转变政府治理理念、发挥公共服务职能的载体，从而使农民增加对政府的政治理解和政治认同。综上所述，评估对于推动新型农村公共服务整体性治理起到助推器的作用。

在传统以政府为主导的评估中存在着诸多不利因素。政府在评估过程中充当既是运动员，又是裁判员的角色，难免会对评估带有"政府"眼光，不能够全面、客观地分析农村公共服务整体性治理情况。正是在这种背景下引入"第三方评估"的概念，其理论基础是由美国经济学家伯利和米恩斯所提出的委托代理理论：一方面，由于社会信息不对等、社会分工精细化以及知识储备不同，导致了权利者因知识欠缺、能力不够和精力限制等原因无法充分行使自身权利；另一方面，正是因为这种不对等而产生了许多拥有专业知识背景的职业代理人，拥有充分的时间和精力继续专业的委托项目。根据委托代理理论，新型农村公共服务治理能够在政府主导的背景下，科学、合理地引入"第三方评估"。农村公共服务包括社会保障、环境保护和医疗卫生等内容丰富且专业性的项目，而政府的主要职责和工作重点在于发挥指导和监管作用，专业知识是政府工作的弱项，采取"第三方评估"的方法既能够发挥评估的优点又能够以客观、公平的眼光对新型农村公共服务整体性治理进行评估。

新型农村公共服务整体性治理采取"第三方评估"应体现在决策、执行和监督三个环节，即在决策环节，农村公共服务供给决策对农民的需求和国家及地方政府的承载能力，由第三方进行科学判断和综合分析；在执行环节，对农村公共服务供给的内容和数量应由"第三方评估"进行保障；在监督环节，针对农村公共服务整体性治理的情况由第三方形成客观结论，总结经验，查找不足，及时反馈督促农村公共服务整体性治理健康发展。

（四）"大部制"党和国家机构改革的启示

随着我国改革开放的深入和经济发展增快，公民对政府的政治管理的服务性特征需求越发强烈。即对公民生活和政治权力主体而言，管理和服务两者的意义等同。因此，传统政治统治型政府已经无法满足当今公民多元化、精准化和高标准的需求，政府必须实行"大部制"改革，对自身进行进化，通过裁撤、调整、整合和建立等方式，对不同政府部门权力和责任的重新划分、明确和剥离，以消除政府机构冗余、职能重复、多头管理、权责不明等弊端。党的十九大确定对党和政府机构进行开放之后的第八次机构改革，中共十九届三中全会启动了党和国家机构的深化改革。在本次改革中，加强党对全部工作的统领作用，并对党和国家机构按照"大部制"原则继续优化政府结构。通过本次党和国家机构改革，使党和国家机关的部门数量缩减、组织结构扁平化、行政职能清晰化、行政效率高效化、管理方式服务化，能够更好地满足公民对国家的需要，如新成立应急管理部、退役军人事务部、市场监督管理总局等都是对当下社会重点问题的有效回应。"大部制"理念下的党和国家机构改革为国家富强、民族复兴的新征程奠定基础。

"大部制"改革思路对农村公共服务整体性治理也具有借鉴意义。农村公共服务整体性治理的根本目的也是要实现农民的具体公共服务需要。因此，设置与农村公共服务相适应的机构、明确政府机构的农村公共服务职能、合理划分政府部门农村公共服务的权力、整合农村公共服务机构资源、实现"大部制"式的农村公共服务整体性治理就是为了解决农村公共服务中无序治理、多头治理、低效治理等问题。

四 新时代农村公共服务整体性治理发展展望

中国农村公共服务经历了从无到有、从有到优的过程。在这个变化发展的过程中，不同阶段、不同社会条件、不同主要矛盾和不同时期的中心任务，决定了不同时期的农村公共服务具有每个时代的特点。正如中国的改革开放一样，经过40年的改革实践证明中国共产党以及政府有能力也能够处理任何的时代问题，即根据时代主题解决发展的矛盾。实践才是检验真理的唯一标准，任何建立一个一成不变的农村公共服务的企图都必定不可能成功。本项研究运用了整体性治理理论作为分析工具，而整体性治理理论仍是处于成长中的理论，面临着来自多方面的巨大挑战，需要学术界进行广泛深入的理论研究和实践探索，其过程将具有长期性和争议性。① 本书所选取的研究样本,其普适性和代表性存在不足,在今后的研究中我们将扩大研究样本的选取范围,使其更具有普适性和代表性。但笔者相信,新时代新型中国农村公共服务整体性治理理论和实践在路上并以一种更加科学化、人性化的姿态为中国5.77亿农村人口提供一个城乡统筹、公平、民主、高效、全方位的农村公共服务体系,为农村社会稳定提供保障,也为广大农民幸福生活和中华民族的伟大复兴提供内生动力。

---

① 郑功成:《多层次社会保障体系建设:现状评估与政策思路》,《社会保障评论》2019年第1期。

附 件 一

农村公共服务情况调查问卷

一 农村公共文化情况调查问卷

调查地点： 市/ 县 乡/镇 村

亲爱的农民朋友：

您好！为了解我国部分地区农村基础设施情况，我们需要对您的一些情况进行了解。本次调查采取匿名的方式，您的所有回答将只用于课题的统计分析，不会用作他途。感谢您的配合和支持！

（一）基础信息

1. 性别：□男 □女
2. 年龄：□20 岁以下 □20—40 岁 □41—60 岁 □60 岁以上
3. 政治面貌：□中共党员 □共青团员 □民主党派成员 □群众
4. 文化程度：□小学及以下 □初中 □高中或中专 □大专及以上
5. 宗教信仰：□无 □佛教 □基督教 □天主教 □道教 □其他
6. 您的职业：□学生 □务农 □务工 □经商 □机关事业单位工作人员 □村两委干部 □其他（请写明）
7. 您的家庭年均总收入为：□1 万元以下 □1 万—3 万元 □3 万—5 万元 □5 万元以上
8. 请问您家里有几口人？□2 □3 □4 □5 及以上

（二）基本情况

1. 您的业余文化生活有：[多选题]

□看书报　□看电视　□看电影　□看戏　□听音乐　□听广播　□上网　□打牌、麻将　□体育运动　□其他

2. 村里的文化活动，您是否愿意参加？［单选题］

□非常愿意　□比较愿意　□一般　□比较不愿意　□不愿意

3. 您所在地区拥有的公共文化服务设施：［多选题］

□农家书屋或图书室　□文化活动室　□老年人活动室　□文化广场或文化演出　□有线电视　□其他

4. 村里文化志愿者队伍，您是否愿意参加？［单选题］

□非常愿意　□比较愿意　□一般　□不太愿意　□不愿意

5. 您本人对公共文化服务的需求程度？［单选题］

□很强烈　□比较强烈　□一般　□不太需要　□完全不需要

6. 您对当地公共文化设施（如农家书屋、文化活动室等）的使用多吗？［单选题］

□很多　□比较多　□一般　□比较少　□从未使用

7. 您周围的居民开展的文化娱乐活动主要有：［多选题］

□看电视电影　□读书看报　□上网　□打牌　□节庆时当地开展的欢庆活动　□戏曲、歌舞等文艺演出

8. 您所在地区是否开展各类文化活动　［单选题］

□经常　□偶尔　□极少

9. 您当地拥有的文化设施是谁提供的：［多选题］

□政府全资建设　□社会赞助　□政府与村民合办　□政府与社会合办　□农民自办　□不太熟悉

10. 您希望当地有哪些公共文化设施？［多选题］

□文化站馆　□文化广场　□图书室（农家书屋）　□村活动室　□电影院　□网络场所　□其他＿＿＿＿＿

11. 您更希望如何得到公共文化服务？［单选题］

□政府免费提供　□村民（集体）自发组织　□商业演出　□社会义演　□其他

12. 您认为在当地的公共文化建设中，最应该发挥作用的是：［单选题］

□政府　□村委会　□民间组织　□社会团体　□其他

13. 请根据您的实际情况选择最符合项：1→5 表示非常不满意→非常满意

	1	2	3	4	5
1. 乡镇综合文化站					
2. 公共阅报栏（屏）					
3. 农家书屋设施					
4. 文化广场建设					
5. 戏曲文艺演出活动					
6. 送图书、报刊下乡活动					
7. 送电影、电视下乡活动					
8. 文化科技课堂					
9. 文化站专职工作人员服务水平					
10. 阅报栏报纸更新					
11. 农家书屋图书报刊种数					
12. 文化演出活动可达性					

14. 您认为目前自己的公共文化服务需求是否得到满足？［单选题］

□很满足　□满足　□一般　□不满足　□很不满足

15. 您对目前当地的公共文化服务有哪些不满意？［多选题］

□文化服务品质低　□设施利用率低，更新不及时　□内容单一，缺少吸引力　□开放时间短或不合适　□出行距离远　□其他

16. 您觉得当地公共文化服务建设主要的困难是什么？［多选题］

□政府不重视　□缺乏资金　□缺乏专业人员　□居民不支持

17. 您觉得政府应该侧重哪方面的文化服务供给：［多选题］

□基础设施类，如图书室、文化活动室

□技术培训类，如文化培训班、科技培训班

□娱乐活动类，如戏曲演出、文艺演出

□知识普及类，如高科技信息防诈骗宣讲会

□农村特色类，如民间组织特色活动

18. 您对加强当地公共文化建设有什么好的建议：[多选题]

□完善文化设施　□加强农村文化骨干培养　□经常组织开展文化下乡活动　□扶持村民自编自演具有乡土特色的文艺节目　□举办其他文化活动　□其他建议 _____

二　农村基础设施情况调查问卷

调查地点：　　市/　　县　　乡/镇　　村

亲爱的农民朋友：

您好！为了解我国部分地区农村基础设施情况，我们需要对您的一些情况进行了解。本次调查采取匿名的方式，您的所有回答将只用于课题的统计分析，不会用作他途。感谢您的配合和支持！

（一）基础信息

1. 性别：□男 □女

2. 年龄：□20 岁以下 □20—40 岁 □41—60 岁 □60 岁以上

3. 政治面貌：□中共党员 □共青团员 □民主党派成员 □群众

4. 文化程度：□小学及以下 □初中 □高中或中专 □大专及以上

5. 宗教信仰：□无 □佛教 □基督教 □天主教 □道教 □其他

6. 您的职业：□学生 □务农 □务工 □经商 □机关事业单位工作人员 □村两委干部 □其他（请写明）

7. 您的家庭年均总收入为：□1 万元以下 □1 万—3 万元 □3 万—5 万元 □5 万元以上

8. 请问您家里有几口人？□2 □3 □4 □5 及以上

（二）基本情况

1. 您所在的村子是否有公共卫生室或医院？[单选题]

□是（请跳至第 2 题）　□否（请跳至第 3 题）

2. 您认为村里医务室服务怎么样？［单选题］

□医务室基本能满足村民需求　□医务室设施简陋，不能满足应急需求　□医务室药费太贵，还不如自己到药房买

3. 怎样看待村内的沟渠建设？［单选题］

□还不错，该建的渠道都建了　□沟渠分布不合理　□沟渠很陈旧，需要重新修整

4. 村里的泵站管理如何？［单选题］

□泵站设备陈旧，需要更换新设备　□泵站没有专门的管理人员，谁抽水谁负责　□泵站基本能满足村民需求

5. 认为村内的广播系统如何？［单选题］

□广播分布数量比较少，好多地方听不到　□广播系统建设基本能满足村民需求　□广播播出的信息不及时，没有充分发挥应有的作用

6. 您生活的村庄是否通自来水？［单选题］

□是，本村自建独立统一供水系统　□是，乡镇的统一供水系统　□是，县（区）的统一供水系统　□否

7. 您所在村自来水供应状况是？［单选题］

□全年正常供水　□每天定时供水　□不正常，经常停水　□其他

8. 通自来水的话，水质如何，是否稳定？［单选题］

□很好　□稳定还可以　□一般　□很差

9. 如果使用井水，原因是什么？［单选题］

□还未通自来水　□井水更方便　□自来水水费太高　□供水水库水不稳定

10. 您所在村的民用供电保障情况是？［单选题］

□从不停电或极少停电现象　□有时停电，不频繁　□经常停电，停电有通知　□经常停电，也不通知

11. 您所在村的家庭燃料使用情况？［单选题］

□以沼气为主　□以瓶装液化气为主　□通管道天然气　□以柴草为主　□以煤炭为主

12. 您认为村里公路建设怎样？［单选题］

□还可以，基本能满足需求　□村内公路建设有点窄，不是很方便

□公路建设不完善，有些路段仍需建成水泥路

13. 您所在村交通情况？［单选题］

□通农村客运班车　□不通车

14. 您所在村有线电视收视质量？［单选题］

□较好　□一般　□差

15. 您所在村有宽带网络接入吗？［单选题］

□有　□没有

16. 所在村规模化养殖废弃物有无害化处理措施吗？［单选题］

□有　□没有

17. 您对国家及政府的农村基础设施政策的情况是否了解？［单选题］

□很了解　□一般了解　□不是很了解　□完全不了解

18. 您认为政府是否有必要公示农村基础建设，以便让更多村民知情？［单选题］

□有必要　□有点必要　□随便　□没必要

19. 在基础设施建设过程中，对于政府所投入的资金流向及用途，村委是否把资金使用情况公布？［单选题］

□是　□否　□不知道

20. 搞好农村基础设施建设，请问您认为对大家产生了什么影响？［单选题］

□生活有所改善　□生活没有变化　□无所谓

21. 您觉得当地政府对于农村的基础设施建设是否做到了尽心尽力？［单选题］

□是　□否　□不知道

22. 结合当地实际，您觉得最需要建设的农村基础设施是什么？［多选题］

□供水　□供电　□供气　□水利设施　□道路路灯　□道路绿化　□垃圾收集处理　□生活污水处理　□电话　□广电　□宽带网络　□村内主要道路与外界公路相连通　□镇区道路与高速公路、省道、县道相连通　□行政村通公共交通　□村内主要道路改为柏油路或水

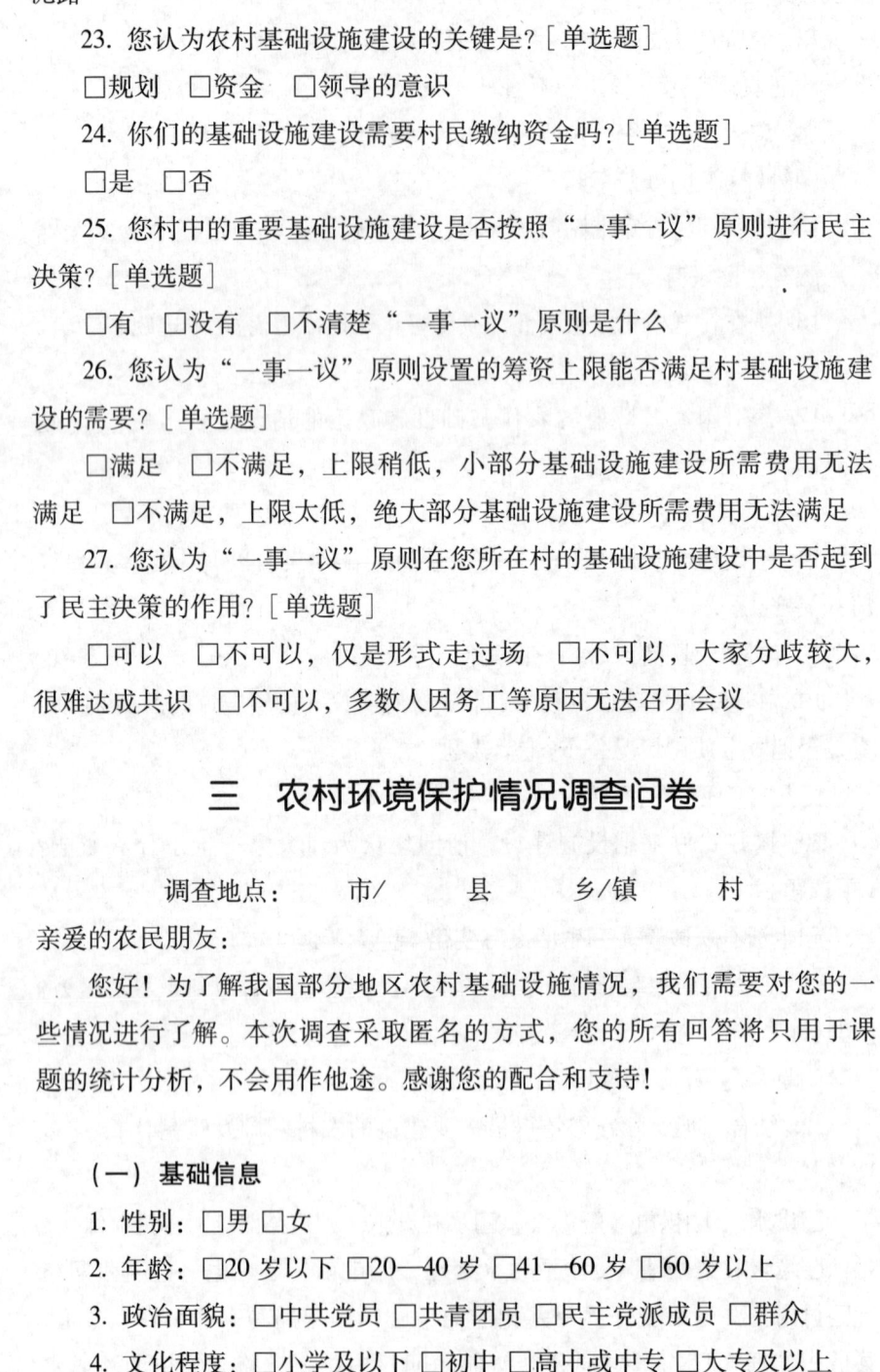

泥路

23. 您认为农村基础设施建设的关键是？［单选题］

□规划　□资金　□领导的意识

24. 你们的基础设施建设需要村民缴纳资金吗？［单选题］

□是　□否

25. 您村中的重要基础设施建设是否按照"一事一议"原则进行民主决策？［单选题］

□有　□没有　□不清楚"一事一议"原则是什么

26. 您认为"一事一议"原则设置的筹资上限能否满足村基础设施建设的需要？［单选题］

□满足　□不满足，上限稍低，小部分基础设施建设所需费用无法满足　□不满足，上限太低，绝大部分基础设施建设所需费用无法满足

27. 您认为"一事一议"原则在您所在村的基础设施建设中是否起到了民主决策的作用？［单选题］

□可以　□不可以，仅是形式走过场　□不可以，大家分歧较大，很难达成共识　□不可以，多数人因务工等原因无法召开会议

三　农村环境保护情况调查问卷

调查地点：　　市/　　县　乡/镇　　村

亲爱的农民朋友：

您好！为了解我国部分地区农村基础设施情况，我们需要对您的一些情况进行了解。本次调查采取匿名的方式，您的所有回答将只用于课题的统计分析，不会用作他途。感谢您的配合和支持！

（一）基础信息

1. 性别：□男　□女
2. 年龄：□20岁以下　□20—40岁　□41—60岁　□60岁以上
3. 政治面貌：□中共党员　□共青团员　□民主党派成员　□群众
4. 文化程度：□小学及以下　□初中　□高中或中专　□大专及以上

5. 宗教信仰：□无 □佛教 □基督教 □天主教 □道教 □其他

6. 您的职业：□学生 □务农 □务工 □经商 □机关事业单位工作人员 □村两委干部 □其他（请写明）

7. 您的家庭年均总收入为：□1 万元以下 □1 万—3 万元 □3 万—5 万元 □5 万元以上

8. 请问您家里有几口人？□2 □3 □4 □5 及以上

（二）基本情况

1. 您家里的生活垃圾是怎么处理的？［单选题］
□扔到地里 □扔到垃圾桶里 □卖、焚烧、回填等分别回收利用 □扔到路边或门前空地

2. 家里有污水是怎样处理的？［单选题］
□泼到院子里 □浇到地里 □通过排水沟排到屋外 □将污水集中收集，喂养家畜

3. 家中废弃的农膜是如何处理的？［单选题］
□直接丢弃在使用过的农田中 □从田中取出随意丢弃 □卖给收废品的 □家中不用农膜

4. 家中收割的秸秆（稻秆）是如何处理的？［单选题］
□在田里直接焚烧 □随意弃置稻秆 □直接把秸秆（稻秆）放在田地里做肥料 □使用秸秆做饭

5. 家里的禽畜养殖的废弃物是如何处理的？［单选题］
□加工禽畜粪便生产有机肥料 □发酵禽畜粪便制造沼气 □家里没有养殖禽畜 □其他处理方式

6. 您关心农村的生态破坏与环境污染现象吗？［单选题］
□很关心 □比较关心 □不太关心 □不关心

7. 您认为农村的生态破坏程度如何？［单选题］
□非常严重，急需治理 □比较严重，需及时治理 □不严重，但需定期维护 □不严重，无须维护与治理

8. 您认为农村存在哪些环境污染问题？［多选题］
□空气污染 □水土污染 □噪声污染 □家禽家畜粪便污染

□其他污染

9. 您认为造成农村环境空气污染的原因有哪些？［多选题］

□焚烧秸秆与木柴产生的烟尘　□家禽家畜产生的恶臭　□堆放垃圾产生的恶臭　□有害气体和废气　□其他

10. 您认为造成农村水土污染的原因有哪些？［多选题］

□生活及工厂废水未经处理直接排放　□生活及工厂固体废弃物随意堆放　□农药及化肥大量使用　□家禽家畜的粪便　□其他（请写明）

11. 您认为造成农村噪声污染的原因有哪些？［多选题］

□交通工具的引擎声与喇叭声　□建筑施工发出的声音　□家用音响发出的声音　□婚庆或丧葬时的巨大声音　□其他（请写明）

12. 家中使用的能源除了常规的电能外，还使用哪些能源？［多选题］

□使用液化气罐或天然气　□焚烧秸秆柴草等　□使用各种煤　□其他（请写明）

13. 您认为谁应承担起保护农村环境的主要责任？［多选题］

□乡镇政府　□村委会　□村民　□工厂企业

14. 您认为政府可采取哪些措施加强对农村环境的保护？［多选题］

□加大对农村环境保护的资金与技术支持

□加强对污染源的监督与治理

□加大环境保护的宣传力度，提高村民的环保意识

□健全环境保护的相关法律法规

□其他（请写明）

15. 您所在村落是否每年都进行环境保护知识宣传？［单选题］

□会，经常　□会，偶尔　□会，很少　□不会

16. 如果您所在村落需要征集环境保护知识宣传的志愿者，您是否会参加？［单选题］

□会　□不会

17. 您认为环保问题是不是非常重要的问题，会影响个人的生活？［单选题］

□是　□否

18. 您所在的村或乡镇涉及污染企业是否有环保设施？［单选题］

□有 □无 □不清楚

19. 当您所在村出现环境污染问题时，你会采取哪种解决方式？［单选题］

□个人出面解决 □向村两委反映解决 □向环保主管单位投诉解决 □采取新媒体方式（电视曝光或网络直播）解决

20. 您对国家治理污染是否有信心？［单选题］

□有 □无 □无所谓

21. 当环保政策与您的生产生活出现冲突时，您能够牺牲个人利益而按照政策规章规范行为吗？［单选题］

□可以 □不可以 □视自己牺牲利益大小而定

22. 您对保护农村生态环境、治理农村环境污染还有哪些建议？

_____

四 农村社会保障情况调查问卷

调查地点： 市/ 县 乡/镇 村

亲爱的农民朋友：

您好！为了解我国部分地区农村基础设施情况，我们需要对您的一些情况进行了解。本次调查采取匿名的方式，您的所有回答将只用于课题的统计分析，不会用作他途。感谢您的配合和支持！

（一）基础信息

1. 性别：□男 □女
2. 年龄：□20 岁以下 □20—40 岁 □41—60 岁 □60 岁以上
3. 政治面貌：□中共党员 □共青团员 □民主党派成员 □群众
4. 文化程度：□小学及以下 □初中 □高中或中专 □大专及以上
5. 宗教信仰：□无 □佛教 □基督教 □天主教 □道教 □其他
6. 您的职业：□学生 □务农 □务工 □经商 □机关事业单位工作人员 □村两委干部 □其他（请写明）
7. 您的家庭年均总收入为：□1 万元以下 □1 万—3 万元 □3 万—5

万元 □5 万元以上

8. 请问您家里有几口人？□2 □3 □4 □5 及以上

二 基本情况

1. 您参加过养老保险、生育保险、医疗保险、失业保险等社会保险吗？[单选题]

□参加过　□没参加过

2. 您认为社会保险所收取的费用对您的影响大吗？[单选题]

□不大　□一般　□比较大，但是还可以接受　□很大，不能接受

3. 您参加养老保险了吗？[单选题]

□参加　□没有参加

4. 您能不能按月领到养老金？[单选题]

□能　□不能

5. 您对养老金的发放标准满意吗？[单选题]

□很满意　□满意　□不满意　□不知道

6. 您是否希望政府财政对农村养老保险进行补贴？[单选题]

□非常希望　□希望　□无所谓　□其他

7. 您参加过农村医疗保险吗？[单选题]

□参加过　□没参加过

8. 附近政府或者医院是否有免费体检活动？[单选题]

□经常　□偶尔　□没有

9. 家中是否有大额的医疗费支出，对此怎样承担？[单选题]

□有，完全自己承担　　□有，一部分医保支付，一部分自己支付
□有，无法承担，一部分医保支出，一部分向别人借　□没有

10. 您对您参加的医疗保险是否满意？[单选题]

□很满意　□满意　□不满意　□不知道

11. 您参加了哪些社会保险？[多选题]

□养老保险　□失业保险　□生育保险　□医疗保险　□工伤保险

12. 您是否有参加社会救济，能维持您现在的生活吗？[单选题]

□否　□是，不能维持　□是，勉强可以维持　□是，对我生活有

很大的提升

13. 您是否享受了最低生活保障？［单选题］

□是　□否

14. 是否享受了五保供养？［单选题］

□是　□否

15. 您是否参加了社会福利？［单选题］

□是　□否

16. 家中是否有残疾人？是否有残疾证？［单选题］

□有，有证　□有，没有证　□没有残疾人

17. 家中是否有人在外当过兵？是否享受了优抚安置？［单选题］

□有人，没有享受　□有人，有享受　□没有人

18. 您对目前低保政策和认定程序了解吗？［单选题］

□很了解　□一般　□不了解

19. 家里有困难的时候，您和同村的人之间有互助行为吗？［单选题］

□经常　□偶尔　□没有

20. 您对社会保障最关心的内容是（　）［多选题］

□养老保险　□医疗保险　□残疾人福利　□五保供养

□最低生活保障　□军人优抚　□危房改造　□救灾救济　□其他

21. 您对社会保障制度满意吗？［单选题］

□很满意　□满意　□不满意　□很不满意

22. 你认为五保户供养的最优方式是什么？［单选题］

□乡镇政府集中供养　□社会企业集中供养　□货币化补贴由亲属分散供养

23. 你认为提高五保户供养水平最重要的因素是什么？［单选题］

□资金　□供养服务提供者　□被供养对象的配合程度

24. 您对农村社会保障制度有什么建议或意见（选填）：

_____

五 农村医疗卫生情况调查问卷

调查地点： 市/ 县 乡/镇 村

亲爱的农民朋友：

您好！为了解我国部分地区农村基础设施情况，我们需要对您的一些情况进行了解。本次调查采取匿名的方式，您的所有回答将只用于课题的统计分析，不会用作他途。感谢您的配合和支持！

（一）基础信息

1. 性别：□男 □女
2. 年龄：□20 岁以下 □20—40 岁 □41—60 岁 □60 岁以上
3. 政治面貌：□中共党员 □共青团员 □民主党派成员 □群众
4. 文化程度：□小学及以下 □初中 □高中或中专 □大专及以上
5. 宗教信仰：□无 □佛教 □基督教 □天主教 □道教 □其他
6. 您的职业：□学生 □务农 □务工 □经商 □机关事业单位工作人员 □村两委干部 □其他（请写明）
7. 您的家庭年均总收入为：□1 万元以下 □1—3 万元 □3—5 万元 □5 万元以上
8. 请问您家里有几口人？□2 □3 □4 □5 及以上

（二）基本情况

1. 您有投保农村医疗保险吗？［单选题］
   □有 □没有
2. 您对新农合的了解程度如何？［单选题］
   □非常了解 □了解一些 □不太了解
3. 您了解新农合的途径有哪些？［多选题］
   □社区发放的宣传材料 □电视报纸等传媒工具 □医疗机构工作人员 □亲戚、朋友、同事 □其他

4. 您了解新农合的缴费制度吗？[单选题]

□非常了解　□了解一些　□不太了解

5. 您了解医保的报销程序及报销比例吗？[单选题]

□非常了解　□了解一些　□不太了解

6. 您觉得医保有帮助您减轻医疗负担吗？[单选题]

□有帮助　□帮助很小　□无帮助

7. 您对新农合制度的满意度如何？[单选题]

□非常满意　□比较满意　□一般　□不太满意　□不满意

8. 您认为新农合在以下哪些方面有效果？[多选题]

□减轻负担　□买药和普通门诊更便宜　□住院更便宜　□医疗渠道更容易获得　□身体健康改善　□其他

9. 您当地拥有的医疗卫生设施是谁提供的？[多选题]

□政府全资建设　□社会赞助　□政府与村民合办　□政府与社会合办　□农民自办　□不太熟悉

10. 您觉得现行医疗保障制度哪些方面还有不足？[多选题]

□缴费率过高　□覆盖率过低　□公平性不够　□资金管理不够透明　□其他

11. 出现常见疾病时，您首先会选择到下列哪个机构进行治疗？[单选题]

□省级、市级医院　□县级医院　□乡镇卫生院　□私人诊所　□自己买药　□不治疗　□其他

12. 出现重大疾病时，您首先会选择到下列哪个机构进行治疗？[单选题]

□省级、市级医院　□县级医院　□乡镇卫生院　□私人诊所　□自己买药　□不治疗　□其他

13. 如果出现重大疾病未到省、市级医院的原因是：[单选题]

□没有医保，负担不起　□大医院医保报销比例低　□医生态度不好　□路途遥远　□其他

14. 过去一年您家平均每年在看病上的花销是多少？[单选题]

□小于500　□500—2000　□2001—5000　□5001—10000　□10000

以上

15. 您觉得这一看病开销占您家庭收入比例［单选题］

□偏高，难以忍受　□正常，还能负担　□偏低

16. 您一般多久做一次体检［单选题］

□从未做过　□5年以上　□两三年一次　□每年一次或多次

17. 如果从未做过，原因是［单选题］

□浪费时间　□浪费钱　□我很健康不用体检　□其他

18. 您会选择一些民间偏方和民俗方法来治疗自己或家人吗？［单选题］

□会　□不会

19. 您对您附近诊所的医疗服务满意吗？［单选题］

□满意　□有意见　□很不满意

20. 您认为是以下哪些因素使您产生上题的印象？［多选题］

□服务态度　□医生专业知识　□就诊所需花费　□医疗设备、检查方式　□亲戚朋友的推荐或抱怨　□其他

21. 您所在附近诊所有乱收费的现象吗？［单选题］

□有，自己或家人遇到　□有，听别人说过　□没有　□没有了解过

22. 您所在附近诊所有耽误病人病情现象吗？［单选题］

□有，自己或家人遇到　□有，听别人说过　□没有　□没有了解过

23. 您所在附近诊所医生的医疗知识丰富吗？［单选题］

□丰富　□一般　□缺乏　□未就诊过，不了解

24. 您还希望附近诊所提供哪些医疗服务？［多选题］

□应急医疗措施培训宣传　□现行医疗制度介绍宣讲　□慢性疾病随诊　□日常保健和传染病防治　□其他

25. 您认为新农保所覆盖的病种是否能够满足日常就医需求？［单选题］

□可以　□不可以

26. 您认为新农保的报销程序是否复杂？［单选题］

□简单　□复杂

27. 您认为新农保报销手续的申报手续应由谁负责最便捷且效率最

高？[单选题]

　　□村委会　□村卫生室　□乡镇卫生院　□乡镇便民服务中心

28. 您家是否有家庭医生签约项目？[单选题]

　　□有　□无

29. 家庭医生是否到您家进行日常健康情况随访？[单选题]

　　□无　□有，偶尔　□有，经常　□有，只有上级部门检查前才会进行随访

六　农业技术推广情况调查问卷

　　调查地点：　　市/　　县　乡/镇　　村

亲爱的农民朋友：

　　您好！为了解我国部分地区农村基础设施情况，我们需要对您的一些情况进行了解。本次调查采取匿名的方式，您的所有回答将只用于课题的统计分析，不会用作他途。感谢您的配合和支持！

（一）基础信息

1. 性别：□男　□女

2. 年龄：□20 岁以下　□20—40 岁　□41—60 岁　□60 岁以上

3. 政治面貌：□中共党员　□共青团员　□民主党派成员　□群众

4. 文化程度：□小学及以下　□初中　□高中或中专　□大专及以上

5. 宗教信仰：□无　□佛教　□基督教　□天主教　□道教　□其他

6. 您的职业：□学生　□务农　□务工　□经商　□机关事业单位工作人员　□村两委干部　□其他（请写明）

7. 您的家庭年均总收入为：□1 万元以下　□1—3 万元　□3—5 万元　□5 万元以上

8. 请问您家里有几口人？□2　□3　□4　□5 及以上

（二）基本情况

1. 您是否接受过农业技术推广服务？[单选题]

☐有　☐没有

2. 您所接受的农技推广服务主要是在哪些方面？［多选题］

☐粮食作物种植　☐经济作物种植　☐畜牧业养殖　☐水产养殖
☐农技维修　☐其他

3. 您目前接受过哪种模式的农业技术推广服务？［多选题］

☐专家现场指导　☐广播电视宣传　☐农技人员宣传　☐网络资料
☐企业技术人员咨询　☐科研机构下乡培训

4. 您获得新技术的途径［多选题］

☐农业推广部门（农技站、农广校、植保站、畜牧站、农机站等）

☐龙头企业和农资供应商

☐专业协会或合作社

☐科研单位或大学高校

☐邻里亲朋

5. 当地每年大约举办多少次农业技术培训班？［单选题］

☐1次及以下　☐2—5次　☐6—10次　☐10次以上

6. 您每年大约参加多少次农业技术培训班的学习？［单选题］

☐1次及以下　☐2—5次　☐6—10次　☐10次以上

7. 有新技术、新品种您是否愿意采用？［单选题］

☐愿意　☐不愿意

8. 您学习新技术或获得技术服务时所花费的时间和精力如何？［单选题］

☐花费多　☐一般多　☐花费少　☐基本上没有什么花费

9. 您学习农业新技术或获得技术服务时的难易程度？［单选题］

☐很容易　☐比较容易　☐有点难掌握

10. 提供服务时是否收费？［单选题］

☐是　☐否

11. 农业技术推广服务对增加收益是否有影响？［单选题］

☐是　☐否

12. 提供农业技术推广服务人员年龄［单选题］

☐20—30　☐31—40　☐41—50　☐50以上

13. 农业技术推广服务人员每月来访次数［单选题］

□1次及以下　□2—5次　□6—10次　□10次以上

14. 您对农业技术推广服务人员的工作认可度为［单选题］

□非常满意，很有作用　□满意，有一些作用　□不满意，基本没作用

15. 您最希望得到哪些方面的农业技术推广服务？［多选题］

□粮食作物种植　□水产养殖　□经济作物种植　□农技维修　□畜牧业养殖　□其他

16. 您认为哪种模式的农业技术推广服务快捷方便易于接受？［多选题］

□专家现场指导　□广播电视宣传　□农技人员宣传　□网络资料　□企业技术人员咨询　□科研机构下乡培训

17. 您更认可哪类机构提供的农业技术推广服务？［单选题］

□政府农业推广机构（农技站、农广校、植保站、畜牧站、农机站等）

□龙头企业和农资供应商

□专业协会或合作社

□科研院所或大学高校

18. 您希望农业技术推广服务费用由谁来支付？［单选题］

□政府　□自己　□村集体　□公司　□其他

19. 您认为哪一级的农技服务部门对您所需的农业技术帮助最大？［单选题］

□县区域农技服务部门　□地市级农技服务部门　□省级农技服务部门　□国家级农技服务部门

20. 您接受过的农技服务是否对您的生产带来帮助？［单选题］

□是，帮助非常大　□是，帮助较小　□否，没有任何帮助　□否，带来不良影响并起到反作用

21. 若因农技服务不当产生的损失是否得到赔偿？［单选题］

□是，由农技服务单位赔偿　□是，由保险赔偿　□是，由政府赔偿　□否，个人承担损失

七 农村公共安全情况调查问卷

调查地点： 市/ 县 乡/镇 村

亲爱的农民朋友：

您好！为了解我国部分地区农村基础设施情况，我们需要对您的一些情况进行了解。本次调查采取匿名的方式，您的所有回答将只用于课题的统计分析，不会用作他途。感谢您的配合和支持！

（一）基础信息

1. 性别：□男 □女
2. 年龄：□20 岁以下 □20—40 岁 □41—60 岁 □60 岁以上
3. 政治面貌：□中共党员 □共青团员 □民主党派成员 □群众
4. 文化程度：□小学及以下 □初中 □高中或中专 □大专及以上
5. 宗教信仰：□无 □佛教 □基督教 □天主教 □道教 □其他
6. 您的职业：□学生 □务农 □务工 □经商 □机关事业单位工作人员 □村两委干部 □其他（请写明）
7. 您的家庭年均总收入为：□1 万元以下 □1—3 万元 □3—5 万元 □5 万元以上
8. 请问您家里有几口人？□2 □3 □4 □5 及以上

（二）基本情况

1. 您是否对本村的社会治安环境满意？[单选题]
   □非常满意 □比较满意 □一般 □不太满意 □不满意
2. 您认为村附近的外来人口是否会对本村的治安环境造成影响？[单选题]
   □产生很大的影响 □产生一些影响 □没有影响
3. 为了加强对农村地区的治安防控工作，政府部门在一些主要道路等公共场所安装了监控摄像头，您认为对农村的治安防控工作是否有帮助？[单选题]

□安装比较多，覆盖绝大多数道路　□安装一些，覆盖主要道路　□较少安装　□没有安装

4. 您会参加当地组织的安全教育活动吗？［单选题］

□每次　□多数时候　□一般　□偶尔　□从不

5. 农村地区许多青壮年到城镇生活，您认为是否会对村级治安防控造成影响？［单选题］

□产生很大的影响　□产生一些影响　□没有影响

6. 您是否遇到或亲身经历过诈骗事件？［单选题］

□经常遇到　□偶尔遇到　□从未遇到

7. 您是否遇到过打架斗殴、群体事件等？［单选题］

□经常遇到　□偶尔遇到　□从未遇到

8. 您是否遇到过传销组织或传销活动？［单选题］

□经常遇到　□偶尔遇到　□从未遇到

9. 您是否遇到过抢劫事件？［单选题］

□经常遇到　□偶尔遇到　□从未遇到

10. 您居所周围的"出警率"如何？［单选题］

□非常高，经常有警察巡逻　□比较高　□一般　□比较低　□非常低，极少有警察巡逻

11. 您觉得村民之间发生纠纷状况怎样？［单选题］

□村民之间普遍性经常发生纠纷　□村民之间普遍有纠纷，但不经常发生　□只有部分村民有纠纷，并且经常发生　□只有部分村民有纠纷，不经常发生　□只有少数村民有纠纷，经常发生　□只有少数村民有纠纷，很少发生

12. 您觉得村委在公正地处理村民纠纷上做得怎样？［单选题］

□非常得力　□得力　□一般　□不得力　□非常不得力

13. 您觉得村民整体法制意识怎样？［单选题］

□非常强　□较强　□一般　□较差　□非常差

14. 您一般是通过什么途径了解法律知识，增强法制意识？［多选题］

□宣传栏　□墙壁标语　□与熟人的交流　□电视节目　□自学法律书籍　□以前的学校教育　□上面或村委组织的普法培训　□其他

15. 您对目前当地的普法宣传、道德教育、反邪教教育和安全教育是否满意？［单选题］

□非常满意　□比较满意　□一般　□不太满意　□不满意

16. 您所生活的周边环境是否有安全事故发生（包括矿区企业的安全生产监督、消防安全管理、农村安全用电管理、农村中小学校的安全管理等方面的事故）？［单选题］

□非常多　□较多　□一般　□较少　□几乎没有

17. 您对政府处置紧急事故的处置是否满意？［单选题］

□非常满意　□比较满意　□一般　□不太满意　□不满意

18. 您认为解决村中纠纷的最佳途径是？［排序题］

□家族族长　□村委会　□司法所、民政所等政府调解部门　□法院等司法部门

19. 您是否知道现在国家正在开展全国范围内的打黑除恶专项斗争？［单选题］

□知道　□不知道

20. 您认为您所在村是否存在黑恶势力？［单选题］

□从来没有存在过　□不存在，已被此次专项斗争打击掉　□存在

21. 您对加强当地公共安全建设有什么好的建议：

八　农村公共就业情况调查问卷

调查地点：　　市／　　县　　乡／镇　　村

亲爱的农民朋友：

您好！为了解我国部分地区农村基础设施情况，我们需要对您的一些情况进行了解。本次调查采取匿名的方式，您的所有回答将只用于课题的统计分析，不会用作他途。感谢您的配合和支持！

（一）基础信息

1. 性别：□男　□女

2. 年龄：□20 岁以下 □20—40 岁 □41—60 岁 □60 岁以上

3. 政治面貌：□中共党员 □共青团员 □民主党派成员 □群众

4. 文化程度：□小学及以下 □初中 □高中或中专 □大专及以上

5. 宗教信仰：□无 □佛教 □基督教 □天主教 □道教 □其他

6. 您的职业：□学生 □务农 □务工 □经商 □机关事业单位工作人员 □村两委干部 □其他（请写明）

7. 您的家庭年均总收入为：□1 万元以下 □1—3 万元 □3—5 万元 □5 万元以上

8. 请问您家里有几口人？□2 □3 □4 □5 及以上

（二）基本情况

1. 当您失业或需要就业服务时，您一般倾向于求助：[单选题]

□地市级及以上政府部门 □县区级政府部门 □乡镇街道政府部门 □村（居）委会 □社会组织（包括社会团体、民办非企业单位与基金会） □企业单位与个体经济组织 □亲戚朋友 □自己解决 □其他

2. 当您失业时，阻碍您向政府就业服务部门求助的因素包括：[多选题]

□没听说过这个部门，不清楚其就业服务功能 □不信任政府能够为民服务 □解决问题效果差，没啥作用 □处理问题时间长，服务效率低下 □程序复杂，太麻烦 □收费较多，不划算 □距离较远，不方便 □政府服务态度差，不愿意去 □其他（请写明）

3. 您认为本乡镇就业服务部门提供外地就业信息的数量如何？[单选题]

□几乎没有 □较少 □一般 □较多 □很多

4. 您觉得本乡镇就业服务部门有必要提供外地就业信息吗？[单选题]

□完全没必要 □不太必要 □一般 □比较有必要 □十分有必要

5. 您认为本乡镇就业服务部门解决就业问题的总体效果如何？[单选

题］

　　□没有效果　□有点效果　□比较有效果　□效果显著

　6. 您对本乡镇就业服务人员的工作与服务态度：［单选题］

　　□很不满意　□不太满意　□一般　□比较满意　□十分满意

　7. 您是否获得过除政府就业服务部门之外的其他政府机构提供的相关就业服务？［单选题］

　　□是　□否

　8. 您所知的除政府就业服务部门之外可提供相关就业服务的政府部门是：［多选题］

　　□卫生部门　□民政部门　□科技教育部门　□农林水利部门　□监察部门　□财政部门　□文体部门　□住房和城乡建设部门　□公安部门　□司法部门　□工商部门　□其他

　9. 您是否获得过企业单位（如就业服务公司）或个体经济组织（如家政服务中介、私人培训机构）提供的就业服务？［单选题］

　　□是　□否

　10. 您接受过乡镇就业服务部门提供的哪些就业服务？［多选题］

　　□就业与失业登记　□就业政策法规咨询　□人力资源市场信息发布　□就业援助　□就业指导与规划　□职业介绍　□人力资源与社会保障事务代理　□培训与创业服务　□行政委托经办事项（如补贴经办与发放）　□劳动人事争议调解仲裁与监察维权服务　□其他

　11. 您认为乡镇就业服务部门应着重加强的服务类型是：［多选题］

　　□就业与失业登记　□就业政策法规咨询　□人力资源市场信息发布　□就业援助　□就业指导与规划　□职业介绍　□人力资源与社会保障事务代理　□培训与创业服务　□行政委托经办事项（如补贴经办与发放）　□劳动人事争议调解仲裁与监察维权服务　□其他

　12. 您认为失业者找到合适的工作，关键是靠：［多选题］

　　□文化知识与专业技能　□可靠丰富的就业信息与选择　□就业援助与指导　□社会人际关系　□政府安排　□公平的就业环境　□其他

　13. 您认为本乡镇就业服务部门提供服务的效率如何？［单选题］

□效率很低　□效率较低　□效率一般　□效率较高　□效率很高

14. 您对本乡镇就业服务部门的相关收费情况：[单选题]

□很不满意　□不太满意　□一般　□比较满意　□十分满意

15. 您觉得本乡镇就业服务部门提供的就业服务符合您（服务对象）的需求吗？[单选题]

□很不符合　□不太符合　□一般　□比较符合　□十分符合

16. 您认为政府工作人员在就业服务工作中应当重点考虑的问题是：[单选题]

□满足老百姓的就业服务需求　□遵纪守法，正确地履行职责　□树立与维护政府的良好形象　□自身的工资、福利与待遇　□听从上级指挥，完成工作任务　□其他

17. 当您需要政府的就业服务时，您希望通过什么方式获取帮助？[单选题]

□就近去行政服务大厅　□公务人员上门服务　□电话服务　□电子终端（电子屏、触摸屏等）自助服务　□网上服务　□其他

18. 如果政府为您推荐介绍或提供工作的话，您最为担心的是：[单选题]

□工作条件差，劳动强度大　□工作不适合自己，职业稳定性低　□职业安全度低，工伤隐患大　□工资报酬或福利待遇低　□工作虚假，上当受骗　□其他

19. 您觉得新型城镇化的发展对您的就业：[单选题]

□影响十分大　□影响较大　□一般　□影响较小　□完全没有影响

20. 您是否已从事务农外的劳动就业？[单选题]

□否　□是，在本地就业　□是，在外地就业

21. 您认为就业的最好的岗位为？[单选题]

□简单的体力劳动就业岗位

□经初步培训后带有简单技能性的岗位

□经技能培训后向国外输出的就业岗位

□不愿从事务工，愿意从事纯务农工作

22. 您理想的就业地点为？［单选题］
□本村　□本乡镇　□本县　□本市　□本省　□省外

九　农村教育情况调查问卷（教师版）

调查地点：　　市/　　县　乡/镇　　村

亲爱的教师朋友：

您好！为了解我国乡村教育的现状，我们需要对您的一些情况进行了解。本次调查采取匿名的方式，您的所有回答将只用于课题的统计分析，不会用作他途。感谢您的配合和支持！

（一）基础信息

1. 性别：□男□女
2. 年龄：□25周岁以下□26—35岁□36—50岁□51岁以上
3. 政治面貌：□中共党员□共青团员□民主党派成员□群众
4. 文化程度：□高中、中专及以下□大专□本科□硕士及以上
5. 您家庭年均总收入为：□3万元以下　□3万—5万元　□5万—7万元　□7万元以上

（二）基本情况

1. 您对学校的课程设置安排是否满意？
□非常满意　□较满意　□一般　□不满意

2. 您对学校应用的教材是否合理满意？
□非常满意　□较满意　□一般　□不满意

3. 学校的教学条件是否能满足日常教学需要？
□非常满意　□较满意　□一般　□不满意

4. 您对学校给予的教师待遇是否满意？
□非常满意　□较满意　□一般　□不满意

5. 与本地区相比，您认为自身的工资待遇属于什么层次？
□高收入　□相对较高收入　□中等收入　□收入较低

6. 您是否经常对自己所授课班级的学生进行家访？
□经常　□偶尔　□从不

7. 您当地有专门的教育督导机构吗？
□有　□没有　□有，但不是专职

8. 您所在学校是否建立了教育督导制度？
□有　□没有

9. 您学校师资是否足额配备？
□很充足　□按规定配备　□不足　□严重不足

10. 您的学校是否经常安排老师外出进修学习？
□经常　□偶尔　□从不

11. 您认为乡村教学点布局是否合理？
□很合理　□合理　□不合理

12. 您认为农村教育最缺乏的是什么？
□师资　□生源　□基础设施

13. 面对逃学、厌学甚至辍学的学生，您首先想到的是采取什么方式处理？
□耐心劝导　□与父母联系　□给予警告　□用学校规章制度约束

14. 您了解自己所在学校各方面的规章制度吗？
□非常了解　□基本了解　□一般　□不了解

15. 学校各方面的规章制度健全吗？
□非常健全　□基本健全　□一般　□不健全

16. 学校有无给学生开安全教育课？
□有，一周一次　□有，两周一次　□有，一月一次　□无

17. 您是否满意自己现阶段的工作环境？
□非常满意　□较满意　□一般　□不满意

18. 作为一名教师，您认为在日常工作中需要提高的是什么？（按降序排列）
□对学生进行学习方法或思想引导等方面的能力　□增加课后辅导　□课堂授课水平　□日常备课水平　□其他

19. 从整体上看，教师数量能否满足教学需求？

□非常满足　□较满足　□一般　□不满足

20. 您平时获取教学参考资料等信息通过什么方式？（按降序排列）

□上互联网上查资料　□有机会去县城或者其他地方自己购买 □学校订购资料　□同其他老师互相借阅　□其他

21. 对于国家义务教育政策，您了解多少？

□非常了解　□基本了解　□一般　□不了解

22. 您认为改善九年制义务教育办学条件的主要因素有哪些？（按降序排列）

□国家政策　□学校基础设施　□教学器材　□师资力量　□其他

23. 您所在的学校是否能够做到按岗聘用、能上能下的聘用制度？

□是　□否

24. 您所在的学校的奖励性绩效工资是否实行二次分配？

□否

□是，将全部奖励性绩效进行二次分配

□是，将部分奖励性绩效进行二次分配

□发放额外奖励性绩效

25. 您所在的学校的职称评定工作是否做到透明公开？

□否

□是，整个职称申报、评审工作透明公开

□是，但存在极少人情现象

26. 您所在的学校是否有特岗教师或免费师范生？

□否

□是，在岗并安心从事基层教育工作

□是，在岗但进行自学，想参加其他招聘考试

□是，不在岗被上级部门借调

27. 您认为目前学校最需要改革的是哪些方面？

十　农村教育情况调查问卷（学生版）

调查地点：　　市/　　县　乡/镇　　村

亲爱的同学：

您好！为了解我国农村教育的现状，我们需要对您的一些情况进行了解。本次调查采取匿名的方式，您的所有回答将只用于课题的统计分析，不会用作他途。感谢您的配合和支持！

（一）基础信息

1. 你的性别？ □男 □女

2. 你的年龄？ □6—8 □9—11 □12—14

3. 你所处的年级？ □1—3 年级 □4—6 年级 □7—9 年级

（二）基本情况

1. 你平时的学习生活由谁来照顾？

　　□父母　　□祖父母　　□外祖父母　　□其他

2. 学校是否定期展开课外兴趣活动，如：班集体活动和读课外书籍活动等？　□经常　□偶尔　□从不

3. 除平时上课，老师是否经常给予课余时间辅导？

　　□经常　□偶尔　□从不

4. 你是否经常与父母交流学习生活中遇到的问题？

　　□经常　□偶尔　□从不

5. 你的班级中有无同学中途辍学？

　　□有，很多　□有，一小部分　□没有

6. 他们辍学的原因是什么？（按降序排列）

　　□读书乏味，想去打工　　□看见别的同学不读书，自己也不想读　□家庭条件差，需打工赚钱养家　□对学习失去兴趣　□其他

7. 当你向老师提问时，老师是否耐心回答？

　　□耐心讲解，和蔼可亲　□时好时坏　□只讲答案，应付了事

8. 你更喜欢哪个年龄阶段的老师?

□25—35 岁　□36—45 岁　□45 岁以上　□各年龄段都有

9. 你的班主任一个学期平均家访多少次?

□经常,3—5 次　□偶尔,1—2 次　□从不,0 次

10. 你的任课老师是否高频率调换?

□经常　□偶尔　□从不

11. 学校电脑室、电子阅览室、图书馆是否配备齐全?

□比较完善　□基本齐全　□有待提高

12. 学校电脑室、电子阅览室、图书馆是否经常为学生开放?

□经常　□偶尔　□从不

13. 学校是否使用多媒体进行教学?

□经常　□偶尔　□从不

14. 上课时,教室内是否有固定的课桌椅?

□是　□否

15. 学校是否有固定的运动场?

□是　□否

16. 如果有,运动场是什么做的?

□塑胶　□煤渣　□土渣　□水泥

17. 课余时间你最注重干什么?(按从大到小排列)

□上辅导班、看课外书　□约同学出去玩　□上网玩游戏　□运动　□其他

18. 学校是否经常组织同学们参观城市中小学?

□经常　□偶尔　□从不

19. 你的作业量多吗?

□较多　□一般　□较少

20. 你感觉到学习压力大吗?

□较大　□一般　□较小

21. 你认为自己与同学相处的沟通能力怎么样?

□优秀　□良好　□较差

22. 你认为自己的学习效率怎么样？

□优秀　□良好　□较差

23. 你的父母是否外出务工？

□是　□否

24. 如你的父母外出务工，他们务工地点在哪儿？

□本村所在乡镇　□本村所在县城　□本村所在地级市　□本村所在省内　□本村所在省以外

25. 如你的父母外出务工，他们多长时间回家一次？

□一周及以内　□一个月　□半年　□一年及以上

26. 目前你的家庭生活环境，是否可以保证在家开展正常学习？

□是　□否

27. 在课余时间学习时，如果遇到问题如何解决？

□监护人辅导解决　□同学讨论解决　□校外辅导机构解决　□带着问题到学校由老师辅导解决

28. 你对学校是否满意，你所期望的学校是什么模样？

十一　农村公共服务需求情况调查问卷

调查地点：　　市/　　县　　乡/镇　　村

亲爱的农民朋友：

您好！为了解我国部分地区农村基础设施情况，我们需要对您的一些情况进行了解。本次调查采取匿名的方式，您的所有回答将只用于课题的统计分析，不会用作他途。感谢您的配合和支持！

（一）基础信息

1. 性别：□男　□女
2. 年龄：□20岁以下　□20—40岁　□41—60岁　□60岁以上
3. 政治面貌：□中共党员　□共青团员　□民主党派成员　□群众
4. 文化程度：□小学及以下　□初中　□高中或中专　□大专及以上

5. 宗教信仰：□无 □佛教 □基督教 □天主教 □道教 □其他

6. 您的职业：□学生 □务农 □务工 □经商 □机关事业单位工作人员 □村两委干部 □其他（请写明）

7. 您的家庭年均总收入为：□1 万元以下 □1 万—3 万元 □3 万—5 万元 □5 万元以上

8. 请问您家里有几口人？□2 □3 □4 □5 及以上

（二）基本情况

1. 农村公共服务排序

以下是涉及农村公共服务的九个主要方面，请您根据个人实际，按照目前您需要的公共服务强弱顺序对九个方面进行排序。（请将顺序以数字形式填写在括号中）［排序题］

（　）农村环境保护

（　）农村基础设施

（　）农村社会保障

（　）农村医疗卫生

（　）农业技术推广

（　）乡村公共安全

（　）乡村公共就业

（　）乡村公共文化

（　）乡村教育

2. 您认为由谁直接提供公共服务最合理？［单选题］

□由村民自行协商并由本村村民提供

□由村民协商采用商业化模式提供

□由乡镇政府采取招标等形式统一提供

□由县及县以上政府采取招标等形式统一提供

3. 您对农村公共服务还有哪方面的需求？

附件二

农村公共服务情况访谈提纲

一 基础设施访谈提纲

1. 近年来，咱们县在乡镇基础设施建设上的支出占总财政支出的多少？
2. 现在各乡镇的主要交通道路是否硬化完毕？
3. 现在各乡镇的水利设施建设情况如何？
4. 现在各乡镇的电力设施建设情况如何？
5. 近年来主要开展了哪些基础设施建设？
6. 基础设施建设工作的成效如何？
7. 在推进相关的基础设施建设工作中主要存在哪些问题？这些问题的原因主要是什么？
8. 如何看待政府在乡镇基础设施建设中的作用？
9. 未来在乡村基础设施建设中的规划是什么？
10. 在基础设施建设过程中是否采用"一事一议"等基层民主决策原则？
11. 在基础设施建设方面是否有创新性基层民主决策的尝试，请简述之。

二 乡村公共安全访谈提纲

1. 您所负责的辖区每年发生的治安事件有多少？影响最大的案件是

什么？

2. 有关安全的事件有多少种类？哪种事件最为频繁？最受重视？

3. 您的工作过程中有无各类紧急事件的应急预案？具体内容包含哪些？

4. 您认为在乡村公共安全中，什么方面是最重要的？

5. 您觉得在管理乡镇治安过程中，政府和百姓应该扮演什么样的角色？

6. 是否设有处理突发事件工作领导小组，您认为领导小组是否有能力在第一时间妥善处理突发事件？

7. 您负责的辖区是否存在流浪乞讨人员，该类人员是否影响公共安全，是否得到有效救助？

8. 您负责的辖区是否安装有天眼系统（视频监控系统），该系统是否正常运行，安装该系统后社会治安情况较前是否有改善？

9. 您负责的辖区是否存在黑恶势力，在本次打黑除恶活动中黑恶势力是否得到消灭？

10. 您负责的辖区是否有矛盾调解机制，该机制的落实情况和效果如何？

11. 您认为在处理公共安全事件哪种方式最为有效？

三　乡村公共就业访谈提纲

1. 您所在县基本公共就业服务水平能不能代表河南省县级平均水平？
2. 您所在县颁布的关于就业服务的政策有哪些？
3. 您所在县的私人职业中介有哪些？提供什么服务？有没有在人社局备案？
4. 您所在县的公益职业中介有哪些？提供什么服务？有没有在人社局备案？
5. 您所在县的职业技能培训基地有几家？
6. 职业培训机构是否免费提供职业培训服务，是否直接进行技能鉴定？

7. 职业介绍中心与人才市场两个服务窗口提供的服务有什么区别？

8. 职业培训补贴是否直接发放给培训人员？

9. 职业供求信息以什么渠道发布？

10. 每年举办几场大型招聘会？

11. 是否实施就业服务专项计划？

12. 这几年政府在就业与社会保障中的财政支出如何？

13. 政府如何对公共就业服务工作进行考核？

14. 乡镇劳保所在公共就业服务方面做什么工作？

15. 您所在县是否有人力资源和社会保障局官方工作网站和微信公众号？

16. 公共就业服务是否有系统内部工作网站？

17. 社保卡在公共就业服务领域的应用如何？

四　乡村公共卫生访谈提纲

1. 下属乡镇的村卫生室的覆盖率如何？建设的标准是什么？

2. 各类卫生院及卫生室为百姓提供的公益性医疗服务有哪些？

3. 乡镇卫生院近期和远期的发展思路或战略方向？

4. 近年本地农村基层医疗卫生服务上有何政策、措施及进展？

5. 本地农村医疗服务质量存在的主要问题？

6. 对加强农村医疗卫生服务质量工作有何建议？

7. 简要介绍当地乡村医生现状。乡村医生有多少人？年龄分布？教育状况如何？学历高低？参加培训的情况？村医的收入、社会保障如何？

8. 村医执业资格情况、村卫生室或诊所是以何种形式建立的？集体还是私人？哪种较多？

9. 村医是否参与农村公共卫生服务的工作，具体情况如何？

10. 对乡村医生所提供的基本医疗与公共卫生服务的看法。

11. 乡村医生服务质量如何？村民有无投诉？具体情况是怎么样？村卫生所条件如何？

12. 对乡村医生培训的看法。

13. 当地有没有针对乡医举行过各种形式的培训？是规定参加还是自愿参加的？什么形式？由谁来具体负责培训？乡医参加热情如何？

14. 对乡村医生男女比例的看法？

15. 当地村医男女比例如何？对这个比例有何看法？乡村医生应该有性别差异吗？更适合男医生还是女医生？为什么？觉得男女村医应该如何安排比较理想呢？

16. 对乡村医生稳定性的看法。乡村医生是如何上岗的？县里统一分配还是各村自己找？乡村医生是外地人多还是本地人多？乡村医生流失状况如何？

17. 对于村卫生室有什么样的想法与期望？

18. 村卫生室、乡镇卫生所和县医院的职责是否存在边界，各为什么？

五　乡村公共文化访谈提纲

1. 在咱们乡镇，开展乡村文化建设的过程中，咱们都做过哪些工作？
2. 每年以乡镇政府为主导开展的相关文化类活动有多少？具体是什么？
3. 乡镇下属村镇的文化大舞台建设率是多少？使用率有多高？
4. 文化大舞台申请使用的程序是什么？有无专门人员负责管理？
5. 乡镇内有无志愿服务类相关的活动？有的话，请列举。
6. 所属村镇中历史文化资源有多少？保护及利用状况如何？
7. 习近平新时代中国特色社会主义思想的宣传情况如何？主要通过什么样的方式进行宣传？
8. 村里是否建有文化书屋，书屋中配备的书籍为哪些类型，书屋的使用频率如何，书屋是否得到有效管理和资金保障？
9. 贵乡中是否有申报非物质文化遗产项目，是否有符合申报标准但未申报的项目，为何未申报？
10. 您认为您所负责辖区有哪些具有典型特色的民间文化形式，国家应如何对其支持和培养？

11. 你认为村民最容易接受的文化传播形式是哪种？

六 乡村环境保护提纲

1. 请您简要评价一下您县的环境保护情况？
2. 目前来说，主要面临的环境破坏或生态破坏的种类有哪些？
3. 请您谈一谈您县关于环境保护方面制定的相关政策及已经开展的工作有哪些？
4. 在相关工作的开展过程中，您觉得亮点和难点分别是什么？
5. 在下一步的环境保护工作开展过程中，有何计划和打算？
6. 请谈一谈环保政策执行人员的构成情况及在执法过程中是否完全依规合法地执行各项环保政策。
7. 请问您所辖区域内的村民对环保问题的关切程度有多高，能否起到自发监督作用？
8. 请谈一谈环境污染企业或个人在污染问题整改过程中存在哪些困难或制约因素。

七 乡镇学校校长及管理人员访谈提纲

（一）学校办学情况

1. 国家对义务教育实行免费后，给学校带来哪些影响？
2. 目前学校办学经费来自哪些渠道？如何获得办学经费？办学经费是否充足？
3. 县、市和省政府对学校办学做了哪些支持？有无社会力量对学校办学进行资助和捐助？
4. 学校近几年办学成绩有哪些？您认为还存在哪些方面的问题？
5. 实行寄宿制学校的利弊有哪些？（本题提问对象为乡镇中心寄宿制学校校长和管理者）
6. 对于村小学来说，有无继续开办下去的必要并指出原因。
7. 学校办学最需要解决的困难是什么？（本题提问对象为村小学校长

和管理者）

（二）学校在校生情况

1. 学校今年（年）有多少在校生？男、女生各有多少？其中有多少是留守儿童？
2. 这些留守儿童有无给学校的教学和管理加大难度？
3. 近三年在校生减少了多少？减少的原因主要有哪些？

（三）学校教师情况

1. 学校有无代课教师？
2. 教师待遇包括哪些？
3. 教师的数量与结构是否合理？需要增加哪些科目的教师？
4. 对国家实行特岗教师计划的评价？
5. 教师流动率高吗？流动趋势是什么？

备选：

1. 贵校办学理念是什么，有哪些校园文化？
2. 贵校制订了五年或中长期学校发展规划吗？简述具体内容。
3. 现阶段贵校是如何进行教师队伍建设的？
4. 贵校与城市学校是否有互动？以何种方式进行？
5. 贵校在教学管理上取得了哪些成就？遇到过哪些困难？如何解决那些困难？
6. 能否谈谈您对您县义务教育发展现状的大致看法？
7. 请谈一下关于留守儿童教育情况现状。
8. 请谈一下国家对民办学校的资助标准，制约民办学校发展的因素有哪些，可以从哪些方面破解难题？
9. 请谈一下学前教学的现状，存在哪些方面的困难？

八　乡村农业技术推广

（一）农业技术推广政府部门

1. 本部门与农业技术推广相关的工作职责主要有哪些？
2. 近年来主要开展了哪些农业技术推广工作？
3. 农业技术推广工作开展过程中与政府部门外的哪些组织有关系？如何评价相互之间的关系？
4. 农业技术推广工作的成效如何？
5. 农业技术推广工作中主要存在哪些问题？这些问题的原因主要是什么？
6. 如何看待政府在农业技术推广中的作用？
7. 未来在农业技术推广中有什么计划和打算？
8. 您认为涉及农民最需要的农业技术有哪些？请简单列举几项。

（二）农民合作经济组织（企业）

1. 访谈组织的发展历史与发展现状。
2. 近年来主要开展了哪些农业技术推广工作？
3. 农业技术推广工作开展过程中与同类组织及其他类型的组织是否有关系？如何评价相互之间的关系？
4. 农业技术推广工作的成效如何？
5. 农业技术推广工作中主要存在哪些问题？这些问题的原因主要是什么？
6. 如何看待农民专业合作组织（企业）及政府在农业技术推广中的作用？
7. 未来在农业技术推广中有什么计划和打算？

九　乡村社会保障访谈提纲

1. 请您简单介绍一下您镇的各类居民社会保障基本情况。
2. 在开展相关工作中，您觉得工作的重点是什么？
3. 您认为在开展工作过程中，工作的亮点是什么？
4. 为了确保更好地开展工作，您有什么好的建议或意见？
5. 请问医保政策覆盖的比例是否能够达到全覆盖？
6. 村民是否自愿选择享受新农合等医疗保障政策还是选择到没有医保覆盖的私人诊所接受治疗，并简述这种现场产生的原因。
7. 请简述低保的评定流程和标准。
8. 是否有存在客观达到低保标准但因个人主观原因放弃享受低保政策现象，您认为为什么会存在这类问题？
9. 请您简述制约社保政策落实的因素。

十　公共服务排序访谈提纲

1. 您认为在环保、基础设施、社会保障、医疗卫生、农技推广、公共安全、公共就业、公共文化、农村教育九项农村公共服务中，最重要的是哪一项？
2. 您近三年享受过哪些项目的农村公共服务？
3. 您对所享受过的农村公共服务的满意度如何？
4. 您认为影响农村公共服务的关键因素是什么？
5. 您对改善农村公共服务有什么建议？
6. 您认为还亟须哪些方面的农村公共服务？

参考文献

一 经典著作

《马克思恩格斯全集》第3卷，人民出版社1960年版。

《马克思恩格斯全集》第4卷，人民出版社1960年版。

《马克思恩格斯选集》第4卷，人民出版社2012年版。

《习近平谈治国理政》第1卷，外文出版社2018年版。

《习近平谈治国理政》第2卷，外文出版社2017年版。

二 中文专著

张成福、党秀云：《公共管理学》，中国人民大学出版社2001年版。

赵成福：《社会转型中的县域农村公共服务供给机制研究——以河南省延津县为表述对象》，中国社会科学出版社2010年版。

冯华艳：《农村公共服务供给研究》，中国政法大学出版社2015年版。

李发戈：《统筹城乡与农村基本公共服务体系建设》，四川大学出版社2016年版。

彭京宜、傅治平、刘剑波：《建设社会主义新农村》，红旗出版社2006年版。

国务院发展研究中心课题组：《民生为本——中国基本公共服务改善路径》，中国发展出版社2012年版。

黄恒学、张勇：《政府基本公共服务标准化服务》，人民出版社2011年版。

李伟权:《政府回应论》,中国社会科学出版社 2005 年版。

王浦劬:《政治学基础》(第二版),北京大学出版社 2010 年版。

陈振明:《公共管理学》,中国人民大学出版社 2005 年版。

王知桂、杨强、李莉:《农业转移人口市民化的制度困局及破解》,经济科学出版社 2015 年版。

张占仓、王建国:《河南城市发展报告》,社会科学文献出版社 2016 年版。

李伟权:《政府回应论》,中国社会科学出版社 2005 年版。

俞可平:《权利政治与公益政治》,社会科学文献出版社 2000 年版。

杜润生等:《筑牢大国根基》,中国文史出版社 2018 年版。

孔祥智等:《中国农村发展 40 年:回顾与展望》,经济科学出版社 2018 年版。

高和荣:《风险社会下农村合作医疗制度的建设》,社会科学文献出版社 2008 年版。

贺雪峰:《最后一公里村庄:新乡土中国的区域观察》,中信出版社 2017 年版。

贺雪峰:《治村》,北京大学出版社 2017 年版。

财政部教科文司、教育部财务司、上海财经大学公共政策研究中心课题组:《中国农村义务教育转移支付制度研究》,上海财经大学出版社 2005 年版。

陈锡文:《读懂中国农业农村农民》,外文出版社 2018 年版。

陈锡文、韩俊:《农业转型发展与乡村振兴研究》,清华大学出版社 2019 年版。

温铁军、张孝德:《乡村振兴战略深度解读》,江西教育出版社 2018 年版。

徐卫星、姜和忠:《农村公共事业服务供给与治理研究:以浙江为例》,中国财政经济出版社 2018 年版。

程国顺:《当代中国农村政治发展研究》,天津人民出版社 2000 年版。

付翠莲:《乡村振兴战略背景下的农村发展与治理》,上海交通大学出版社 2019 年版。

三 中文译著

[古希腊] 亚里士多德:《政治学》,颜一等译,中国人民大学出版社 2003 年版。

[美] 文森特·奥斯特罗姆:《美国公共行政的思想危机》,毛寿龙译,上海三联书店 1999 年版。

[美] Y. 巴泽尔:《产权的经济分析》,费方域等译,上海人民出版社 1997 年版。

[美] 罗纳德·J. 奥克森:《治理地方公共经济》,万鹏飞译,北京大学出版社 2005 年版。

[美] 约翰·罗尔斯:《正义论》,何怀宏等译,中国社会科学出版社 1986 年版。

[美] 阿尔布瑞契特、让·詹姆克:《服务经济——让顾客价值回到企业舞台中心》,中国社会科学出版社 2004 年版。

[美] 海伍德:《政治学》(第三版),张立鹏译,中国人民大学出版社 2012 年版。

[美] 戴维·米勒:《布莱克维尔政治学百科全书》,中国政法大学出版社 2002 年版。

四 论文

谢微、张锐昕:《整体性治理的理论基础及其实现策略》,《上海行政学院学报》2017 年第 6 期。

张立荣、方堃、肖微:《农村公共服务新模式:"以钱养事" + "无缝隙服务"——基于湖北省咸宁市咸安区的调查与研究》,《中国行政管理》2009 年第 7 期。

丁肇青:《论和谐社会发展中农业与农村公共服务体系建设》,《农业经济》2012 年第 9 期。

林万龙:《中国农村公共服务供求的结构性失衡:表现及成因》,《管理世界》2007 年第 9 期。

柳劲松：《基于Topsis法的农村基本公共服务能力地区差异评价——来自31个省市农村地区的实证》，《安徽农业科学》2009年第10期。

伏玉林、符钢战：《税费改革后农村公共服务提供机制的比较研究——基于湖北与浙江农村的调查》，《社会科学》2007年第10期。

杨颖秀：《农村基础教育发展新战略的着力点》，《东北师范大学学报》（哲学社会科学版）2009年第4期。

于力：《农村基本养老保险存在的问题与对策》，《中国劳动保障》2009年第3期。

韩兆柱、张丹丹：《整体性治理理论研究——历程、现状及发展趋势》，《燕山大学学报》（哲学社会科学版）2017年第1期。

岳军：《公共选择理论分析框架解析》，《山东财政学院学报》2004年第5期。

马怀军：《公共选择：理论与方法》，《湖北社会科学》2002年第12期。

赵成福：《基本公共服务均等化价值意蕴的多维解析》，《河南师范大学学报》（哲学社会科学版）2014年第6期。

刘德吉：《国内外公共服务均等化问题研究综述》，《上海行政学院学报》2009年第6期。

李爱民、孙久文：《基于新经济地理学的区域发展总体格局演变研究》，《江淮论坛》2014年第1期。

张成福：《责任政府论》，《中国人民大学学报》2000年第2期。

杨顺湘：《着力完善统筹城乡基本公共服务的保障机制》，《探索》2010年第5期。

余佶、余佳：《城镇化进程中的城乡基本公共服务均等化——基于供需视角的分析框架及其路径选择》，《华东师范大学学报》（哲学社会科学版）2014年第1期。

韩志明：《公共服务均等化的空间政治学分析》，《探索》2009年第2期。

徐贵玲：《从"帕累托最优"看我国农村公共服务的供给与需求》，《内蒙古农业大学学报》（社会科学版）2009年第6期。

张贤明、薛洪生：《当代中国基本公共服务体系建构的基本思路》，《学习与探索》2012 年第 5 期。

张立荣：《当代中国行政制度发展的动力及目标》，《政治学研究》2002 年第 4 期。

赵成福：《寻绎与审视：行政供给导向下农村公共服务供给机制研究》，《新乡学院学报》（社会科学版）2009 年第 1 期。

林尚立：《基层民主：国家建构民主的中国实践》，《江苏行政学院学报》2010 年第 4 期。

王家合、戴星原：《政府购买医疗卫生服务体系的关键因素与优化策略——基于"服务三角"模型的分析》，《新视野》2018 年第 5 期。

方堃、杨毅：《基于整体性治理的新型农村公共服务体系研究——以"服务三角"模型为分析框架》，《四川行政学院学报》2011 年第 4 期。

陈世香、赵雪：《农民工公共文化服务供给机制研究：基于"服务三角"模型的建构》，《行政论坛》2017 年第 2 期。

张立荣：《协同治理与我国公共危机管理模式创新：基于协同理论的视角》，《华中师范大学学报》（人文社会科学版）2008 年第 2 期。

张锐昕、董丽：《政府全面质量管理的缺陷及其纠正》，《社会科学战线》2013 年第 11 期。

党秀云：《公共部门的全面质量管理》，《中国行政管理》2003 年第 8 期。

杨雪冬：《简论中国地方政府创新研究的十个问题》，《公共管理学报》2008 年第 1 期。

马维野、池玲燕：《机制论》，《科学学研究》1995 年第 4 期。

王青山、陶岚：《论标准化的管理性、技术性和系统性》，《中国标准化》2013 年第 3 期。

李霄锋：《农业转移人口基本公共服务保障问题研究》，《广西社会科学》2018 年第 12 期。

毛哲山：《"人的城镇化"理论的建构与创新研究》，《河南师范大学学报》（哲学社会科学版）2016 年第 1 期。

苏敏：《城市新"二元结构"的危害与治理——基于深圳市龙岗区的

实证分析》,《特区经济》2015年第1期。

文军:《"被市民化"及其问题——对城郊农民市民化的再反思》,《华东师范大学学报》(哲学社会科学版)2012年第4期。

余传杰:《农民转移人口市民化——机制完善及制度创新》,《中州学刊》2014年第3期。

杨云善:《建立农业转移人口市民化促进机制研究》,《河南社会科学》2014年第2期。

姜凯凯、朱喜钢、高浥尘等:《小城镇农业转移人口的市民化意愿:实证研究与政策应对》,《现代城市研究》2015年第2期。

魏澄荣、陈宇海:《福建省农民工市民化成本及其分担机制》,《中共福建省委党校学报》2013年第11期。

谌新民、周文良:《农业转移人口市民化成本分担机制及政策涵义》,《华南师范大学学报》(社会科学版)2013年第10期。

陈丽丽:《福建农业现代化与农业转移人口市民化同步发展路径研究》,《福建论坛》(人文社会科学版)2014年第9期。

傅晨、任辉:《农业转移人口市民化背景下农村土地制度创新的机理:一个分析框架》,《经济学家》2017年第3期。

徐勇:《"根"与"飘":城乡中国的失衡与均衡》,《武汉大学学报》(人文科学版)2016年第4期。

蔡礼强:《政府向社会组织购买公共服务的需求表达——基于三方主体的分析框架》,《政治学研究》2018年第1期。

陈毅:《澄清与再审视:公共服务均等化对政府提出的挑战及其回应》,《行政论坛》2014年第6期。

陈娟:《政府公共服务供给的困境与解决之道》,《理论探索》2017年第1期。

句华:《助推理论与政府购买公共服务政策创新》,《西南大学学报》(社会科学版)2017年第2期。

卢小君、张新宇:《我国中小城市基本公共服务水平的区域差异研究》,《大连理工大学学报》2017年第1期。

吴业苗:《"人的城镇化"困境与公共服务供给侧改革》,《社会科学》2017 年第 1 期。

郑建君：《推动公民参与基层治理：公共服务提升与社会秩序维护——基于苏州市相城区的调研分析》，《甘肃社会科学》2017 年第 2 期。

郑建君：《政治参与、政治沟通对公共服务满意度影响机制的性别差异》，《清华大学学报》（哲学社会科学版）2017 年第 5 期。

郎友兴：《软实力"现代化"与"协商机制"全能主义治理模式已无法维系》，《人民论坛》2014 年第 10 期。

张立荣、田恒一、姜庆志：《新型城镇化战略实施中的政府治理模式革新研究——基于共生理论的一项探索》，《中国行政管理》2016 年第 2 期。

靳永翥：《德国地方政府公共服务体制改革与机制创新探微》，《中国行政管理》2008 年第 1 期。

李郁芳、王宇：《城镇化背景下公共品供给结构偏向与城乡收入分配》，《广东社会科学》2014 年第 6 期。

邢天添：《新公共管理视野下的绩效预算改革》，《郑州大学学报》（哲学社会科学版）2007 年第 3 期。

胡乐亭：《社会主义市场经济体制下的财政分配体系总体框架》，《财政研究》1994 年第 10 期。

唐丽霞、左停：《中国农村污染状况调查与分析——来自全国 141 个村的数据》，《中国农村观察》2008 年第 1 期。

操建华：《乡村振兴视角下农村生活垃圾处理》，《重庆社会科学》2019 年第 6 期。

解建立、任广浩：《从供给侧改革破解农村环境公共物品供给缺失》，《武汉金融》2017 年第 10 期。

陈润羊、德国洁：《城乡一体化视野下农村环境治理的困境与出路》，《农业经济》2018 年第 7 期。

胡文静：《安徽省农村公共基础设施建设的供给研究》，《学术界》2018 年第 10 期。

罗震东、韦江绿、张京祥：《城乡基本公共服务设施均等化发展的界定、特征与途径》,《现代城市研究》2011 年第 7 期。

罗兴佐、贺雪峰:《取消农业税后农村水利供给的制度设计及其困境》,《中国农村水利水电》2008 年第 4 期。

杨卫军、王永莲:《农村公共产品提供的"一事一议"制度》,《财经科学》2005 年第 1 期。

项继权、李晓鹏:《"一事一议财政奖补":我国农村公共物品供给的新机制》,《江苏行政学院学报》2014 年第 2 期。

谦厚、贺蒲燕:《山西省稷山县农村公共卫生事业述评(1949—1984年)——以太阳村(公社)为重点考察对象》,《当代中国史研究》2007年第 5 期。

范静波:《当前居民医疗卫生公共服务满意度感知结构研究》,《华东师范大学学报》(哲学社会科学版)2018 年第 6 期。

张元红:《农村公共卫生服务的供给与筹资》,《中国农村观察》2004年第 5 期。

丁建定:《中国养老保障制度整合与体系完善》,《中国行政管理》2014 年第 7 期。

米红、刘悦:《参数调整与结构转型:改革开放四十年农村社会养老保险发展历程及优化愿景》,《治理研究》2018 年第 6 期。

邓悦、郅若平:《新时代下城乡社会保障制度整合现状与路径分析》,《理论月刊》2019 年第 6 期。

仇雨临、吴伟:《城乡医疗保险制度整合发展:现状、问题与展望》,《东岳论丛》2016 年第 10 期。

秦玉友:《不让农村教育成为中国未来发展的短板》,《教育与经济》2018 年第 1 期。

刘秀峰:《改革开放 40 年农村教育的变迁——基于供给制度与城乡关系的双重视角》,《四川师范大学学报》(社会科学版)2019 年第 1 期。

陈海威:《中国基本公共服务体系研究》,《科学社会主义》2007 年第 3 期。

郭太生:《美国公共安全危机事件应急管理研究》,《中国人民公安大学学报》2003 年第 6 期。

吴爱明：《公共安全：公共管理不可忽视的社会问题》，《行政论坛》2004年第6期。

雷仲敏：《我国城市公共安全管理模式构想》，《上海市经济管理干部学院学报》2004年第1期。

焦源、赵玉姝、高强：《国外需求导向农业技术推广体系发展实践》，《世界农业》2015年第2期。

马志国：《国外农业推广体系建设的经验及启示》，《世界农业》2008年第8期。

吴理财：《非均等化的农村文化服务及其改进对策》，《华中师范大学学报》（人文社会科学版）2008年第3期。

郑风田、刘璐琳：《新农村建设中的农村文化：现状、问题与对策》，《中南民族大学学报》（人文社会科学版）2008年第1期。

吴理财：《把治理引入公共文化服务》，《探索与争鸣》2012年第6期。

李少惠、王苗：《农村公共文化服务供给社会化的模式构建》，《国家行政学院学报》2010年第2期。

夏国锋、吴理财：《公共文化服务体系研究述评》，《理论与改革》2011年第1期。

宋元武、徐双敏：《国外农村公共文化服务供给实践与经验借鉴》，《学习与实践》2016年第11期。

郑功成：《多层次社会保障体系建设：现状评估与政策思路》，《社会保障评论》2019年第1期。